ÉTICA PARA EL MUNDO REAL

ÉTICA PARA EL MUNDO REAL

83 artículos breves sobre cosas
que importan

Peter Singer

Traducción de Joan Soler Chic

Antoni Bosch editor

Antoni Bosch editor, S.A.U.
Manacor, 3, 08023, Barcelona
Tel. (+34) 93 206 07 30
info@antonibosch.com
www.antonibosch.com

Título original de la obra: *Ethics in the Real World*

ISBN: 978-84-946271-5-6
Depósito legal: B. 22446-2017

Diseño de la cubierta: Compañía
Maquetación: JesMart
Corrección de pruebas: Raquel Sayas
Impresión: Prodigitalk

Impreso en España
Printed in Spain

Agradecimientos

Muchos de estos artículos, aunque no todos ni mucho menos, fueron escritos para Project Syndicate, servicio de noticias que proporciona un amplio surtido de comentarios a más de 450 medios de comunicación de 153 países. A instancias de Andrzej Rapacynski, desde 2005 he estado escribiendo una columna mensual para Project Syndicate, por lo que me siento en deuda con esta organización por haberme incorporado a su equipo de columnistas. A lo largo de todos estos años, Agata Sagan me ha señalado temas sobre los que he acabado escribiendo alguna columna, ha llevado a cabo investigaciones de las que yo me he servido y ha hecho útiles comentarios sobre los borradores de mis textos. Los editores de Project Syndicate, Ken Murphy y Jonathan Stein, me han enseñado qué puedo hacer para escribir con más claridad. Agradezco a Project Syndicate su autorización para reproducir las columnas. Otros artículos proceden del *New York Times*, el *Washington Post*, el *New York Daily News* y el *Free Inquiry*. En algunos figuro como coautor, y reconozco las importantes aportaciones que han hecho, tanto a mi pensamiento como a mi escritura, los otros autores: Nick Beckstead, Teng Frei, Marc Hauser, Frances Kissling, Agata Sagan y Matt Wage. He actualizado algunos trabajos cuando me ha parecido conveniente, pero básicamente todos están como el primer día.

La idea de este libro fue de Rob Tempio, de Princeton University Press. Así que gracias en especial a ti, Rob, por concebir el proyecto y supervisarlo hasta el final. Agata Sagan revisó muchos de mis escritos más cortos y sugirió incluir otros. Acepté la mayoría de sus propuestas, y le agradezco el valioso papel que ha desempeñado en la configuración del libro. Doy asimismo las gracias a dos anónimos críticos de prensa por sus numerosos y constructivos comentarios; a Ellen Foos, la directora de producción, por su eficiente gestión del proceso; y a Jodi Beder, correctora, por sus ligeros retoques acompañados de sugerencias que han aumentado la claridad y la amenidad del texto definitivo.

Peter Singer
Centro Universitario para los Valores Humanos, y Escuela de Estudios Históricos y Filosóficos, Universidad de Melbourne

Índice

Introducción

Todos tomamos decisiones éticas, a menudo sin ser conscientes de ello. Damos por supuesto demasiado a menudo que la ética tiene que ver con obedecer las normas que empiezan con un «No debes...». Si vivir con arreglo a valores éticos fuera únicamente eso, mientras no violásemos ninguna de esas normas, cualquier cosa que hiciéramos sería ética. Sin embargo, esta idea es incompleta, pues no tiene en cuenta el bien que podemos hacer a otros menos afortunados que nosotros, no solo en nuestra propia comunidad, sino en cualquier lugar al alcance de nuestra ayuda. También hemos de extender nuestra preocupación a las generaciones futuras y, además de a los de nuestra propia especie, a los animales no humanos.

Hay otra responsabilidad ética importante aplicable a los ciudadanos de sociedades democráticas: ser un ciudadano instruido y participar en las decisiones que toma la sociedad. Muchas de estas decisiones conllevan opciones éticas. En las discusiones públicas sobre estas cuestiones, las personas con formación en el ámbito de la ética, o de la filosofía moral, pueden desempeñar un papel muy valioso. En la actualidad, esto no es una afirmación especialmente controvertida, pero cuando yo estudiaba, los propios filósofos proclamaban que era un error creer que tenían algún conocimiento especial que los habilitase para abordar problemas éticos fundamentales. La idea comúnmente aceptada sobre la disciplina, al menos en el mundo de habla inglesa, era que a la filosofía le concernía el análisis de palabras y conceptos, y que era neutra en las cuestiones éticas sustantivas.

Por suerte para mí –porque quizá no habría seguido en la filosofía si hubiera prevalecido el punto de vista anterior–, la lucha del movimiento estudiantil de finales de la década de los sesenta y principios de la de los setenta cambió el modo de practicar y enseñar la filosofía moral. En la época de la guerra del Vietnam y las movilizaciones contra el racismo, el sexismo y la degradación medioambiental, los estudiantes exigían que los cursos universitarios guardaran relación con las cuestiones importantes del momento. Y los filósofos respondieron a esta reivindicación volviendo a los orígenes de su disciplina. Evocaban el ejemplo de Sócrates al preguntar a sus conciudadanos atenienses qué era la justicia y en qué consiste vivir justamente, y reunieron el valor necesario para formular preguntas similares a sus alumnos, a sus colegas filósofos y a la gente en su sentido más amplio.

En mi primer libro, escrito en un momento en el que existía una fuerte reacción contra el racismo, el sexismo y la guerra del Vietnam, me preguntaba cuándo está justificada la desobediencia civil en una democracia.[1] Desde entonces, he intentado en buena medida abordar temas que importen a gente ajena a los departamentos de filosofía. En determinados círculos filosóficos, se piensa que una cosa que puedan entender personas sin formación filosófica no es lo bastante profunda para que merezca la pena comentarla. En cambio, yo tengo la impresión de que si una cosa no puede decirse con claridad, es que probablemente tampoco se ha pensado con claridad.

Si muchos profesores creen que escribir un libro dirigido al público en general es indigno de ellos, redactar un artículo de opinión para un periódico será caer aún más bajo. En las páginas que siguen, el lector encontrará una selección de mis escritos más

[1] *Democracy and Disobedience* (Oxford, Clarendon Press, 1973) (hay trad. cast., *Democracia y desobediencia*, Ed. Ariel, Barcelona, 1985).

breves. Las columnas de diarios suelen ser efímeras, pero las que he escogido aquí analizan cuestiones perdurables o abordan problemas que, desgraciadamente, siguen acompañándonos. La presión de no sobrepasar las mil palabras obliga a uno a escribir en un estilo no solo claro sino también conciso. Es cierto que en este tipo de artículos es imposible exponer las investigaciones de manera que puedan ser evaluadas por otros especialistas y estudiosos, e inevitablemente hay que omitir algunos de los matices y reservas que cabría explorar en un escrito más largo. Es agradable que tus colegas de los departamentos de filosofía valoren lo que estás haciendo, pero también considero que mi trabajo tiene éxito si mis libros, artículos y charlas logran tener algún efecto en una audiencia mucho más amplia, interesada en pensar acerca de cómo vivir éticamente. Según un estudio, los artículos publicados en revistas especializadas –revisados por expertos– son leídos en su totalidad por apenas diez personas.[2] En cambio, es posible que un artículo de opinión para un periódico importante o una columna vendida a través de agencia tengan miles, quizá millones, de lectores. Como consecuencia, puede que miles de individuos cambien de parecer sobre algún asunto importante, o incluso su manera de vivir. Sé que esto sucede, pues muchas personas me han dicho que, a raíz de leer algún texto mío, han modificado lo que donaban a organizaciones benéficas, han dejado de comer productos animales o han decidido (al menos en un caso) donar un riñón a un desconocido.

Los artículos de la sección inicial clarificarán un poco mi enfoque de la ética, pero aquí quizá sea útil decir algo más. Los juicios morales no son meramente subjetivos; en este sentido, difieren de los criterios sobre gustos. Si fueran estrictamente subjetivos, no consideraríamos más importante discutir sobre cuestiones éticas que sobre qué sabor de helado preferimos. Asumimos que los gustos difieren, y que no existe una cantidad «correcta» de ajo en el aliño de la ensalada; sin embargo, sí pensamos que vale la pena

[2] Asit Biswas y Julian Kirchherr, «Prof, No One Is Reading You», *Straits Times*, 11 abril 2015.

discutir sobre la legalización de la eutanasia voluntaria o sobre si comer carne está bien o no.

La ética tampoco consiste solo en expresar nuestras respuestas intuitivas de rechazo o aprobación, aun cuando estas intuiciones estén ampliamente aceptadas. Quizá mostremos reacciones «de asco» que ayudaron a nuestros antepasados a sobrevivir en una época en la que eran mamíferos sociales pero no todavía humanos ni capaces de usar el razonamiento abstracto. Esas reacciones no siempre serán una guía fiable sobre lo bueno y lo malo en la comunidad global más amplia y compleja en la que vivimos hoy. Por este motivo, hemos de utilizar nuestra capacidad para razonar.

En otro tiempo, pensaba que esta clase de razonamiento solo aclaraba las repercusiones de una postura ética más básica que, en última instancia, es subjetiva. Ya no pienso igual. Tal como sostiene Derek Parfit en su obra principal, *On What Matters* (de la que hablo más adelante, en un artículo titulado «¿Cualquier cosa importa?»), hay verdades éticas objetivas que podemos descubrir mediante la reflexión y el razonamiento minucioso.[3] En todo caso, quienes rechacen la idea de las verdades éticas objetivas pueden entender los artículos que vienen a continuación como intentos por descifrar las consecuencias de la aceptación del compromiso ético propugnado por muchos filósofos en diferentes términos, aunque tal vez quien mejor lo expresó fue Henry Sidgwick, el gran filósofo utilitarista del siglo XIX:

> ... el bien de un individuo cualquiera no tiene más importancia, desde el punto de vista (por decirlo así) del universo, que el bien de cualquier otro; a menos, claro, que haya razones especiales para creer probable la realización de más bien en un caso que en el otro.[4]

---

[3] Derek Parfit, *On What Matters*, 2 vols. (Oxford, Oxford University Press, 2013). Para mis propias opiniones en desarrollo sobre el tema, véase Peter Singer, *The Expanding Circle* (Princeton, NJ, Princeton University Press, 2011), y Katarzyna de Lazari-Radek y Peter Singer, *The Point of View of the Universe* (Oxford, Oxford University Press, 2014).

[4] Henry Sidgwick, *The Methods of Ethics*, 7.ª edición (Londres, Macmillan, 1907), p. 382.

Sidgwick era utilitarista, como yo. En cuanto comenzamos a poner en entredicho nuestras respuestas –evolucionadas y transmitidas culturalmente– a las cuestiones morales, el utilitarismo es, me parece, la actitud ética más defendible, como he sostenido mucho más a fondo en *The Point of View of the Universe*, escrito conjuntamente con Katarzyna de Lazari-Radek.[5] De todos modos, en los artículos que siguen, no presupongo el utilitarismo. Ello se debe a que en muchos de los asuntos de los que hablo, mis conclusiones derivan tanto de este marco de pensamiento como de muchas posturas no utilitaristas. Habida cuenta de la importancia práctica de estas cuestiones, como buen utilitarista tengo que procurar escribir para un público lo más amplio posible, no solo para un grupo reducido de utilitaristas convencidos.

Algunos de los artículos se ocupan de temas con los que habitualmente se me asocia: la ética de nuestras relaciones con los animales, cuestiones relacionadas con la vida y la muerte, o las obligaciones de los más pudientes para con quienes se hallan en la pobreza extrema. En otros se exploran temas sobre los que mis opiniones seguramente serán menos conocidas: la ética de vender riñones o de cultivar plantas modificadas genéticamente, el estatus moral de los robots conscientes o si el incesto entre hermanos es algo rechazable. Como la felicidad, y el modo de favorecerla, desempeñan un papel clave en mi visión ética, esta cuestión constituye el tema central de unos cuantos artículos. Y entre los más personales, hay una reflexión sobre el surf, gracias al cual soy más feliz.

A los lectores que conozcan mi obra sobre ciertos asuntos quizá les sorprendan mis ideas acerca de otras cuestiones. Intento ser abierto de miras, sensible a la evidencia y no limitarme a seguir una línea política previsible. Y si el lector no está ya convencido de que los filósofos pueden efectivamente contribuir al interés general, espero que este libro lo convenza de ello.

---

[5] Véase nota al pie 3.

1
Cuestiones importantes

El valor de un punto azul pálido

El filósofo alemán del siglo XVIII Immanuel Kant escribió: «Dos cosas llenan mi ánimo de creciente admiración y respeto cuanto más pienso y profundizo en ellas: el cielo estrellado sobre mí y la ley moral dentro de mí».

Este año, en el que celebramos el 400.º aniversario del descubrimiento del telescopio por Galileo, ha sido declarado Año Internacional de la Astronomía, por lo que parece una buena ocasión para reflexionar sobre la primera fuente de admiración y respeto de Kant. De hecho, el objetivo de la conmemoración –ayudar a los ciudadanos del mundo a «redescubrir su lugar en el universo»– tiene ahora la ventaja añadida de distraernos de las cosas desagradables que pasan ahí, como la gripe porcina o la crisis financiera global.

¿Qué nos dice la astronomía sobre «el cielo estrellado»?

Al ampliar nuestra comprensión de la inmensidad del universo, la ciencia, si acaso, ha hecho que aumente aún más la admiración y el respeto que sentimos al contemplar una noche estrellada (suponiendo, eso sí, que nos hayamos alejado lo suficiente de la contaminación del aire y del excesivo alumbrado público para ver las estrellas como es debido). Al mismo tiempo, sin embargo, ese mayor conocimiento seguramente nos obliga a admitir que nuestro lugar en el universo no es especialmente significativo.

En su artículo «Sueños y realidades», el filósofo Bertrand Russell escribió que toda nuestra galaxia, la Vía Láctea, es un fragmento diminuto del universo, y dentro de este fragmento el sistema solar es «una mota infinitesimal», y dentro de esta mota «nuestro planeta es un punto microscópico».

En la actualidad, no hace falta basarse en esta clase de descripciones verbales sobre la insignificancia del planeta con respecto al conjunto de la galaxia. El astrónomo Carl Sagan propuso que la sonda espacial Voyager capturase una imagen de la Tierra cuando alcanzara el límite exterior del sistema solar. Eso hizo en 1990, y la Tierra apareció como un punto azul pálido en una fotografía ligeramente granulada. Si vamos a YouTube y buscamos «Carl Sagan-Punto azul pálido», podemos verlo y escuchar al propio Sagan diciéndonos que hemos de cuidar de nuestro mundo porque todo lo que los seres humanos hemos llegado a valorar existe solo en este punto azul pálido.

Es una experiencia conmovedora, pero ¿qué nos enseña?

A veces Russell escribía como si el hecho de ser una simple mota de polvo en el universo demostrara que en realidad no importamos demasiado: «En este punto, pequeños grumos de carbón impuro y agua, de estructura complicada, con propiedades físicas y químicas un tanto inusuales, avanzan lentamente durante unos años, hasta que vuelven a disolverse en los elementos de los cuales se componen».

No obstante, del tamaño de nuestro hogar planetario no se deduce ninguna idea nihilista de la existencia, y Russell no era nihilista en absoluto. Le parecía importante afrontar el hecho de nuestro insignificante lugar en el universo, pues no quería que viviésemos bajo la ilusoria y consoladora creencia de que, de algún modo, el mundo ha sido creado para nuestro beneficio y que estamos bajo la tutela benevolente de un creador todopoderoso. «Sueños y realidades» termina con estas emotivas palabras: «Ningún hombre está liberado del miedo si no se atreve a ver su lugar en el mundo tal cual es; ningún hombre puede alcanzar la grandeza de la que es capaz hasta que le sea permitido ver su propia pequeñez».

Tras la Segunda Guerra Mundial, cuando el mundo quedó dividido en bandos provistos de armas nucleares que se amenazaban mutuamente con la destrucción total, Russell no adoptó la postura de que nuestra pequeñez, considerada con respecto a la inmensidad del universo, significaba que la vida en la Tierra no importaba. Al revés: el desarme nuclear acabó siendo el epicentro de su actividad política durante el resto de su vida.

Sagan abrazó una actitud similar. Aunque contemplar la Tierra en su totalidad disminuye la importancia de cosas como las fronteras nacionales, que nos dividen, según decía, también «subraya nuestra responsabilidad en cuanto a tratarnos con mayor amabilidad los unos a los otros, así como a preservar y cuidar el punto azul pálido, el único hogar que hemos conocido jamás». Al Gore utilizó la imagen del «punto azul pálido» al final de su película *Una verdad incómoda*, dando a entender que, si destruimos este planeta, no tenemos ningún otro sitio al que ir.

Puede que esto sea verdad, aunque actualmente los científicos están descubriendo otros planetas fuera del sistema solar. Quizás algún día nos enteraremos de que no somos los únicos seres inteligentes del universo, y acaso seamos capaces de hablar con esos otros seres sobre cuestiones éticas relativas al conjunto de las especies.

Esto nos lleva de nuevo al otro tema que provocaba tanta admiración y respeto a Kant: la ley moral dentro de mí. Los seres con un origen evolutivo completamente distinto del nuestro –quizá formas de vida que ni siquiera estuvieran basadas en el carbono–, ¿qué pensarían de nuestra ley moral?

Extraído de Project Syndicate, 14 de mayo de 2009

¿Cualquier cosa importa?

Los juicios morales, ¿pueden ser verdaderos o falsos? ¿O no será la ética, en el fondo, una cuestión estrictamente subjetiva, que los individuos pueden elegir, o quizá relativa a la cultura de la sociedad donde vive uno? Tal vez hayamos encontrado por fin la respuesta.

Entre los filósofos, la idea de que los juicios morales enuncian verdades objetivas están pasadas de moda desde la década de los treinta, cuando los positivistas lógicos afirmaban que, como al parecer no hay modo de verificar la verdad de los juicios morales, lo único que puede haber son manifestaciones de sentimientos o actitudes. Así pues, por ejemplo, cuando decimos «No debes pegar a este niño», en realidad estamos expresando cierta desaprobación acerca de pegar al niño, o exhortando a dejar de pegarle. No hay verdad alguna sobre la cuestión de si está mal o no golpear al niño.

Aunque esta idea de la ética a menudo se ha puesto en tela de juicio, en muchas ocasiones las objeciones provenían de pensadores religiosos, que basan sus argumentos en las órdenes de Dios; sin embargo, sus razonamientos tienen poco atractivo en el mundo mayormente secular de la filosofía occidental. Otras defensas de la verdad objetiva en la ética no recurren a la religión, pero hacen pocos progresos con respecto a la atmósfera filosófica predominante.

En cualquier caso, el mes pasado asistí a un suceso filosófico importante: la publicación del tan esperado libro *On What Matters*. Hasta ahora, Parfit, que es profesor emérito del Colegio de Todas las Almas de Oxford, había escrito solo un libro, *Razones y personas,* que apareció en 1984 y tuvo una gran repercusión. Los argumentos exclusivamente seculares de Parfit, y la manera exhaustiva en que aborda posturas alternativas, han puesto a la defensiva, por primera vez en décadas, a quienes rechazan el objetivismo en la ética.

On What Matters es un libro de una longitud desalentadora: dos grandes volúmenes, que suman más de 1.400 páginas, de exposición densa. En cualquier caso, el núcleo del razonamiento se recoge en las primeras cuatrocientas páginas, lo cual no supone un obstáculo insuperable para quien tenga curiosidad intelectual –sobre todo teniendo en cuenta que Parfit, en la mejor tradición de la filosofía en lengua inglesa, siempre se esfuerza por ser claro, procurando no utilizar palabras extrañas si las sencillas ya le sirven–. Las frases son simples, el argumento es claro, y el autor acostumbra a valerse de ejemplos gráficos para ilustrar sus comentarios. Así pues, el libro es un festín intelectual para todo aquel que quiera saber no tanto «lo que importa» como si, desde un punto de vista objetivo, *puede* importar cualquier cosa.

Muchas personas suponen que la racionalidad es siempre instrumental: la razón nos dice solo cómo conseguir lo que queremos, pero nuestros deseos y necesidades fundamentales trascienden el alcance del razonamiento. Pues no, sostiene Parfit. Igual que captamos la verdad de que $1 + 1 = 2$, disponemos de razones para intentar no padecer dolor en un tiempo futuro, con independencia de lo que nos preocupe o deseemos al respecto en este momento y de si sufriremos o no dolor más adelante. También tenemos razones (aunque no siempre concluyentes) para impedir que otros sufran dolor. En estas verdades normativas obvias se basa Parfit para defender la objetividad en la ética.

Un argumento importante contra el objetivismo en la ética es que la gente discrepa muchísimo sobre lo bueno y lo malo, y este desacuerdo se extiende a filósofos a quienes no se puede acusar de ser ignorantes ni de estar confundidos. Si grandes pensadores como Immanuel Kant o Jeremy Bentham discrepan sobre lo que debemos hacer, ¿existe de veras una respuesta objetivamente cierta a esa pregunta?

La respuesta de Parfit a esta línea argumental lo lleva a hacer una afirmación acaso más atrevida que su defensa del objetivismo en la ética. Para abordar la cuestión de qué debemos hacer, toma en consideración tres teorías relevantes: una derivada de Kant; otra resultante de la tradición del contrato social de Hobbes, Locke, Rousseau y los filósofos contemporáneos John Rawls y T. M. Scanlon; y la última procedente del utilitarismo de Bentham. Y sostiene que, para ser defendibles, las teorías kantiana y del contrato social deben ser revisadas.

A continuación, alega que estas teorías revisadas coinciden con una forma concreta de consecuencialismo, una teoría perteneciente a la misma gran familia que el utilitarismo. Si Parfit está en lo cierto, entre las teorías morales aparentemente enfrentadas hay mucho menos desacuerdo del que imaginamos. Según una gráfica frase suya, los defensores de cada teoría están «subiendo la misma montaña por lados distintos».

Los lectores que busquen en *On What Matters* una respuesta a la pregunta planteada por su título quizá se lleven una decepción. El verdadero interés de Parfit pasa por combatir el subjetivismo y el nihilismo. Cree que nada importa, a no ser que se pueda demostrar que el objetivismo es cierto.

Cuando Parfit llega a la pegunta de «qué importa», acaso su respuesta parezca sorprendentemente obvia. Por ejemplo, nos dice que ahora lo más importante es que «los ricos hemos de renunciar a algunos lujos, dejar de sobrecalentar la atmósfera terrestre y tratar el planeta de otra manera para que siga albergando vida inteligente».

Muchos ya habíamos llegado a esta conclusión. Lo que la obra de Parfit nos ofrece es la posibilidad de defender estas y otras declaraciones morales teniéndolas por verdades objetivas.

de Project Syndicate, 13 de junio de 2011

¿Hay progreso moral?

Tras un siglo en el que tuvieron lugar dos guerras mundiales, el Holocausto nazi, el Gulag de Stalin, los campos de exterminio de Camboya o las atrocidades de Ruanda o Darfur, es cada vez más difícil avalar la idea de que estamos haciendo progresos desde el punto de vista moral. No obstante, aparte de los casos extremos de desmoronamiento moral, hay más cosas.

Este año [2008] se celebra el 60.º aniversario de la Declaración Universal de los Derechos Humanos, adoptado por la Asamblea General de las Naciones Unidas. En respuesta a los crímenes cometidos durante la Segunda Guerra Mundial, la Declaración pretendía establecer el principio de que todas las personas tienen los mismos derechos básicos, con independencia de la raza, el color, el sexo, la lengua, la religión o la condición social. Así pues, quizá podamos evaluar el progreso moral preguntándonos qué tal nos ha ido en la lucha contra el racismo y el sexismo.

Determinar el grado en que han disminuido realmente el sexismo y el racismo es una tarea de enormes proporciones. En cualquier caso, encuestas recientes llevadas a cabo por WorldPublicOpinion.org han clarificado un poco el asunto.

Las encuestas, en las que participaron quince mil personas pertenecientes a dieciséis países, representaban al 58 % de la población mundial: Azerbaiyán, China, Corea del Sur, Egipto, Estados Unidos, Francia, India, Indonesia, Irán, México, Nigeria, los territorios palestinos, Reino Unido, Rusia, Turquía y Ucrania. En once de estos países, la mayoría de la gente creía que, a lo largo de su vida, las personas de diferentes razas y etnias han sido tratadas de manera cada vez más igualitaria.

Por término medio, el 59 % dice esto mientras solo el 19 % considera que el trato es menos igualitario y el 20 % piensa que no ha cambiado nada. En Estados Unidos, Indonesia, China, Irán y Reino Unido, la gente tiende a percibir una mayor igualdad. Los palestinos son el único grupo en que una mayoría de los encuestados aprecia menos igualdad entre personas de grupos raciales o étnicos diferentes, mientras que la opinión está dividida más o menos a partes iguales en Nigeria, Ucrania, Azerbaiyán y Rusia.

Una mayoría global aún más clara, el 71 %, considera que las mujeres han hecho progresos hacia la igualdad, aunque los territorios palestinos vuelven a constituir una excepción, esta vez acompañados de Nigeria, Rusia, Ucrania y Azerbaiyán, con minorías significativas según las cuales actualmente las mujeres reciben un trato menos igualitario que antes. En la India, solo un 53 % dice que las mujeres gozan ahora de más igualdad, sin embargo, ¡existe otro 14 % que opina que actualmente tienen más derechos que los hombres! (Es de suponer que estaban pensando solo en las que no han sido objeto de aborto porque según las pruebas prenatales no eran varones.)

En términos generales, parece probable que estas opiniones reflejen cambios reales, por lo que son señales de progreso moral hacia un mundo en el que a los individuos no se les niegan derechos por motivos de raza, etnia o sexo. Esta idea se ve respaldada por los resultados más llamativos de las encuestas: un amplio rechazo de la desigualdad basada en la raza, el origen étnico o el sexo. Por término medio, el 90 % de los encuestados decían que es importante el trato equitativo a las personas de diferentes razas o grupos étnicos, y en ningún país había más de un 13 % de encuestados dispuestos a decir que el trato igualitario no es importante.

Cuando se preguntó acerca de la igualdad de derechos para las mujeres, el respaldo fue casi igual de claro, con un 86 % de media que lo consideraba importante. Algo significativo es que estas mayorías también se daban en los países musulmanes. En Egipto, por ejemplo, el 97 % decía que la igualdad étnica y racial es importante; y el 90 %, que es importante la igualdad para las mujeres. En Irán, las cifras eran del 82 % y el 78 %, respectivamente.

Si lo comparamos con lo que pasaba solo una década antes de la Declaración Universal de los Derechos Humanos, esto supone un cambio considerable. En muchos países, la igualdad de derechos para las mujeres –no solo el derecho a votar, sino también el de trabajar fuera de casa o independizarse– seguía siendo una idea radical. Antes predominaban ideas descaradamente racistas en Alemania y Sudamérica, así como entre gran parte de la población mundial que vivía en colonias gobernadas por las potencias europeas. En la actualidad, pese a lo ocurrido en Ruanda y la antigua Yugoslavia –y lo que estuvo a punto de pasar tras las recientes elecciones de Kenia–, ningún país acepta explícitamente doctrinas racistas.

Por desgracia, no cabe decir lo mismo sobre la igualdad de derechos para las mujeres. En Arabia Saudí, a las mujeres no se les permite siquiera conducir un coche, no digamos ya votar. También en muchos otros países, al margen de lo que diga la gente sobre la igualdad de género, las mujeres distan de tener los mismos derechos.

Esto tal vez signifique que las encuestas citadas no apuntan a una igualdad generalizada, sino que lo generalizado es la hipocresía. En todo caso, la hipocresía es el tributo que paga el vicio a la virtud, y si los racistas y sexistas deben pagar este tributo, es señal de que ha habido cierto progreso moral.

Las palabras tienen consecuencias, y si una generación dice algo que realmente no se cree, puede que la próxima sí se lo crea e incluso esté dispuesta a actuar. La aceptación pública de ideas es en sí misma un progreso de alguna clase, pero lo de veras importante es que supone una herramienta susceptible de ser utilizada para llevar a cabo más avances concretos. Por ese motivo, hemos de recibir los resultados de la encuesta con un espíritu favorable, y disponernos a acortar las diferencias todavía existentes entre retórica y realidad.

de Project Syndicate, 14 de abril de 2008

Dios y sufrimiento, otra vez

El comentarista conservador Dinesh D'Souza ha emprendido la misión de debatir con los ateos sobre la existencia de Dios. Ha desafiado a todas las figuras destacadas que ha podido, y se ha visto las caras con Daniel Dennett, Christopher Hitchens y Michael Schermer. Yo también acepté su invitación. El debate tuvo lugar en la Universidad de Biola. El nombre *Biola* deriva de «Bible Institute of Los Angeles» (Instituto Bíblico de Los Ángeles), lo que ya nos dice algo sobre la orientación predominante del público.

Como iba a debatir con un adversario experimentado y a todas luces inteligente, quise apuntalar mi postura sobre suelo firme. Así pues, sostuve que, aunque no podemos refutar la existencia de todas las clases de deidades posibles, sí podemos estar seguros de que no vivimos en un mundo creado por un Dios bondadoso, todopoderoso y omnisciente. Los cristianos creen vivir en un mundo así, desde luego. No obstante, todos los días nos enfrentamos a una poderosa razón para dudar de ello: en el mundo existe una cantidad inmensa de dolor y sufrimiento. Si Dios fuera omnisciente, sabría cuánto sufrimiento hay. Si fuera todopoderoso, habría podido crear un mundo sin tanto dolor. Si tan bondadoso fuera, seguramente habría creado un mundo sin tantas desgracias.

Por lo general, los cristianos responden diciendo que Dios nos concedió el don del libre albedrío, por lo que no es responsable del mal que hagamos. Esta respuesta no tiene en cuenta el sufrimiento de quienes se ahogan en inundaciones, arden vivos en incendios forestales provocados por rayos o mueren de hambre o sed durante una sequía.

En ciertas ocasiones, los cristianos tratan de justificar este sufrimiento diciendo que todos los seres humanos son pecadores y por tanto merecen su destino, por horrible que sea. Sin embargo, los bebés y los niños pequeños tienen las mismas posibilidades que los adultos de sufrir y morir en desastres naturales, y no parece probable que merezcan el sufrimiento y la muerte. Con todo, según la doctrina cristiana tradicional, como descienden de Eva, han heredado el pecado original de su madre, que desobedeció la orden divina de no comer del árbol del conocimiento. Esta idea es repelente por partida triple, pues da a entender, primero, que el conocimiento es algo malo; segundo, que desobedecer la voluntad de Dios es el mayor pecado de todos; y tercero, que los niños heredan los pecados de sus antepasados y que pueden ser castigados merecidamente por ellos.

De todos modos, aunque aceptásemos todo esto, el problema seguiría sin resolver, pues los seres humanos no son las únicas víctimas de las inundaciones, los incendios o las sequías. También los animales sufren en estos casos, y al no descender de Adán y Eva, no pueden haber heredado el pecado original.

En épocas antiguas, cuando el pecado original se tomaba más en serio que en la actualidad, el padecimiento de los animales suponía un problema especialmente peliagudo para los cristianos serios y reflexivos. René Descartes, el filósofo francés del siglo xvii, lo resolvió negando drásticamente que los animales pudieran sufrir. Según él, son solo mecanismos muy ingeniosos, y no debemos considerar sus gritos y forcejeos como una señal de dolor, del mismo modo que el ruido de un despertador no es para nosotros ningún indicio de que este tenga conciencia. No es muy probable que esta afirmación convenza a nadie que viva con un perro o un gato.

Curiosamente, dada su experiencia en los debates con ateos, D'Souza se esforzó por hallar una respuesta convincente al problema. Primero dijo que, habida cuenta de que los seres humanos pueden vivir eternamente en el cielo, el sufrimiento en este mundo es menos importante de lo que sería si nuestra vida aquí fuera la única que tenemos. Esto sigue sin explicar por qué un Dios bondadoso y todopoderoso lo permitiría. Por relativamente insignificante que pueda parecer, desde la perspectiva de toda la eternidad, todavía hay una inmensa cantidad de sufrimiento, y el mundo sería mejor sin él, o al menos sin la mayor parte. (Según algunos, necesitamos algo de sufrimiento para valorar la felicidad. Quizá... pero desde luego no tanto.)

A continuación, D'Souza sostuvo que, como Dios nos dio la vida, no estamos en condiciones de quejarnos de que nuestra existencia no sea perfecta. Y ponía como ejemplo el caso de alguien que haya nacido sin un miembro. Si la vida propiamente dicha es un regalo, decía, no es lógico que alguien se sienta agraviado por el hecho de recibir menos de lo deseable. En respuesta a ello, señalé que condenamos a las madres embarazadas que perjudican a su bebé si toman alcohol o cocaína. Según D'Souza, si ellas dan la vida a sus hijos, se diría que no hacen nada malo.

Por último, D'Souza recurrió, como hacen muchos cristianos cuando se sienten presionados, a la afirmación de que no tenemos por qué entender las razones de Dios para crear el mundo tal como es. Es como si una hormiga pretendiera comprender nuestras decisiones: así de ínfima es nuestra inteligencia en comparación con la infinita sabiduría del creador. (Esta es la respuesta que aparece, de forma más poética, en *El libro de Job*.) Pero en cuanto renunciamos a nuestra capacidad de raciocinio, podemos llegar a creernos cualquier cosa.

Además, la afirmación de que nuestra inteligencia es insignificante en comparación con la de Dios presupone precisamente la cuestión objeto de debate: que existe un ser supremo infinitamente sabio, amén de bondadoso y todopoderoso. Las pruebas que tenemos ante nuestros ojos vuelven más verosímil la idea de que el mundo no ha sido creado por ningún Dios. No obstante, si insistimos en la creación divina, el Dios que hizo el mundo no puede ser tan bueno ni todopoderoso. En todo caso, será un malvado o un chapucero.

de *Free Inquiry*, octubre/noviembre de 2008

Moralidad impía

(con Marc Hauser)

¿La moralidad necesita de la religión? Muchas personas consideran escandaloso, incluso blasfemo, negar el origen divino de la moralidad. O bien cierto ser divino elaboró nuestro sentido moral, o bien lo adquirimos de las enseñanzas de la religión organizada. Sea como fuere, necesitamos la religión para poner freno a los vicios de la naturaleza. Parafraseando a Katherine Hepburn en la película *La reina de África*, la religión nos permite elevarnos por encima de la malvada Madre Naturaleza proporcionándonos una brújula moral.

No obstante, la idea de que la moralidad proviene de Dios presenta algunos problemas. Uno es que, sin caer en la tautología, no podemos decir simultáneamente que Dios es bueno y que nos dio nuestro sentido de lo bueno y lo malo, pues en tal caso estamos diciendo simplemente que Dios satisface los requisitos de Dios.

Un segundo problema es que no hay principios morales compartidos por todas las personas religiosas –con independencia de sus creencias específicas– pero no por los agnósticos o los ateos. De hecho, aunque sus actos virtuosos se basen en principios distintos, los ateos y los agnósticos no se comportan menos moralmente que los creyentes. Los no creyentes suelen tener un sentido del bien y del mal tan sólido y profundo como cualquiera, y se han esforzado por abolir la esclavitud y participado en otros ámbitos para aliviar el sufrimiento humano.

También es verdad lo contrario. Desde la orden de Dios a Moisés de matar a los madianitas –hombres, mujeres, chicos y chicas no vírgenes– hasta las Cruzadas, pasando por la Inquisición, los innumerables conflictos entre los musulmanes chiíes y sunníes y los terroristas suicidas convencidos de que su martirio los llevará al paraíso, la religión ha empujado a muchos a cometer una letanía de crímenes horrendos.

La tercera dificultad relativa a la idea de que la moralidad tiene una raíz religiosa es que algunos de sus elementos parecen universales pese a las acusadas diferencias doctrinales entre las principales religiones del mundo. De hecho, dichos elementos se extienden incluso a culturas como la China, donde la religión es menos importante que ciertas perspectivas filosóficas como el confucianismo.

Quizá el divino creador nos entregó estos fundamentos universales en el momento de la creación. Sin embargo, otra explicación, compatible con los hechos de la biología y la geología, es que a lo largo de millones de años hemos desarrollado una facultad moral que genera intuiciones sobre el bien y el mal.

Por primera vez, determinadas investigaciones de las ciencias cognitivas, basadas en razonamientos teóricos derivados de la filosofía moral, han permitido resolver la vieja disputa sobre el origen y la naturaleza de la moralidad.

Veamos los tres escenarios siguientes. En cada caso, hay que rellenar el espacio en blanco con «obligatorio», «aceptable» o «inadmisible».

1. Un vagón de carga descontrolado está a punto de atropellar a cinco personas que caminan por las vías. Un trabajador del ferrocarril se halla junto a un interruptor que puede desviar el vagón hacia una vía lateral, lo que matará a una persona pero salvará a las otras cinco. Darle al interruptor es _____.
2. Pasas junto a una niña pequeña que está ahogándose en un estanque poco profundo, y eres la única persona presente. Si coges a la niña, ella sobrevivirá y se te pondrán perdidos los pantalones. Salvar a la niña es _____.
3. En un hospital, acaban de ingresar de urgencias cinco pacientes, cada uno de los cuales necesita un órgano para salvar la vida. No disponemos de tiempo suficiente para mandar traer órganos de fuera, pero en la sala de espera hay una persona sana. Si el cirujano le extrae los órganos, dicha

persona morirá, pero las cinco en estado crítico sobrevivirán. Sacarle los órganos a esta persona es _____.

Si consideras que el caso 1 es aceptable, el caso 2 obligatorio y el caso 3 inadmisible, entonces eres como los 1.500 individuos de todo el mundo que respondieron a estos dilemas en nuestro test por internet sobre el sentido moral (http://moral.wjh.harvard.edu). Si la moralidad fuera palabra de Dios, los ateos deberían evaluar estas situaciones de manera distinta a las personas creyentes, y sus respuestas deberían apoyarse en justificaciones diferentes.

Por ejemplo, como al parecer los ateos carecen de brújula moral, deberían guiarse por el puro interés personal y pasar junto al estanque sin hacer caso de la niña. Sin embargo, no se apreciaban diferencias estadísticamente significativas entre los individuos con o sin antecedentes religiosos, de tal modo que aproximadamente el 90 % decía que era aceptable accionar el interruptor del vagón, el 97 % que era obligatorio rescatar a la niña, y el 97 % que era inadmisible extraer los órganos de la persona sana.

Cuando se les pide que justifiquen por qué en unos casos la acción es aceptable y en otros ha de estar prohibida, los sujetos o bien no tienen ni idea, o bien dan explicaciones que no aclaran las diferencias pertinentes. Algo especialmente importante es que los religiosos están tan confusos o son tan incoherentes como los ateos.

Estos estudios brindan respaldo empírico a la idea de que, como pasa con otras facultades psicológicas, entre ellas el lenguaje o las matemáticas, estamos dotados de una aptitud moral que orienta nuestros juicios intuitivos sobre lo bueno y lo malo. Estas intuiciones resultan de que nuestros antepasados vivieran como mamíferos sociales durante millones de años, y forman parte de nuestra herencia común.

Las intuiciones evolucionadas no nos dan necesariamente las soluciones adecuadas o idóneas para resolver los dilemas morales:

lo que era bueno para nuestros antepasados acaso no lo sea en la actualidad. En cualquier caso, las percepciones sobre el cambiante paisaje moral, en el que cuestiones como los derechos de los animales, el aborto, la eutanasia o la ayuda internacional han pasado a un primer plano, no provienen de la religión, sino de la reflexión minuciosa sobre la humanidad y lo que consideramos una vida digna de ser vivida.

A este respecto, es importante ser conscientes del conjunto universal de intuiciones morales para poder debatirlas y, si es preciso, actuar al margen de ellas. Y podemos hacerlo sin blasfemar, pues el origen de la moralidad es nuestra propia naturaleza, no Dios.

de Project Syndicate, 4 de enero de 2006

¿Estamos preparados para una «pastilla de la moralidad»?

(con Agata Sagan)

En octubre pasado, en Foshan (China), una furgoneta atropelló a una niña de dos años. El conductor no se paró. A lo largo de los siete minutos siguientes, más de una docena de personas pasó a pie o en bicicleta junto a la niña lastimada. La atropelló una segunda camioneta. Al final, una mujer la arrastró a un lado, y llegó la madre. La niña falleció en el hospital. Las imágenes, que habían sido grabadas en vídeo, provocaron un gran escándalo cuando aparecieron en una cadena de televisión y se colgaron en internet. Tuvo lugar un episodio similar en Londres en 2004, y seguro que habrá habido otros sin que el objetivo de una cámara haya podido captarlos.

En todo caso, las personas pueden, y suelen, comportarse de maneras muy distintas.

En una búsqueda de noticias que incluya las palabras «héroe salva» aparecerán, por sistema, historias de gente que «pasaba por allí» y que, para socorrer a desconocidos, se enfrenta a trenes en marcha o a incendios arrasadores. Los actos de bondad extrema, responsabilidad y compasión son, como sus contrarios, prácticamente universales.

¿Cómo es que algunas personas están dispuestas a arriesgar su vida para auxiliar a alguien desconocido mientras otras ni siquiera llegan a marcar el número de urgencias?

Los científicos llevan décadas investigando cuestiones así. En las décadas de los sesenta y los setenta, una serie de famosos experimentos llevados a cabo por Stanley Milgram y Philip Zimbardo sugerían que, en determinadas circunstancias, la mayoría de nosotros haríamos daño voluntariamente a personas inocentes. En la misma época, John Darley y C. Daniel Batson demostraron que, si les dijeran que están llegando tarde, incluso seminaristas camino de dar una charla sobre la parábola del Buen Samaritano, no harían caso de un desconocido que estuviera gimiendo a un lado del camino. Diversos estudios más recientes nos han revelado mucho sobre lo que sucede en el cerebro de un individuo cuando este toma decisiones morales. Sea como fuere, ¿estamos más cerca de entender las bases de la conducta moral?

Aquí está buena parte de lo que el análisis de estos experimentos pasa por alto: algunas personas actuaron de forma correcta. Un estudio reciente (sobre el que mantenemos ciertas reservas éticas) realizado en la Universidad de Chicago parece aclarar las causas.

Los investigadores tenían dos ratas en una jaula; a una de ellas la metían en un tubo que solo se podía abrir desde fuera. Por lo general, la rata libre intentaba abrir la puerta, lo que finalmente lograba. Incluso cuando las ratas libres podían comer todo el chocolate que quisieran antes de que su compañera recuperase la libertad, la mayoría de ellas prefería liberarla primero. Para los experimentadores, este hallazgo ponía de manifiesto la empatía entre las ratas. Pero, aun siendo este el caso, revelaron también que el comportamiento individual de cada rata variaba, pues solo 23 de cada 30 liberaban a sus compañeras atrapadas.

Las causas de la diferencia conductual seguramente residen en las ratas propiamente dichas. Parece verosímil que los seres humanos, al igual que las ratas, se dispongan a lo largo de un continuo de disposición a ayudar a los demás. Se han llevado a cabo muchas investigaciones con personas anómalas, como los psicópatas, pero necesitamos saber más también sobre diferencias relativamente estables (tal vez de origen genético) en la gran mayoría de las personas.

Sin duda, ciertos factores situacionales pueden tener una gran influencia, quizá las creencias morales también, pero si los seres humanos son diferentes en cuanto a su predisposición a actuar de forma moral, hemos de saber más acerca de estas diferencias. Solo entonces tendremos un conocimiento apropiado sobre nuestra conducta moral, incluyendo la razón de que varíe tanto de una persona a otra y la posibilidad de hacer algo al respecto.

Si las investigaciones cerebrales en curso indican realmente diferencias bioquímicas entre el cerebro de quienes ayudan a los demás y el de quienes no lo hacen, ¿podría esto desembocar en una «pastilla de la moralidad», es decir, en un fármaco que nos volviera más susceptibles de prestar ayuda? Habida cuenta de los numerosos estudios que vinculan las condiciones bioquímicas al estado de ánimo y la conducta, aparte de todos los medicamentos para modificarlos que les han seguido, la idea no es descabellada. En tal caso, ¿la gente decidiría tomarla? ¿Se podría dar a los criminales la opción –como alternativa a la reclusión– de un implante liberador de fármaco con el que disminuirían las probabilidades de hacer daño a los demás? ¿Podrían los gobiernos empezar a investigar a las personas para averiguar cuáles son las más proclives a cometer delitos? A quienes tuvieran más probabilidades de cometer un crimen se les podría ofrecer una pastilla de la moralidad; si se negaran a tomarla, cabría exigirles que llevaran un dispositivo de localización mediante el cual se sabría dónde estuvieron en un momento determinado, y así ellos serían conscientes de que, en caso de cometer un crimen, serían detectados.

Hace cincuenta años, Anthony Burgess escribió *La naranja mecánica*, novela futurista sobre el jefe despiadado de una banda al que someten a un tratamiento que lo vuelve incapaz de perpetrar actos violentos. La versión cinematográfica de Stanley Kubrick de 1971 dio lugar a una discusión en la cual muchos defendían que jamás podía estar justificada la privación del libre albedrío, con independencia de lo horripilante que fuera la violencia que así pudiera evitarse. Sin duda, cualquier propuesta de fabricar una pastilla de la moralidad se enfrentará a esta clase de objeciones.

No obstante, si la química del cerebro influye efectivamente en la conducta moral, la cuestión de si este equilibrio se alcanza de forma natural o mediante intervención médica no afectará en lo más mínimo a la libertad con que actuamos. Si entre nosotros ya existen diferencias bioquímicas que cabe utilizar para predecir el grado de ética con que nos comportamos, entonces o bien estas diferencias son compatibles con el libre albedrío, o bien son la prueba de que, al menos en lo concerniente a algunas de nuestras acciones éticas, nadie ha llegado a gozar nunca de libre albedrío en ningún caso. Sea como fuere, tengamos libre albedrío o no, tal vez pronto debamos afrontar nuevas opciones sobre cómo estamos dispuestos a influir en el comportamiento por el bien de todos.

de *The New York Times,* 28 de enero de 2012

La cualidad de la clemencia

La reciente liberación de Abdel Basset Ali al-Megrahi, la única persona condenada por hacer estallar el Vuelo 103 de Pan Am sobre Lockerbie (Escocia), en 1988, ha provocado un escándalo. Más o menos en la misma época, los Philadelphia Eagles, el equipo de fútbol americano, ofrecieron una segunda oportunidad a su antigua estrella Michael Vick, que había sido condenado por dirigir un negocio de peleas de perros en el que los contendientes desafortunados acababan torturados y muertos. Por su parte, William Calley, que estaba al mando del pelotón responsable de la masacre de centenares de vietnamitas civiles en el pueblo de My Lai en 1968, acaba de romper su silencio mediático y ha pedido perdón por sus actos.

¿Cuándo hemos de perdonar o mostrar clemencia hacia los malhechores? Muchas sociedades tratan con excesiva indulgencia los delitos que conllevan crueldad con los animales, si bien la condena a Vick –23 meses de cárcel– fue considerable. Además de estar entre rejas, perdió dos años de su carrera deportiva y millones de dólares en ganancias. Si Vick no hubiera vuelto a jugar al fútbol, habría sufrido un castigo mucho peor que el impuesto por el tribunal.

Vick se ha mostrado arrepentido. Y, quizá lo más importante, ha pasado de las palabras a los hechos, haciendo labores de voluntariado en un refugio para animales y trabajando con la Sociedad Humanitaria de los Estados Unidos, que se opone a las peleas de perros. No tendría nada de positivo prohibirle completar su rehabilitación y regresar a lo que mejor sabe hacer.

Megrahi fue declarado culpable de matar a 270 personas y condenado a cadena perpetua. Llevaba solo siete años encerrado cuando Kenny MacAskill, ministro escocés de Justicia, decretó su libertad por razones humanitarias, puesto que según los informes médicos, Megrahi sufría un cáncer terminal y le quedaban solo tres meses de vida. No se ha producido ningún arrepentimiento, pues Megrahi jamás admitió su culpabilidad; y además no presentó ningún recurso de apelación contra la condena hasta justo antes de su liberación.

Existen dudas sobre si Megrahi estaba realmente muriéndose. Por lo visto, solo el médico de la cárcel estuvo dispuesto a decir que al preso le quedaban apenas tres meses de vida, mientras otros cuatro especialistas se negaron a hacer precisiones temporales.[1] Hay quien opina que la liberación de Megrahi ha tenido que ver con ciertas negociaciones sobre contratos petrolíferos entre Gran Bretaña y Libia, y que eso explicaría la decisión de MacAskill (aunque, en tal caso, habría sido preferible dejar que lo resolvieran los tribunales).

Pero dejemos esto a un lado de momento. Suponiendo que Megrahi fuera culpable y que lo hayan puesto en libertad porque le quedaba poco tiempo de vida, ¿la enfermedad terminal de un prisionero justifica su liberación por razones humanitarias?

La respuesta podría depender de la naturaleza del crimen, del tiempo de reclusión o del período restante de privación de libertad. En el caso de un carterista que ya ha estado encerrado medio año de los dos de la sentencia, parecería demasiado severo insistir en el cumplimiento íntegro de la condena si ello suponía que el hombre va a morir en la cárcel y no con su familia. Sin embargo, liberar a un hombre que ha cumplido solo siete años de una cadena perpetua por asesinato en masa es otro cantar. Como señalan los familiares de las víctimas, al planear el crimen Megrahi no mostró compasión alguna. ¿Por qué, dicen, hemos de compadecernos nosotros de él?

En una comparecencia ante el Parlamento escocés para justificar su decisión, MacAskill se abstuvo de citar el discurso más famoso sobre la piedad en lengua inglesa, el de Porcia en *El mercader de Venecia* de Shakespeare, si bien este habría encajado perfectamente en la declaración. Porcia reconoce que Shylock no

[1] Vivió hasta mayo de 2012, casi tres años después de ser puesto en libertad.

tiene ninguna obligación de mostrarse compasivo con Antonio, que está incumpliendo su acuerdo. «La cualidad de la clemencia es que no debe ser forzada» –es decir, imperativa, obligatoria–, le dice a Shylock, sino algo que cae libremente, como la lluvia. MacAskill admitió que Megrahi no había mostrado piedad, pero señaló acertadamente que esto por sí solo no es motivo para negarle piedad a él en sus últimos días. A continuación recurrió a los valores del humanitarismo, la compasión y la misericordia como «las convicciones con arreglo a las cuales queremos vivir» y calificó su decisión de «fiel a los valores escoceses».

Podemos discrepar razonablemente de la resolución de MacAskill, pero hemos de reconocer que –a menos que haya algo más de lo que se ve en la superficie– actuaba motivado por algunos de los valores más admirables que somos capaces de poner en práctica. Y si creemos que Megrahi no pagó lo suficiente por su crimen, ¿qué decir del trato dispensado al antiguo teniente William Calley?

En 1971, Calley fue condenado por el asesinato de «no menos de 22 civiles vietnamitas de edad y sexo indeterminados». También fue considerado culpable de agresión con intento de asesinato de un niño vietnamita. Sin embargo, tres días –sí, tres días– después de su condena, el presidente Richard Nixon decretó que fuera puesto en libertad y le permitió cumplir la pena en una cómoda casa de dos habitaciones, donde vivió con compañía femenina y personal a su servicio. Al cabo de tres años fue redimido incluso de esta forma de reclusión.

Calley siempre dijo que obedecía órdenes. El capitán Ernest Medina, su comandante, le mandó incendiar el pueblo y contaminar los pozos, pero no hay pruebas claras de que dicha orden incluyera matar a no combatientes –y, como es lógico, en tal caso habría tenido que ser desobedecida–. (Medina fue absuelto de asesinato.)

Tras varias décadas en las que se negó a hablar públicamente, Calley, que ahora tiene 66 años, dijo hace poco que «no pasa un día» sin que se arrepienta «por lo que sucedió aquel día en My Lai». Cabe preguntarse si los parientes de las víctimas de My Lai están más dispuestos a perdonar a Calley de lo que lo están los de los muertos en Lockerbie en el caso de Megrahi.

de Project Syndicate, 31 de agosto de 2009

Pensar en los muertos

Acabo de publicar un libro sobre mi abuelo materno, David Oppenheim.[2] Vienés de ascendencia judía, fue primero miembro del círculo de Sigmund Freud y luego del de Alfred Adler. Sin embargo, pese a su persistente interés por explorar la psicología humana, subestimó la amenaza nazi y no se marchó con la suficiente celeridad tras la anexión de Austria. Deportado al atestado y desnutrido gueto de Theresienstadt, no tardó en morir. Por suerte, mis padres sí abandonaron Viena a tiempo. Fueron capaces de llegar a Australia, donde después de la guerra nací yo.

Se han conservado muchos papeles y cartas de mi abuelo. En uno se plantea qué es una buena vida. Como David Oppenheim era un erudito clásico, analiza la cuestión a partir de un texto clásico: el pasaje del primer libro de Heródoto en el que se describe la visita de Solón, el sabio legislador ateniense, a Creso, el riquísimo rey de Lidia. Tras agasajar a Solón y escuchar relatos sobre sus viajes, Creso le preguntó: «¿Cuál es el hombre más feliz que has conocido?». Creso esperaba oír que él, Creso, era el más feliz de todos, por ser el hombre más rico y gobernar al pueblo mejor y más numeroso. Pero Solón frustra sus expectativas al nombrar a un ateniense llamado Tello. Desconcertado, Creso quiere saber por qué, y entonces Solón explica los factores clave de la vida de Tello. Vivió en una ciudad próspera, tuvo unos hijos excelentes y llegó a conocer a los hijos de cada uno de ellos. Poseía la suficiente riqueza. Y tuvo una muerte gloriosa, cayendo en combate justo cuando el enemigo estaba siendo derrotado y huyendo en desbandada. Los atenienses lo honraron con un funeral público en el mismo sitio donde había expirado.

De esta historia, mi abuelo deduce que la idea de Solón de una vida feliz consta de diez elementos:

[2] Peter Singer (Nueva York, Ecco, 2003).

1. Un período de prosperidad en paz para el país de uno.
2. Una vida que se extiende más allá de la tercera generación.
3. No perder del todo el vigor de un hombre valeroso.
4. Unos ingresos holgados.
5. Hijos bien criados.
6. Garantía de la continuidad del linaje mediante nietos numerosos y prósperos.
7. Una muerte rápida.
8. Confirmación victoriosa de la propia fortaleza.
9. Los máximos honores en el funeral.
10. La conservación del nombre mediante la conmemoración gloriosa por los ciudadanos.

Como vemos en los dos últimos puntos, para Solón lo que le pasa a las personas después de su muerte –el tipo de entierro, cómo es recordado su nombre– tiene mucho que ver con lo buena que fuera su vida. Esto no es porque Solón imagine que, una vez fallecida, la persona es capaz de mirar abajo desde algún sitio y ver los funerales que le organizan. Nada parece indicar que Solón creyera en algún tipo de vida después de la muerte; yo, desde luego, no creo. Sin embargo, el escepticismo con respecto a la muerte, ¿vuelve forzosa la conclusión de que lo que nos pasa después de morir no influye en la valoración de lo bien que nos ha ido en vida?

Al pensar en esta cuestión, oscilo entre dos posturas incompatibles: que algo te importa solo si tiene algún efecto sobre tu conciencia, es decir, si lo experimentas de alguna manera; o que lo importante es que tus preferencias resulten satisfechas, lo sepas o no, incluso al margen de si estás vivo o no en el momento en que son satisfechas. La primera idea, mantenida por utilitaristas clásicos como Jeremy Bentham, es, desde el punto de vista filosófico, más sencilla y, en cierto modo, más fácil de defender. No obstante, imaginemos la situación siguiente: hace un año que a una colega tuya del departamento universitario donde trabajas le dijeron que tenía cáncer y que le quedaba aproximadamente un año de vida. Entonces ella se tomó una excedencia no remunerada y dedicó el año a escribir un libro que reunía ideas sobre las que había estado trabajando durante los diez años que hacía que la conocías. La labor la dejó exhausta, pero logró terminarla. A punto de morir, te manda llamar a su casa y te enseña un manuscrito. «Quiero que se me recuerde por esto», te dice. «Busca un editor, por favor.» Felicitas a tu amiga por haber concluido el trabajo. Ella se siente débil y cansada, pero a todas luces satisfecha por haberlo puesto en tus manos. Os despedís. Al día siguiente te dicen por teléfono que tu colega murió poco después de que salieras de su casa. Lees el manuscrito. Aunque no parece un estudio innovador, desde luego es publicable. «¿Para qué?», te dices. «En realidad no necesitamos otro libro sobre estos temas. Ella está muerta y en cualquier caso jamás sabrá si el libro se ha publicado o no.» En vez de enviar el trabajo a una editorial, lo tiras a la basura.

¿Has hecho algo mal? Más en concreto, ¿has agraviado a tu colega? ¿De algún modo has hecho que su vida sea menos buena de lo que habría sido si hubieras llevado el manuscrito a un editor, y, una vez publicado, el libro hubiera despertado el mismo interés –mucho o poco– que tantas obras académicas meritorias pero poco novedosas? Si la respuesta es afirmativa, entonces lo que hacemos a la muerte de una persona puede influir en lo bien que le fuera en la vida.

Escribir sobre mi abuelo me ha empujado a preguntarme si tiene sentido creer que, al leer sus papeles y llevar su vida y su pensamiento a un público amplio, estoy haciendo algo *por él*, y de alguna manera mitigando, aunque sea solo un poco, el daño que le hicieron los nazis. Es fácil imaginar que a un abuelo le gustaría ser recordado por sus nietos, y que a un escritor o erudito le gustaría ser leído tras su muerte. Quizá esto sea especialmente cierto cuando el fallecido ha sido perseguido por un régimen totalitario que pretendía acabar con las ideas liberales y cosmopolitas promovidas por mi abuelo, y eliminar a todos los miembros de su familia. ¿Tenemos aquí un ejemplo de que, como decía Solón, lo que pasa después de morir uno influye en lo buena que haya sido su vida? No me parece necesario creer en el más allá para responder afirmativamente a esta pregunta.

de *Free Inquiry*, verano de 2003

¿Debería ser esta la última generación?

¿Has pensado alguna vez en tener un hijo? En tal caso, ¿qué factores intervenían en tu decisión? Por ejemplo, ¿tener hijos sería bueno para ti, tu pareja y otros seres cercanos al futuro niño, como otros hijos que acaso ya tuvieras, o tal vez para tus padres? La mayoría de las personas que se plantean la reproducción consideran que estas son las cuestiones más relevantes. Algunos acaso también se pregunten si es deseable incrementar la presión que casi siete mil millones de personas están ejerciendo ya en el entorno ambiental del planeta. Sin embargo, muy pocos se preguntan si nacer es algo bueno para el propio niño. Casi todos los que reflexionan sobre el asunto seguramente lo hacen porque, por alguna razón, creen que la vida del niño será especialmente difícil: por ejemplo, si tienen antecedentes familiares de una enfermedad devastadora, física o mental, que no es posible detectar en fase prenatal.

Todo ello da a entender que consideramos erróneo traer al mundo a un niño cuyas posibilidades de tener una vida sana y feliz sean escasas, pero por lo general no creemos que el hecho de que un niño tenga buenas posibilidades de vivir una existencia sana y feliz suponga una razón para engendrarlo. Entre los filósofos, esto ha acabado conociéndose como «la asimetría», y no es fácil de justificar. En todo caso, en vez de meterme en las explicaciones que suelen darse –y en por qué fallan–, plantearé un problema afín. ¿En qué medida ha de ser buena la vida para que sea razonable traer un niño al mundo? A falta de conocimientos concretos de que el niño vaya a sufrir enfermedades genéticas graves u otros problemas, ¿es suficiente con suponer que gozará del grado de bienestar de la mayoría de la gente en los países desarrollados para que esta decisión deje de ser problemática?

Según Arthur Schopenhauer, filósofo alemán del siglo XIX, incluso en la mejor vida posible para los seres humanos luchamos por objetivos que, una vez alcanzados, nos brindan una satisfacción tan solo pasajera. A continuación, deseos nuevos nos conducen a más esfuerzos estériles, y el ciclo se repite.

A lo largo de los dos últimos siglos, el pesimismo de Schopenhauer ha tenido pocos defensores, pero recientemente ha aparecido uno, el filósofo sudafricano David Benatar, autor de un excelente libro con un título llamativo: *Better Never to Have Been: The Harm of Coming into Existence.* Uno de los argumentos de Benatar se basa en algo parecido a la ya mencionada asimetría. Según Benatar, dar la vida a alguien que va a sufrir es hacerle daño, pero traer al mundo a alguien que va a vivir una buena vida no le supone beneficio alguno. A pocos de nosotros nos parecería bien causar daño a un niño inocente, aunque fuera la única manera de poder traer al mundo a muchos otros niños. No obstante, todos sufrimos en cierta medida, y si nuestra especie sigue reproduciéndose, seguro que algunos niños futuros sufrirán mucho. Por tanto, la reproducción constante perjudicará gravemente a algunos niños y no beneficiará a ninguno.

Benatar sostiene también que, en general, la vida humana es mucho peor de lo que pensamos. Dedicamos la mayor parte de la existencia a deseos frustrados, y las satisfacciones ocasionales que casi todos alcanzamos no bastan para compensar estos prolongados estados negativos. Si consideramos que esto es un estado de cosas llevadero es porque, a juicio de Benatar, somos víctimas de algo que se conoce como «polianaísmo» (de Pollyanna, la optimista exagerada). Puede que esta ilusión evolucionara porque ayudó a nuestros antepasados a sobrevivir, pero no deja de ser una ilusión. Si pudiéramos vivir la vida de forma objetiva, veríamos que no es algo que debamos imponer a nadie.

Hagamos un experimento mental para analizar nuestras actitudes ante esta idea. Casi todas las personas serias están muy preocupadas por el cambio climático. Algunas dejan de comer carne o de ir de vacaciones en avión para reducir sus emisiones de carbono. Sin embargo, la gente que más va a padecer las consecuencias del cambio climático aún no ha sido concebida. Si no hubiera generaciones futuras, tendríamos menos motivos para sentirnos culpables.

Entonces, ¿por qué no nos convertimos en la última generación de la Tierra? Si todos accediéramos a que nos esterilizaran, no harían falta sacrificios; ¡podríamos estar de fiesta hasta la extinción!

Sería imposible ponernos de acuerdo en la esterilización universal, desde luego, pero imaginemos que fuéramos capaces. ¿Qué tiene de malo este escenario? Aun desde una perspectiva menos pesimista que la de Benatar sobre la existencia humana, todavía podríamos defenderlo: todos estaríamos mejor –de entrada, podríamos librarnos de esta culpa sobre lo que estamos haciéndoles a las generaciones futuras– y nadie estaría peor, pues no habría nadie respecto del cual estar en peores condiciones.

¿Un mundo con gente es mejor que uno sin gente? Dejemos a un lado lo que hacemos a las demás especies; esa es otra cuestión. Supongamos que el dilema se da entre un mundo como el nuestro y otro sin ningún ser sensible. Y supongamos también –aquí hemos de echarle imaginación, como suelen hacer los filósofos– que si escogiéramos un mundo sin ningún ser sensible sería porque todo el mundo está de acuerdo. No se violarían derechos... al menos, no los de las personas existentes. ¿Tienen las personas no existentes derecho a ver la luz?

Creo que sería un error elegir un universo no sensible. A mi entender, para la mayoría de las personas la vida merece la pena ser vivida. Aunque este no es aún el caso, soy lo bastante optimista para pensar que, si los seres humanos sobrevivimos uno o dos siglos más, aprenderemos de nuestros errores pasados y construiremos un mundo en el que habrá mucho menos sufrimiento que ahora. No obstante, justificar esta elección nos obliga a reconsiderar las importantes cuestiones con las que he empezado. ¿Vale la pena vivir? Los intereses de un futuro niño, ¿son una razón suficiente para traerlo al mundo? Por otro lado,

¿está justificada la continuación de nuestra especie pese a ser conscientes de que sin duda comportará sufrimiento a futuros seres humanos inocentes?

de *The New York Times*, 6 de junio de 2010

La filosofía en lo alto

El año pasado, un informe de la Universidad de Harvard hizo saltar las alarmas al revelar que la proporción de estudiantes estadounidenses que se sacaban la licenciatura en humanidades había bajado del 14 % al 7 %. Incluso universidades de élite como Harvard han experimentado un descenso parecido. Además, en los últimos años la disminución se ha acentuado. Se habla de crisis de las humanidades.

No sé lo bastante sobre las humanidades en su conjunto para opinar sobre por qué disminuyen las matriculaciones. Acaso se considere que estas disciplinas no tienen muchas probabilidades de desembocar en carreras gratificantes, o siquiera en carrera alguna. Tal vez se deba a que ciertas especialidades no logran transmitir a las personas ajenas en qué consisten y por qué son importantes. O, por mucho que cueste aceptarlo, quizá no es solo un asunto de comunicación: a lo mejor es que, de hecho, algunas materias de humanidades se han convertido en poco pertinentes en el fascinante y cambiante mundo en el que vivimos.

Señalo estas posibilidades sin pronunciarme sobre ninguna de ellas. En todo caso, de lo que sí sé algo es de mi propia especialidad, la filosofía, que, mediante su vertiente práctica, la ética, hace una aportación esencial a los debates más urgentes que tenemos.

Como soy filósofo, es comprensible que el lector sospeche cierta tendenciosidad en mi postura. Por suerte, para respaldar mi afirmación puedo echar mano de un informe independiente del Gottlieb Duttweiler Institute (GDI), un laboratorio de ideas suizo.

Hace poco, el GDI ha publicado una lista de los 100 principales Líderes de Pensamiento Global correspondiente a 2013, en la que se incluyen economistas, psicólogos, escritores, politólogos, físicos, antropólogos, científicos de la información, biólogos, empresarios, teólogos y médicos, así como personas de otros ámbitos. No obstante, tres de los cinco primeros son filósofos: Slavoj Žižek,

Daniel Dennett y yo. El GDI clasifica a un cuarto, Jürgen Habermas, como sociólogo, pero el informe admite que también él es, presumiblemente, un filósofo.

De los cinco primeros, el único Líder de Pensamiento Global no vinculado a la filosofía es Al Gore. Entre los 100 primeros figuran más economistas que personas de otras disciplinas, pero el que está en un puesto más alto, Nicholas Stern, es el décimo.

¿Cómo puede ser que cuatro de los cinco pensadores más influyentes del mundo pertenezcan a las humanidades y tres o cuatro a la filosofía? Para contestar a esta pregunta, hemos de averiguar qué mide el GDI cuando elabora su clasificación.

El GDI pretende identificar a «los pensadores y las ideas influyentes en la infosfera global en su totalidad». Puede que la infosfera de la que extraemos los datos sea global, pero también es solo angloparlante, lo que acaso explique por qué no figura ningún pensador chino entre los cien primeros. Se dan tres requisitos de elegibilidad: primero, trabajar sobre todo como pensador; segundo, gozar de cierto prestigio fuera de la propia especialidad; tercero, ser influyente.

La clasificación es una amalgama de muchas mediciones distintas, entre ellas la audiencia que los pensadores tienen en YouTube y Twitter o la frecuencia con que aparecen en blogs o en la wikisfera. El resultado indica la importancia de cada pensador en el conjunto de países y áreas temáticas, y la clasificación selecciona a los pensadores de los que más se habla y que más debates suscitan.

La lista varía de un año a otro, desde luego. No obstante, llegamos necesariamente a la conclusión de que en 2013 unos cuantos filósofos influyeron de manera especial en el mundo de las ideas.

Esto no habría provocado ninguna sorpresa entre los líderes atenienses, a quienes les parecía que la influencia de Sócrates era tanta que lo condenaron a muerte por «corromper a la juventud». Tampoco supondrá una novedad para quien esté familiarizado con los muchos esfuerzos que se están realizando con objeto de llevar la filosofía a un mercado más amplio.

Tenemos, por ejemplo, la revista *Philosophy Now*, y sus equivalentes en otros idiomas. Existen asimismo los *podcasts* de Philosophy Bites, muchos blogs y cursos *online* gratuitos, que están atrayendo a decenas de miles de estudiantes.

Quizá el creciente interés en reflexionar sobre el universo y nuestra vida deriva del hecho de que, al menos para mil millones de personas del planeta, se han resuelto en buena medida los problemas de la alimentación, la vivienda o la seguridad personal. Lo cual nos alienta a preguntarnos qué más queremos, o podemos esperar, de la vida, punto de partida de muchas líneas de investigación filosófica.

Hacer filosofía –pensar y discutir sobre ella, no solo leerla de forma pasiva– desarrolla nuestra capacidad de razonamiento crítico, por lo que nos prepara para muchos de los problemas de un mundo en cambio constante. Tal vez sea este el motivo de que, en la actualidad, muchos empresarios tengan ganas de contratar a graduados con buenas notas en los cursos de filosofía.

Algo más sorprendente, y quizá más significativo que las ventajas de hacer filosofía para adquirir capacidades generales de razonamiento, es el hecho de que hacer un curso de filosofía puede cambiarle la vida a una persona. Sé por experiencia propia que seguir un curso de filosofía puede inducir a los alumnos a volverse veganos, iniciar carreras que les impulsen a entregar la mitad de sus ingresos a organizaciones benéficas eficaces, o incluso a donar un órgano a un desconocido. ¿De qué otras disciplinas se puede decir lo mismo?

de Project Syndicate, 9 de abril de 2014

2
Animales

Huevos éticos de Europa

Hace cuarenta años, estuve con otros estudiantes en una concurrida calle Oxford repartiendo folletos de protesta por el uso de jaulas en batería para albergar pollos. La mayoría de los que cogían los panfletos no sabían que los huevos que consumían procedían de gallinas de esas jaulas, tan pequeñas que ni siquiera una ave sola –por lo general en cada jaula había cuatro animales– habría podido extender del todo las alas y batirlas. Las gallinas no podían correr libres por ahí ni poner los huevos en un nido.

Muchas personas aplaudían nuestro idealismo juvenil, pero nos decían que no teníamos ninguna posibilidad de cambiar una industria tan importante. Se equivocaban.

El primer día de 2012, mantener a las gallinas en esa clase de jaulas pasó a ser ilegal, no solo en el Reino Unido sino también en los 27 países de la Unión Europea. Todavía es posible encerrar a las gallinas en jaulas, pero ahora han de tener más espacio y sitios para escarbar. El mes pasado, miembros de la Fundación Británica por el Bienestar de las Gallinas proporcionaron una casa nueva a una gallina a la que llamaron «Libertad». Era, decían, una de las últimas gallinas del Reino Unido que aún vivían en las jaulas a las que nos oponíamos.

A principios de la década de los setenta, cuando inició su andadura el moderno movimiento por la liberación animal, ninguna organización estaba haciendo campaña contra las jaulas en batería. Hacía mucho tiempo que La Real Sociedad para la Prevención de la Crueldad contra los Animales (RSPCA, por sus siglas en inglés), madre de todas las organizaciones animalistas, había perdido su radicalismo inicial. Ahora se centraba en casos aislados de abuso, y no cuestionaba los consolidados métodos de maltrato animal en granjas y laboratorios. En la década de los setenta, hizo falta un esfuerzo concertado de los radicales defensores de los animales para sacar a la RSPCA de su autocomplacencia y orientarla hacia las cajas en batería y otras formas de cría intensiva de animales.

A la larga, el nuevo movimiento por los derechos de los animales consiguió llegar al gran público. Y los consumidores respondieron comprando huevos de gallinas de granja. Algunas cadenas de supermercados incluso dejaron de vender huevos de gallinas enjauladas.

En el Reino Unido y algunos países europeos, el bienestar animal llegó a ser algo políticamente destacado, y aumentó la presión sobre los representantes parlamentarios. El comité científico creado por la Unión Europea para investigar problemas relativos al bienestar animal en explotaciones agropecuarias recomendó la prohibición de las jaulas en batería además de otras formas de confinamiento excesivo de cerdos y terneros. En 1999, en Estados Unidos se ilegalizaron finalmente las jaulas, pero a fin de que los productores tuvieran tiempo suficiente para sustituir el equipo en el que tanto dinero habían invertido, su puesta en práctica se retrasó hasta el 1 de enero de 2012.

Dicho sea en su honor, la industria huevera británica aceptó la situación y desarrolló sistemas nuevos y menos crueles de cría de gallinas. En todo caso, no todos los países están igualmente dispuestos a ello: se calcula que quizá hasta ochenta millones de gallinas siguen metidas en jaulas en batería ilegales. No obstante, al menos trescientos millones de gallinas que habrían tenido una existencia espantosa en jaulas estándar se hallan ahora en condiciones considerablemente mejores; por otro lado, existe una gran presión sobre la burocracia de la UE para que haga cumplir la prohibición en todas partes –en particular, por parte de los productores de huevos que ya están acatando la norma–.

Con la prohibición de las jaulas en batería, Europa confirma su condición de líder planetario del bienestar animal, posición reflejada también en sus restricciones sobre el uso de animales para probar cosméticos. Pero ¿por qué Europa va tan por delante de otros países en este ámbito?

En Estados Unidos no hay leyes federales sobre cómo los productores de huevos deben alojar a las gallinas. Sin embargo, cuando en 2008, en California se planteó el problema a los votantes, estos apoyaron por abrumadora mayoría la proposición de ley de que los animales de cría tuvieran suficiente espacio para estirar del todo las patas y darse la vuelta sin tocar a otros animales o los lados de la jaula. Esto da a entender que el problema quizá no tenga que ver con la actitud de los ciudadanos de Estados Unidos, sino más bien con el hecho de que, en el ámbito federal, el sistema político estadounidense permite a las industrias con elevados presupuestos para campañas frustrar los deseos de la mayoría.

En China, el país que, junto con Estados Unidos, encierra a más gallinas en jaulas, está justo empezando a emerger un movimiento en favor del bienestar animal. Por el bien de miles de millones de animales de cría, le deseamos un éxito y un crecimiento rápidos.

El comienzo de este año es un momento para celebrar un avance importante en el bienestar animal y, por tanto, en el caso de Europa, un paso más hacia la condición de sociedad civilizada y humana, que muestra su preocupación por todos los seres capaces de sufrir. También es una ocasión idónea para elogiar la efectividad de la democracia y el poder de una idea ética.

Al parecer, la antropóloga Margaret Mead dijo: «Nunca dudes de que un pequeño grupo de ciudadanos conscientes y comprometidos pueden cambiar el mundo. De hecho, son los únicos que lo han logrado». La última parte quizá no sea cierta, pero la primera sí, desde luego. El final de las jaulas en batería en Europa no es un acontecimiento tan emocionante como la Primavera Árabe, pero, al igual que el levantamiento popular, empezó con un pequeño grupo de personas conscientes y comprometidas.

de Project Syndicate, 17 de enero de 2012

Si los peces pudieran gritar

Cuando yo era niño, mi padre solía llevarme de paseo, normalmente junto a un río o al mar. Allí veíamos pescadores, que a veces estaban recogiendo el sedal con peces forcejeando enganchados en el anzuelo. Una vez vi a un hombre coger de un cubo un pececito, todavía meneándose, y ensartarlo en un anzuelo libre para usarlo como cebo.

En una ocasión en que el camino nos condujo hasta un tranquilo riachuelo, vi a un hombre sentado observando la caña, aparentemente en paz con el mundo, mientras a su lado unos peces que acababa de pescar se agitaban y boqueaban en el aire. Mi padre me dijo que no entendía que alguien pudiera pasarse la tarde sacando peces del agua y dejar que se murieran lentamente.

Estos recuerdos de infancia resurgieron cuando leí *Worse Things Happen at Sea: The Welfare of Wild-Caught Fish* [Cosas peores pasan en el mar: el bienestar de los peces capturados en estado salvaje], un brillante informe aparecido el mes pasado en fishcount.org.uk. En casi todo el mundo, se acepta que si hay que matar animales para comerlos, hay que hacerlo sin que sufran. Por lo general, las normativas requieren que los animales queden inconscientes un instante antes de proceder a matarlos, o bien causando la muerte de forma instantánea, o bien, en el caso de un sacrificio ritual, causándola de la forma más instantánea que la doctrina religiosa en cuestión permita.

Con los peces no es así. No existe ningún requisito humano para los peces capturados y matados en el mar, ni tampoco, en la mayoría de los sitios, para el pescado de piscifactorías. Atrapados primero en redes por pesqueros de arrastre, son arrojados luego a la cubierta del barco y ahí se quedan asfixiándose. En la técnica de pesca comercial conocida como «de palangre», los pesqueros sueltan cuerdas que pueden llegar a medir entre 50 y 100 kilómetros de longitud, con cientos e incluso miles de anzuelos con cebo. El pez que muerde el cebo seguramente permanece del todo consciente con el anzuelo metido en la boca durante horas, hasta que al final se tira de la cuerda hacia la embarcación.

Asimismo, la pesca comercial suele depender de las redes de enmalle: muros de malla fina en la que los peces quedan atrapados, a menudo por las agallas. Puede que se asfixien en la red, pues al tener las agallas constreñidas, no son capaces de respirar. Si no ocurre eso, quizá permanezcan aprisionados varias horas antes de la recogida de los aparejos.

En cualquier caso, la revelación más llamativa del informe es el asombroso número de peces a los que los seres humanos causan esa clase de muerte. Dividiendo el tonelaje declarado de las diversas especies de peces capturados por el peso promedio estimado de cada especie, Alison Mood, autora del informe, ha obtenido lo que perece ser el primer cálculo sistemático de la magnitud de las capturas globales anuales de pescado en estado salvaje. Según ella, es del orden de *un billón*, aunque podría muy bien alcanzar los 2,7 billones.

Para hacernos una idea, la Organización de las Naciones Unidas para la Alimentación y la Agricultura calcula que cada año el consumo humano mata a 60 mil millones de animales vertebrados terrestres, el equivalente a unos nueve animales por cada ser humano del planeta. Si aceptamos la estimación a la baja de Mood de un billón, la cifra correspondiente a los peces sería 150. Aquí no incluimos los miles de millones de peces pescados de forma ilegal, los no deseados capturados sin querer y desechados, ni tampoco los ensartados en anzuelos como cebo en la pesca con palangre.

Muchos de estos peces se consumen de manera indirecta, pues han sido criados y alimentados para las piscifactorías o los pollos de granja. Una explotación típica de salmones utiliza tres o cuatro kilos de pescado salvaje por cada kilo de salmón producido.

Supongamos que toda esta pesca es sostenible –aunque, por supuesto, no lo es–. En tal caso, sería tranquilizador creer que matar a esta escala inmensa no importa, pues los peces no sienten dolor. No obstante, el sistema nervioso de los peces es lo bastante parecido al de las aves y los mamíferos para pensar que sí lo sienten. Cuando un pez experimenta algo que en otros animales supondría dolor físico, su comportamiento sugiere dolor, y el cambio conductual puede durar varias horas. (Eso de la memoria de pez es un mito: los peces aprenden a evitar experiencias desagradables, como las descargas eléctricas.) Por otro lado, los analgésicos reducen los síntomas de dolor que, de lo contrario, sí exhibirían.

Victoria Braithwite, profesora de biología y ciencias pesqueras en la Universidad Estatal de Pensilvania, seguramente ha dedicado a la investigación en este tema más tiempo que ningún otro científico. Su reciente libro *Do Fish Feel Pain?* pone de manifiesto que los peces no solo son capaces de sentir dolor, sino que además son mucho más listos de lo que la gente cree. El año pasado, un grupo de científicos de la Unión Europea llegó a la conclusión de que, según diversas pruebas irrefutables, los peces efectivamente sienten dolor.

¿Por qué los peces son las víctimas olvidadas de nuestro plato? ¿Porque son animales de sangre fría y están cubiertos de escamas? ¿Porque no saben poner voz a su dolor? Con independencia de cuál sea la explicación, actualmente están acumulándose pruebas de que la pesca comercial inflige una cantidad inconcebible de dolor y sufrimiento. Hemos de aprender a capturar y matar peces salvajes de una manera humanitaria. O, si esto no es posible, buscar maneras menos crueles y más sostenibles de consumirlos.

de Project Syndicate, 13 de septiembre de 2010

¿Tendencia cultural contra la caza de ballenas?

Hace treinta años, los navíos australianos mataban cachalotes, con la bendición del gobierno, frente a la costa occidental del país. El mes pasado, Australia encabezó varias protestas internacionales contra la intención de Japón de matar cincuenta ballenas jorobadas, y Japón, debido a la presión, anunció que suspendería el plan durante uno o dos años. El cambio en la opinión pública sobre la caza de ballenas ha sido espectacular, y no solo en Australia.

Greenpeace inició las protestas contra la caza de ballenas en Australia. El gobierno nombró a Sydney Frost, un juez jubilado, para que dirigiese una investigación sobre el tema. Como australiano preocupado y profesor de filosofía dedicado a cómo dar un trato ético a los animales, presenté una propuesta.

Yo no sostenía que se debiera interrumpir la caza de ballenas porque estas estuvieran en peligro de extinción. Sabía de muchos ecologistas expertos y biólogos marinos que opinaban lo mismo. Lo que decía es que las ballenas son mamíferos sociales con un cerebro grande, capaces de disfrutar de la vida y de sentir dolor –y no solo dolor físico, sino muy probablemente también aflicción ante la pérdida de alguien del grupo–. No es posible matar a las ballenas de una forma humanitaria: son demasiado grandes, e incluso con arpones explosivos es difícil dar en el lugar adecuado. Además, los balleneros no quieren utilizar demasiado explosivo, pues esto rompe el animal en pedazos, y el objetivo de esta caza es obtener aceite o carne de gran valor. Por tanto, normalmente las ballenas arponeadas mueren de manera lenta y dolorosa.

Estos hechos plantean una importante duda ética sobre la caza de ballenas. Si hubiera una necesidad vital que los seres humanos solo pudieran satisfacer matando estos animales, tal vez podríamos resolver el dilema. Sin embargo, no existe ninguna necesidad humana esencial que nos obligue a matar ballenas. Todo lo que sacamos de ellas podríamos obtenerlo sin crueldad. Provocar sufrimiento a seres inocentes sin un motivo realmente de peso está mal, por lo que la pesca de ballenas no es ética.

Frost estaba de acuerdo. Según él, no había duda alguna de que los métodos usados para matar ballenas eran inhumanos, los calificaba incluso de «atroces». También mencionaba «la posibilidad real de que estuviéramos hablando de una criatura con un cerebro notablemente desarrollado y un elevado grado de inteligencia». Recomendó que se interrumpiera esa actividad, y el gobierno conservador, presidido por el primer ministro Malcolm Fraser, aceptó. Australia se convirtió pronto en un país contrario a la pesca de ballenas.

Pese a la suspensión del plan para cazar ballenas jorobadas, la flota ballenera japonesa ha matado igualmente unos mil ejemplares de otras clases, la mayoría ballenas minke más pequeñas: justifica su actividad calificándola de «investigadora» porque una disposición de la Comisión Ballenera Internacional permite a los países miembros cazar estos animales con fines científicos. No obstante, al parecer las investigaciones están dirigidas en gran parte a avalar la reanudación de la caza comercial de ballenas, de modo que si dicha caza no es ética, las investigaciones propiamente dichas no son éticas ni necesarias.

Los japoneses desean que la discusión sobre la caza de ballenas se lleve a cabo con calma, partiendo de datos científicos, sin «emociones». Los datos, según creen ellos, demostrarán que el número de ballenas jorobadas ha aumentado lo suficiente para que la muerte de cincuenta no suponga peligro alguno para la especie. En esta estricta cuestión puede que acierten. Sin embargo, por mucha ciencia que aportemos, esta no puede decirnos si podemos matar ballenas o no. La «emoción» está detrás tanto del deseo japonés de seguir matando ballenas como de la oposición de los ecologistas a dicha cacería. A los japoneses no les hace falta comer ballena para la salud ni para estar mejor alimentados. Se trata de una tradición que quieren preservar, seguramente porque algunos están emocionalmente apegados a ella.

Los japoneses sí tienen un argumento que no es fácil de refutar. Afirman que los países occidentales ponen objeciones a la caza de ballenas porque para ellos estas son animales especiales, como las vacas para los hinduistas. Según los japoneses, los países occidentales no deberían intentar imponerles sus creencias culturales.

La mejor respuesta a este razonamiento es que la injusticia y el error de provocar sufrimiento a seres sensibles no es un valor específico desde el punto de vista cultural. Este es, por ejemplo, uno de los primeros preceptos de una de las principales tradiciones éticas de Japón, el budismo. En cualquier caso, los países occidentales no están en buenas condiciones para dar una respuesta así, pues también ellos causan a los animales un sufrimiento innecesario. El gobierno australiano, que se ha mostrado tan contundente en contra de la caza de ballenas, permite que cada año se mate a miles de canguros, carnicería que conlleva mucho dolor para los animales. Lo mismo cabe decir de diversas formas de caza en otros países, por no hablar del enorme padecimiento que sufren los animales en las granjas industriales.

Habría que poner fin a la pesca de ballenas porque provoca un sufrimiento superfluo a animales sociales e inteligentes, capaces de disfrutar de su vida. Sin embargo, los países occidentales tienen poco que decir contra la acusación japonesa de sesgo cultural mientras no hagan más esfuerzos por reducir el innecesario sufrimiento animal en el ámbito doméstico.

de Project Syndicate, 14 de enero de 2008

En favor del veganismo

¿Podemos defender las cosas que les hacemos a los animales? Los cristianos, los judíos y los musulmanes quizá recurran a los textos sagrados para justificar su dominio sobre el mundo animal. En cuanto nos alejamos de la perspectiva religiosa, hemos de afrontar «la cuestión animal» sin supuestos previos de que los animales fueron creados para nuestro provecho o de que los utilizamos con autorización divina. Si solo somos una de las muchas especies que han evolucionado en el planeta, y si en las otras especies se incluyen miles de millones de animales no humanos capaces de sufrir, o, a la inversa, capaces de disfrutar de la vida, ¿nuestros intereses han de pesar siempre más que los suyos?

De entre todas las maneras en que influimos en los animales, la que actualmente es más necesario justificar es la cría para obtener alimento, la actividad humana que afecta a más animales con diferencia. Solo en Estados Unidos, los animales criados y sacrificados cada año son, hoy en día, casi diez mil millones.[1] En rigor, todo esto es innecesario. En los países desarrollados, donde tenemos acceso a una gran variedad de alimentos, nadie precisa comer carne. Según numerosos estudios, podemos estar tan sanos, o más, sin consumirla. También podemos arreglárnoslas bien con una dieta vegana, es decir, sin consumir ningún producto animal en absoluto. (La vitamina B-12 es el único nutriente esencial no presente en las plantas, pero es fácil tomarlo como suplemento obtenido de fuentes veganas.)

Si preguntamos a varias personas cuál es el principal problema ético relativo a comer animales, casi todas se referirán al hecho de matarlos. Se trata de un problema, desde luego, pero al menos en lo concerniente a la producción animal moderna hay una objeción más clara y directa. Aunque matar animales no tuviera

[1] Curiosamente, el número de animales de granja sacrificados en los EE.UU. alcanzó su valor máximo más o menos en la época en que fue escrito este artículo, y después ha descendido hasta los nueve mil cien millones.

nada de malo porque nos gusta el sabor de su carne, estaríamos respaldando un sistema agropecuario que les provoca un sufrimiento prolongado.

A los pollos criados por su carne se los mantiene encerrados en naves con capacidad para más de veinte mil animales. El nivel de amoníaco en el ambiente debido a la acumulación de heces irrita los ojos y daña los pulmones. En la actualidad, se cría a los pollos de tal modo que engordan lo más deprisa posible; como consecuencia de ello, alcanzan su peso de mercado con solo 42 días, pero sus inmaduros huesos apenas son capaces de aguantar el cuerpo. Algunos se desploman y, al ser incapaces de llegar a la comida o el agua, se mueren enseguida, sin que este destino sea en absoluto relevante para la economía de la empresa en su conjunto. Cogerlos, transportarlos y sacrificarlos son procesos brutales donde todos los alicientes económicos favorecen la celeridad, y el bienestar de los animales no cuenta para nada.

Las jaulas de alambre en las que se encuentran las gallinas (normalmente más de una) son tan pequeñas que no pueden extender las alas y seguirían siendo insuficientes aunque fueran individuales. Por lo general, hay ahí metidas al menos cuatro y a veces más. En estas condiciones de hacinamiento, las aves más agresivas dan picotazos a las más débiles, incapaces de huir. En este caso, es probable que los animales más fieros y dominantes picoteen hasta la muerte a los más débiles. Para evitarlo, los productores cercenan el pico de todas las aves con una cuchilla de corte en caliente. El pico de una gallina está lleno de tejido nervioso –es su principal medio para relacionarse con el entorno–, pero no se usan anestésicos ni analgésicos para aliviar el dolor.

Los cerdos acaso sean los animales más inteligentes y sensibles que nos comemos de manera habitual. En las granjas industriales actuales, a las cerdas preñadas se las mantiene en cajones tan estrechos que no pueden volverse, ni siquiera caminar más de un paso adelante o atrás. Descansan sobre puro hormigón, sin paja ni ninguna otra forma de lecho. Les resulta imposible satisfacer su instinto de construir un nido justo antes de dar a luz. Les quitan las crías lo antes posible para que puedan volver a quedarse embarazadas, pero siempre encerradas, sobre hormigón desnudo, hasta el momento de sacrificarlas.

Las reses de ganado vacuno pasan los últimos seis meses de su vida en corrales de engorde, rodeadas de porquería, comiendo grano no adecuado para su digestión, alimentadas con esteroides que aumentarán su masa muscular y antibióticos que las mantendrán con vida. No tienen sombra para protegerse del abrasador sol del verano, ni dónde guarecerse de las ventiscas invernales.

En todo caso, quizá nos preguntemos qué tienen de malo la leche y otros productos lácteos. ¿No llevan las vacas una vida apacible, pastando en el campo? Y para sacarles la leche, no hace falta matarlas. Sin embargo, la mayoría de las vacas lecheras están encerradas y no pueden acceder a pasto alguno. Como pasa con las mujeres, no dan leche a menos que hayan tenido recientemente un bebé, por lo que se las preña cada año. A la madre se le quita el ternero a las pocas horas de nacer a fin de que no tome la leche reservada para los seres humanos. Si es macho, acaso lo maten de inmediato o lo críen para que podamos comer carne de ternera o hamburguesa de buey. El vínculo entre una vaca y su ternero es fuerte, por lo que después de habérselo quitado aún lo llamará durante varios días.

Además de la cuestión ética del trato que damos a los animales, aparece ahora un convincente argumento nuevo a favor de una dieta vegana. Desde que en 1971 Frances Moore Lappé publicó *La dieta ecológica*, hemos sabido que la producción animal industrial moderna es muy derrochadora. Las granjas de cerdos consumen seis libras (2,7 kilos) de cereal por cada libra (0,45 kilos) de carne deshuesada producida. En el caso del ganado confinado en corrales de engorde, la proporción es de 13 a uno. Incluso si hablamos de pollos, la carne de producción industrial menos ineficiente, la relación es de tres a uno.

A Lappé le preocupaba el desperdicio de comida y la presión añadida sobre tierras cultivables que ello conlleva, pues podríamos comer el cereal y la soja directamente, y alimentarnos igual de bien usando mucho menos terreno. En la actualidad, el calentamiento global agrava el problema. La mayoría de los estadounidenses cree que lo mejor que podrían hacer para reducir su contribución a dicho calentamiento es cambiar el coche familiar por un híbrido de bajo consumo de combustible, como el Toyota Prius. Gidon Esthel y Pamela Martin, investigadores de la Universidad de Chicago, han calculado que, aunque esto ayudaría de veras a disminuir las emisiones aproximadamente en una tonelada de dióxido de carbono por conductor, pasar de una dieta estadounidense típica a una vegana permitiría ahorrar el equivalente a casi una tonelada y media de dióxido de carbono por persona. Por tanto, los veganos están dañando el clima bastante menos que quienes comen productos animales.[22]

¿Existe una manera ética de comer productos animales? Podemos obtener carne, huevos y lácteos de animales que hayan sido tratados con menos crueldad y a los que se haya permitido comer hierba en vez de grano o soja. Limitar el consumo personal de productos animales a estas fuentes también evita parte de las emisiones de gases de efecto invernadero, si bien las vacas que comen hierba expulsan cantidades considerables de metano, un cómplice especialmente importante del calentamiento global. Así pues, *si* no hay ninguna objeción ética seria al hecho de matar animales, mientras hayan tenido una buena vida, ser selectivo con respecto a los productos animales que consumimos puede traducirse en una dieta éticamente justificable. Pero hay que ir con cuidado. Por ejemplo, «orgánico» dice muy poco sobre bienestar animal, y las gallinas no enjauladas pueden muy bien estar en un cobertizo abarrotado. Volverse uno vegano es una decisión más sencilla que sirve de ejemplo claro para otros.

de *Free Inquiry*, abril/mayo de 2007

---

[2] Gidon Esthel y Pamela Martin, «Diet, Energy and Global Warming», *Earth Interactions* 10 (2006), 1-17.

Pensemos en el pavo: reflexiones para el día de acción de gracias

Cuando doy clase de ética práctica, animo a mis alumnos a sacar del aula los temas de los que hablamos y a que los discutan con sus amigos y familiares. Para los estadounidenses, el mejor momento para una conversación sobre la ética de lo que comemos es el Día de Acción de Gracias, festividad en la que, por encima de cualquier otra, las familias se reúnen en torno a una mesa. Teniendo esto presente, en mi clase organizo las clases de manera que las cuestiones relativas a los alimentos y la ética coincidan con esta celebración.

Como el plato estrella de la comida del Día de Acción de Gracias es el pavo, es la oportunidad ideal para iniciar la conversación. Según la Federación Nacional del Pavo, cada año se matan 46 millones de pavos con motivo del Día de Acción de Gracias, una parte sustancial de los trescientos millones que se comen anualmente en Estados Unidos. Casi todos –al menos el 99 %– han sido criados en granjas industriales. En muchos aspectos, su vida es parecida a la de los pollos de criadero. Los pavos recién salidos del cascarón son criados en incubadoras y después, antes de ser enviados a los productores, se les corta el pico igual que a los pollos, y también las garras, y en el caso de los machos el moco, o carúncula, la protuberancia carnosa eréctil que les crece en la frente. Pese al dolor que conlleva, todo esto se lleva a cabo sin anestesia. El pico, por ejemplo, no es solo una sustancia córnea semejante a las uñas, sino que contiene un conjunto de nervios que permiten al pavo no confinado picotear el suelo y distinguir lo que es comestible de lo que no lo es.

Estas mutilaciones se justifican con el argumento de que los animales van a estar en cobertizos oscuros y mal ventilados, donde se pasarán el resto de su vida hacinados junto a miles de congéneres. El aire apesta a amoníaco debido a los excrementos de las aves, que se van acumulando durante los cuatro o cinco meses que permanecerán ahí. En estas condiciones estresantes y antinaturales, los pavos picotean y arañan a sus compañeros, y pueden producirse actos de canibalismo. El moco se extirpa porque suele ser el objetivo a atacar.

Cuando las aves alcanzan el peso de mercado, se ven privadas de comida y agua, se las reúne, a menudo de manera muy brusca (en vídeos clandestinos se ve cómo cogen a los pavos y los arrojan a cajas de embalaje), y se las lleva al matadero. Cada año, miles de pavos no llegan siquiera a ser sacrificados, ya que mueren debido al estrés del viaje. En tal caso, como en el caso de los pollos, no tienen garantizada una muerte humanitaria, pues el Departamento de Agricultura de los Estados Unidos considera que la Ley Federal de Sacrificio Humanitario no es aplicable a las aves.

Una diferencia entre los pavos y los pollos es que los primeros han sido modificados drásticamente por una crianza diseñada para agrandar el pecho, la parte más apreciada. Este proceso ha llegado al extremo de que el pavo estadounidense estándar, cuya raza recibe el descriptivo nombre de «blanco de pechuga ancha», es incapaz de aparearse porque el pecho se lo impide. He aquí, les digo a mis alumnos, una cuestión interesante para dejar caer en una pausa de la cháchara en torno a la mesa el Día de Acción de Gracias. Señalad el pavo y preguntad: si los pavos no pueden aparearse, ¿de dónde viene este?

Hace unos años, formé equipo con Jim Mason, que había crecido en una granja de Missouri, para escribir un libro titulado *Somos lo que comemos.* Jim decidió averiguar por su cuenta cómo se producían los centenares de millones de pavos sexualmente discapacitados. Se enteró de que Butterball, un gran productor y procesador de pavos, buscaba, por medio de anuncios, trabajadores para su plantilla de inseminación artificial de Carthage, Missouri. No se exigía experiencia previa. Jim superó un test de drogas y empezó a trabajar. Su primer cometido consistió en coger los pavos macho por las patas y sostenerlos cabeza abajo para que otro trabajador los masturbara. Cuando salía el semen, el compañero se valía de una aspiradora para recogerlo en una jeringuilla. Esto se realizaba con un animal tras otro hasta que el semen, diluido con un «enriquecedor», llenaba la jeringa que, a continuación, se llevaba al gallinero.

Jim también pasó un tiempo trabajando en el gallinero, donde todo le resultó más difícil que con los machos. He aquí su relato:

> Agarras una pava por las patas, intentando cruzar ambos «tobillos» para sujetarlo todo con una mano. La pava pesa entre 900 y 1.300 gramos y está asustada, agita las alas y forcejea presa del pánico. Le hacen esto cada semana durante más de un año, y no le gusta. En cuanto las has cogido con una mano, la dejas caer, el pecho por delante, por el borde del hoyo, con el extremo de la cola en punta. Le pones la mano libre sobre la cloaca y la cola y orientas hacia arriba el trasero y las plumas de vuelo. Al mismo tiempo, bajas la mano que sujeta las patas, con lo que «rompes» la pava para que el trasero quede recto y la cloaca abierta. El inseminador mete el pulgar justo debajo de la cloaca y empuja, gracias a lo cual aquella se abre más hasta quedar expuesto el extremo del oviducto. Entonces inserta ahí una pajita de semen conectada al extremo de un tubo de un compresor de aire y tira del gatillo, lo que libera una dosis de aire comprimido que introduce la solución de semen de la pajita en el oviducto de la pava. Luego la sueltas, y ella se desploma.

En principio, Jim debía «romper» una pava cada 12 segundos, trescientas cada hora, durante diez horas al día. Tenía que sortear montones de mierda de aves asustadas y aguantar improperios del encargado si no mantenía el ritmo. Fue, me contó, «el trabajo más duro, vertiginoso, sucio y asqueroso de mi vida, además del peor pagado».

Volvamos a la mesa del Día de Acción de Gracias. Ahora que la familia sabe perfectamente cómo ha venido al mundo el ave que están comiéndose, aparte del tipo de vida y de muerte que ha tenido, propongo a mis estudiantes que recaben opiniones sobre si es ético apoyar esta manera de tratar a los animales. Si la respuesta es negativa, entonces habrá que cambiar algo en el Día de Acción de Gracias del año que viene, dado que nuestra disposición a comprar pavos de producción industrial es el único aliciente que necesita el sector avícola para, partiendo solo de sus intereses, seguir tratando a los pavos con tan poco respeto.

Hay otras opciones. Un pavo tradicional, de una variedad capaz de reproducirse, criado en libertad y sin mutilar, nos costará aproximadamente cuatro veces más que el de granja, pero al menos sabremos que el animal ha tenido una buena vida. O quizá no. Ha habido acusaciones de fraude contra productores que mantienen a unos cuantos pavos en buenas condiciones al aire libre, pero venden muchísimos más, la mayoría de los cuales no salen jamás al exterior. Si uno quiere de veras asegurarse de que su pavo no ha crecido confinado, tendrá que hacer ciertas averiguaciones para verificar la veracidad del criador.

La alternativa, como es lógico, es una comida de Día de Acción de Gracias basada en plantas y verduras, que, además de evitar la complicidad con el trato cruel a los animales, es mejor para el entorno, y para todos. Si buscamos «Día de Acción de Gracias vegetariano» en la página web del *New York Times*, encontraremos gran cantidad de deliciosas recetas estacionales apropiadas para la ocasión. Y si no hay ganas de cocinar, siempre se puede comprar un tofupavo.

La gente dice que, en el Día de Acción de Gracias, lo tradicional es el pavo. De hecho, no está claro si los peregrinos comieron pavo salvaje aquel primer Día de Acción de Gracias de 1621, pero una cosa sí es segura: no comieron ninguno blanco de pechuga ancha de granja industrial.

Carne *in vitro*

Hace ochenta años, Winston Churchill esperaba el día en que «acabaremos con lo absurdo de criar un pollo entero para comer la pechuga o el ala y haremos crecer por separado estas partes en un medio adecuado». Churchill creía que esto tardaría solo cincuenta años. Aún no estamos ahí, pero a día de hoy ya hemos alcanzado un objetivo en el proceso hacia ese futuro previsto por el estadista: la primera degustación pública de carne *in vitro*.

Tras este acontecimiento histórico está el doctor Mark Post, de la Universidad de Maastricht (Holanda). La idea es simple: cogemos tejido muscular de una vaca y lo hacemos crecer en una solución de nutrientes. Se multiplicará, y a la larga tendremos algo que es realmente carne, célula a célula. En la práctica, no obstante, hay que superar ciertos obstáculos. Aún nos falta mucho para crear una pechuga de pollo o un filete. El primer objetivo es producir una hamburguesa, y la degustación de esta semana pretendía demostrar que esto se puede hacer. La hamburguesa consta de tejido muscular bovino de verdad, pero nunca formó parte de una vaca que sufriera o que eructara metano al digerir la comida.

Los productores de carne, ¿deberían pensar en dedicarse a otra cosa? A la larga, quizá, pero aún no. El coste de producción de la hamburguesa a degustar supera las 200.000 libras.

De todos modos, en cuanto los investigadores hayan descubierto métodos para salvar los inconvenientes iniciales, no habrá motivo alguno para que la carne *in vitro* no tenga un precio competitivo con respecto a la de los animales. La mayor parte de la carne que se vende hoy en día procede de animales alimentados con grano o soja. Estos alimentos han de ser cultivados y transportados hasta sus consumidores, que luego utilizan parte de los nutrientes para fabricar hueso u otras partes que no nos comemos. Si fuéramos directamente a los nutrientes de la carne, sería posible un ahorro considerable.

Existen importantes razones éticas por las que deberíamos sustituir la carne animal por carne *in vitro*, si cabe hacerlo a un coste razonable. La primera es la reducción del sufrimiento animal. Igual que la crueldad ejercida sobre los caballos de tiro (tan conmovedoramente descrita por Anna Sewell en *Belleza negra)* desapareció con el tiempo gracias a la eficiencia del motor de combustión interna, el padecimiento inmensamente superior provocado en decenas de miles de millones de animales de las explotaciones agropecuarias actuales podría ser eliminado mediante un sistema de producción cárnica más eficiente.

No celebrar algo así sería tener el corazón de piedra. Sin embargo, no tiene por qué ser simplemente una respuesta emocional. Entre los filósofos que estudian la ética del trato a los animales hay un notable grado de consenso en torno a la idea de que las granjas industriales incumplen preceptos éticos básicos que trascienden el límite de nuestra especie. Incluso un conservador acérrimo como Roger Scruton, que defendía enérgicamente la caza del zorro, ha escrito que una verdadera moralidad sobre el bienestar animal debe partir de la premisa de que la cría intensiva es un error.

La segunda razón para sustituir la carne animal es ecológica. Consumir carne de animales, sobre todo rumiantes, calienta el planeta y acelera la llegada de un futuro en el que los refugiados climáticos se contarán por cientos de millones. Gran parte de las emisiones del ganado es metano, un potentísimo gas de efecto invernadero emitido por los rumiantes al hacer la digestión. La carne *in vitro* no eructa ni se tira pedos de metano. Tampoco defeca, como consecuencia de lo cual acabarán siendo innecesarios los inmensos pozos negros que las granjas intensivas necesitan para el estiércol. Con este simple cambio, la producción mundial de óxido nitroso, otro poderoso agente del cambio climático, se reducirá en dos tercios.

La Organización de las Naciones Unidas para la Agricultura y la Alimentación ha reconocido que las emisiones de gases de efecto invernadero provenientes del ganado superan a las de todas las formas de transporte juntas: coches, camiones, aviones y barcos. Según algunos cálculos, las emisiones de animales en países con una gran población de vacas y ovejas pueden llegar a constituir hasta la mitad de las emisiones totales de los gases de efecto invernadero. En tal caso, la sustitución del carbón y otros combustibles fósiles por energías limpias no será suficiente. Hemos de reducir el número de reses del planeta.

Algunos vegetarianos y veganos quizá pongan objeciones a la carne *in vitro*, pues consideran que no hace ninguna falta comer carne. Es su legítima opinión, y por supuesto tienen todo el derecho a seguir siendo vegetarianos o veganos y decidir que tampoco comen carne *in vitro*. A mi entender, ser vegano o vegetariano no es un fin en sí mismo, sino un medio para reducir el sufrimiento tanto humano como animal y dejar a las generaciones futuras un planeta habitable. Llevo cuarenta años sin comer carne, pero si la fabricada *in vitro* acaba llegando al mercado, me encantará probarla.

de *The Guardian*, 5 de agosto de 2013

Los chimpancés también son personas

Tommy tiene 26 años. Permanece aislado en una jaula de alambre. No ha sido condenado nunca por ningún crimen, ni siquiera acusado de nada. No está en Guantánamo, sino en Gloversville, estado de Nueva York.

¿Que cómo es posible? Porque Tommy es un chimpancé.

El Proyecto de Derechos de los No Humanos ha invocado el viejo procedimiento legal del *habeas corpus* (expresión latina que significa 'tendrás tu cuerpo [libre]') para llevar el encarcelamiento de Tommy ante un tribunal de apelaciones del estado.

El mandamiento judicial suele utilizarse para intentar que un tribunal considere si el confinamiento de un preso, o quizá de alguien encerrado en una institución mental, se ajusta a derecho. Se solicita al tribunal que envíe a Tommy a una reserva de Florida, en una isla lacustre de tres acres, donde pueda vivir con otros chimpancés.

Cinco jueces de apelaciones escucharon con atención a Steve Wise, fundador del Proyecto de Derechos de los No Humanos, mientras exponía el caso de Tommy. Los magistrados formularon preguntas sensatas, incluida una muy obvia: la condición legal de persona, ¿no es solo para los seres humanos?

Wise citó precedentes legales para demostrar que no. En derecho civil, ser persona significa constituir una entidad por derecho propio. Una empresa puede ser una persona jurídica, y, por tanto, también puede serlo un río, un libro sagrado o una mezquita.

Los jueces tienen capacidad para declarar a Tommy persona jurídica. Es lo que deberían hacer, y no solo porque es cruel mantener a un chimpancé en régimen de aislamiento. La verdadera razón para reconocer a Tommy como persona jurídica es que *es* una persona, en el sentido estricto y filosófico de la palabra.

¿Qué es una persona? Podemos seguir la pista del término hasta la época de la Roma antigua y comprobar que jamás se limitó a los seres humanos. Los primeros teólogos cristianos discutían sobre la doctrina de la Trinidad, es decir, sobre que Dios es «tres personas en una». Si *persona* significara *ser humano,* esa doctrina sería claramente contraria a la fe cristiana, pues según los cristianos solo una de esas «personas» fue un ser humano.

En un ámbito más contemporáneo, las películas de ciencia ficción, no nos cuesta entender que alienígenas como el extraterrestre de *E.T.*, o los Na'vi de *Avatar,* sean personas, aunque no pertenezcan a la especie *Homo sapiens.*

Si leemos la obra de científicos como Jane Goodall o Dian Fossey, no nos resulta difícil admitir que los grandes simios que ahí se describen son personas.

Tienen relaciones personales estrechas y complejas con los otros miembros de su grupo. Lloran la muerte de los seres queridos. Son criaturas con conciencia de sí mismas, capaces de pensar. Su previsión y anticipación les permite planificar. Podemos incluso identificar los rudimentos de la ética en su manera de reaccionar ante otros simios que no devuelven un favor.

Contrariamente a las caricaturas de algunos que se oponen a esta reclamación judicial, declarar que un chimpancé es persona no significa concederle el derecho a votar, a asistir a la escuela o a demandar a alguien por difamación, sino simplemente reconocerle el derecho más básico y fundamental de tener estatuto jurídico en vez de ser considerado un mero objeto.

A lo largo de los últimos treinta años, varios centros europeos de investigación han dejado de usar chimpancés en reconocimiento de su naturaleza especial. Solo en Estados Unidos siguen sirviéndose de ellos en ciertos estudios médicos, si bien el año pasado los Institutos Nacionales de la Salud anunciaron que casi todos los chimpancés utilizados en ensayos irían siendo retirados gradualmente y enviados a una reserva.

Si el principal organismo investigador médico del país ha decidido que, salvo quizá en circunstancias muy excepcionales, no se emplearán chimpancés como sujetos de estudio, ¿cómo vamos a permitir que se les encierre sin una buena razón?

Ya es hora de que los tribunales declaren injustificable la manera en que tratamos a los chimpancés. Son personas, y hemos de poner fin a su encarcelamiento injusto.[3]

de *New York Daily News*, 21 de octubre de 2014

[3] El Tribunal de Apelaciones del estado de Nueva York, Departamento Judicial Tercero, rechazó la solicitud del Proyecto de Derechos de los No Humanos en representación de Tommy, y posteriormente el mismo tribunal se negó a admitir a trámite el recurso. Mientras este libro está en imprenta, el Proyecto sigue buscando otras vías para seguir llevando el caso adelante.

La vaca, quien...

El mes pasado, un buey se escapó de un matadero del barrio de Queens en Nueva York. Enseguida aparecieron en muchos medios de comunicación imágenes del animal al trote por una calle concurrida. Para aquellos a quienes les importan los animales, la historia tuvo un final feliz: el buey fue capturado y conducido a una reserva, donde vivirá el resto de su vida natural.

No obstante, para mí el aspecto más interesante de la historia fue el lenguaje utilizado por los medios para referirse al animal. En el *New York Times* apareció un titular que rezaba: «Vaca, quien escapó de matadero de Nueva York, encuentra refugio». Los defensores de los animales llevan tiempo luchando contra la tradición de reservar «quien» para las personas y usar «que» en el caso de los animales. No todos los idiomas hacen esta distinción, pero, en inglés, al decir «the cow that escaped» (la vaca que escapó) parece que negamos al animal la condición de agente, de organismo. Deberíamos decir «el preso quien escapó [the prisoner who escaped]», pero «la roca que rodó montaña abajo [the rock that rolled down the hill]».[4]

Sería precipitado llegar a la conclusión de que el artículo del *New York Times* indica un cambio de uso. Parece más bien mostrar incertidumbre, pues en la primera línea del texto habla de «una vaca *que* fue capturada por la policía».

Pregunté a Philip Corbett, responsable de criterios informativos del *New York Times*, si el empleo de «vaca, quien» reflejaba algún cambio de política. Me explicó que el manual de estilo del *Times*, como el de Associated Press, proponía usar «quien» solo para referirse a un animal con nombre o personificado. Por ejemplo, «el perro, que se había perdido, aulló», pero «Adelaide, quien se había perdido, aulló».

[4] N.T. En español, en estas frases usaríamos siempre «que».

Corbett añadía que los editores pueden verse atrapados entre los dos ejemplos. La vaca, o mejor dicho el buey, no tenía nombre en el momento de la huida, pero le dio uno –Freddie– Mike Stura, fundador del nuevo hogar de Freddie: Rescate y Refugio de Animales de Skylands.

Entre los medios que informaron del episodio, unos emplearon «quien» y otros «que». Un poco de investigación en Google también pone de manifiesto cierta variedad. Si escribimos «vaca quien [cow who]», vemos que hay 400.000 visitas mientras «vaca que [cow that]» tiene casi 600.000. Si sustituimos «vaca» por «perro», las cifras son más parejas: más de ocho millones para «perro quien» y más de diez millones para «perro que».

Esto acaso se deba a que la mayoría de las historias de perros son sobre mascotas de personas, que tienen nombre. No obstante, si Google ofrece algún indicio, se hace referencia a los chimpancés, que no suelen ser mascotas, casi el doble de veces con «quien» que con «que». Seguramente tienen algo que ver su parecido con nosotros y su innegable singularidad. En el caso de los gorilas y los orangutanes, también es más habitual «quien» que «que».

Google Ngram, que representa gráficamente la frecuencia de palabras o frases en fuentes impresas a lo largo de diversos años, procura otra perspectiva interesante. Mientras en 1920 nos referíamos diez veces a la «vaca que» por cada una que nos referíamos a la «vaca quien», en 2000 la proporción había descendido a menos de cinco a una. Da la impresión de que estamos personificando más a las vacas, pese a que muchas granjas lecheras de carácter familiar en las que el propietario conocía a cada vaca por el nombre han sido sustituidas por granjas industriales dirigidas por empresas con miles de animales anónimos.

Quizá sorprenda más que, al parecer, el uso de «quien» vaya siendo más aceptable incluso para los animales que no son mascotas y tienen menos probabilidades de ser considerados individuos que los grandes simios. Es difícil vincular el atún en lata a un pez individual, no digamos ya tenerlo por una persona, aunque recientemente el escritor Sean Thomason ha tuiteado: «Al atún que murió y lo metieron en una lata que acabó en el fondo del armario hasta que caducó y la tiré a la basura».

Muchos movimientos sociales reconocen que el lenguaje es importante, pues por un lado refleja y por otro refuerza las injusticias que hay que remediar. Las feministas han aportado datos acerca de que el uso del supuesto género neutro, en el caso de «hombre» o «él», para englobar también al género femenino tiene el efecto de volver a las mujeres invisibles.

Se han propuesto varias soluciones, de las cuales, en inglés, la más satisfactoria quizá sea el uso del plural «they» (en español, «ellos», «ellas») en contextos como «cada persona debe recoger sus pertenencias». También se han puesto en entredicho ciertos términos utilizados para designar a miembros de minorías étnicas o personas discapacitadas, hasta el punto de que tal vez sea difícil ir a la par de las palabras preferidas por los integrantes de cada una de estas categorías.

El uso de «quien» para referirnos a los animales está al nivel de esas otras reformas lingüísticas. Actualmente, en la mayoría de los sistemas legales los animales son posesiones, como las mesas y las sillas. Puede que la legislación sobre bienestar animal los proteja, pero esto no basta para impedir que sean cosas, pues las antigüedades o las zonas de belleza natural también están protegidas. El idioma inglés debería cambiar para dejar claro que los animales, en esencia, se parecen más a nosotros que las sillas y las mesas, los cuadros y las montañas.

La ley empieza a mostrar signos de reforma. En 1992, Suiza se convirtió en el primer país que incluía en su Constitución una declaración sobre protección de la dignidad de los animales. Diez años después le siguió Alemania. En 2009, la Unión Europea modificó su tratado constitutivo para incluir una disposición en virtud de la cual, como los animales son seres sensibles, la UE y sus Estados miembros deben, al elaborar sus políticas en los ámbitos de la agricultura, la pesca, la investigación y otras áreas, «tener plenamente en cuenta los requisitos de salud y bienestar de los animales».

En una lengua como la inglesa, que de forma implícita clasifica a los animales como cosas y no como personas, adoptar el pronombre personal significaría el mismo reconocimiento... y nos recordaría quiénes son ellos en realidad.

De Project Syndicate, febrero de 2016

3

Más allá de la ética y la sacralidad de la vida

La verdadera tragedia del aborto

El mes pasado, en la República Dominicana, a una adolescente embarazada enferma de leucemia le retrasaron la quimioterapia porque los médicos temían que el tratamiento interrumpiera el embarazo y, de este modo, se infringiera la estricta ley antiaborto del país. Tras varias consultas con médicos, abogados y la familia de la chica, al final se dio vía libre a la quimio, pero no sin que antes se hubiera centrado nuevamente la atención en la rigidez de las leyes sobre el aborto en muchos países en desarrollo.

El aborto recibe una amplia cobertura mediática en los países desarrollados, sobre todo en los Estados Unidos, donde los republicanos se han valido de su oposición al mismo para conseguir votos. Hace poco, la campaña de reelección del presidente Barack Obama contraatacó: sacó en televisión un anuncio en el que una mujer decía que era «una época alarmante para ser mujer», pues Mitt Rommey había dicho que estaba a favor de ilegalizar el aborto.

Sin embargo, se presta mucha menos atención al 86 por ciento de abortos que se producen en el mundo en desarrollo. Aunque la mayoría de los países de África y Latinoamérica tienen leyes que declaran ilegal el aborto en casi todos los casos, las prohibiciones oficiales no evitan el elevado índice de interrupciones voluntarias del embarazo.

En África, tienen lugar anualmente 29 abortos por cada 1.000 mujeres, y 32 en Latinoamérica. La cifra equiparable correspondiente a Europa occidental, donde por regla general el aborto está legalizado, es 12. Según un reciente informe de la Organización Mundial de la Salud, los abortos inseguros provocan cada año la muerte de 47.000 mujeres, sobre todo en países en vías de desarrollo. Otros cinco millones resultan damnificadas cada año, a veces de forma permanente.

Según la OMS, casi todas estas muertes y lesiones se podrían evitar si se atendiera a las necesidades de educación e información sobre planificación y anticoncepción, y si se facilitara el aborto inducido legal y seguro, así como un seguimiento para impedir o tratar complicaciones médicas. Por lo visto, unos 220 millones de mujeres de países en desarrollo dicen que no quieren quedarse embarazadas, pero carecen o bien de conocimientos sobre métodos anticonceptivos efectivos, o bien de acceso a los mismos.

Se trata de una gran tragedia para los individuos y para el futuro de nuestro ya muy poblado planeta. El mes pasado, la Cumbre de Londres sobre Planificación Familiar, organizada por el Departamento de Desarrollo Internacional del gobierno británico y la Fundación Gates, anunció compromisos para llegar a 120 millones de estas mujeres hacia 2020.

El periódico del Vaticano respondió criticando a Melinda Gates, cuyos esfuerzos por llevar adelante y financiar en parte esta iniciativa harán, según se estima, que mueran casi tres millones de niños menos durante su primer año de vida y que se produzcan 50 millones menos de abortos. Cabría pensar que la Iglesia católica consideraría deseables estos resultados. (La propia señora Gates es una católica practicante que ha visto lo que pasa cuando las mujeres no pueden alimentar a sus hijos o resultan mutiladas debido a abortos realizados en condiciones poco seguras.)

Limitar el acceso al aborto legal induce a muchas mujeres a ponerse en manos de personas incompetentes. En 1998, gracias a la legalización de la interrupción voluntaria del embarazo en Sudáfrica, las muertes ligadas al mismo descendieron un 91 por ciento. Y la creación de fármacos como misoprostol y mifepristone, que se pueden adquirir en farmacias, posibilita el aborto relativamente seguro y barato en los países en desarrollo.

Los contrarios dirán que el aborto es, por su propia naturaleza, inseguro... para el feto. Señalan que el aborto mata a un ser humano vivo, único. Es difícil negar esta afirmación, al menos si por «ser humano» entendemos «miembro de la especie *Homo sapiens*».

También es verdad que no podemos limitarnos a invocar el «derecho a decidir» de una mujer para eludir la cuestión ética del estatus moral del feto. Si el feto tuviera efectivamente el mismo estatus moral que cualquier otro ser humano, costaría mucho defender que el derecho de una mujer embarazada a decidir incluye el derecho a provocar la muerte del feto, salvo, tal vez, cuando la vida de la mujer corriese peligro.

La falacia del razonamiento antiabortista reside en el paso de la afirmación científicamente acertada de que el feto es un individuo vivo de la especie *Homo sapiens* a la afirmación ética de que, por tanto, tiene el mismo derecho a la vida que cualquier otro ser humano. La pertenencia a la especie *Homo sapiens* no basta para conferir a un ser el derecho a la vida. Tampoco algo como la conciencia de uno mismo o la racionalidad pueden garantizar más protección al feto que, pongamos, a una vaca, pues el primero tiene menos capacidad mental que la segunda. Sin embargo, los grupos provida que forman piquetes ante las clínicas abortistas casi nunca se concentran frente a los mataderos.

Cabe sostener de modo verosímil que no debemos matar, contra su voluntad, a seres con conciencia de sí mismos que quieran seguir viviendo. Esto se podría entender como una violación de su autonomía o la frustración de sus preferencias. Pero ¿por qué, en el caso de un ser con capacidad para llegar a ser racionalmente consciente de sí mismo, va a ser desatinado poner fin a su vida antes de que tenga realmente capacidad para la racionalidad o la conciencia propia?

No tenemos ninguna obligación de permitir que todo ser vivo con el potencial de llegar a ser un ser racional haga realidad ese potencial. Si se produce un enfrentamiento entre los supuestos intereses de seres potencialmente racionales pero todavía no conscientes y los intereses vitales de mujeres verdaderamente racionales, hemos de darles preferencia siempre a ellas.

de Project Syndicate, 13 de agosto de 2012

Tratar (o no) a los más pequeños

En febrero, los periódicos aclamaban a Amillia Taylor, la «bebé milagro», afirmando que era el niño más prematuro que había sobrevivido jamás. Nacida en octubre con una edad gestacional de solo 21 semanas y seis días, pesaba tras el parto 280 gramos. Como no se tenía noticia de ningún bebé de menos de 23 semanas que hubiera sobrevivido, no cabía esperar que Amillia fuera la excepción. No obstante, después de casi cuatro meses en la unidad neonatal de cuidados intensivos de un hospital de Miami, y cuando ya había alcanzado un peso de 1.800 gramos, los médicos consideraron que podía irse a casa.

Todo aquello tuvo cierta repercusión mediática. Amillia había sido concebida mediante fecundación *in vitro*, por lo que se podía saber con exactitud el día de la concepción. Dado que normalmente esto es imposible, la edad gestacional se calcula a partir del primer día del último período menstrual de la madre. Como por lo general un bebé es concebido hacia la mitad del ciclo menstrual, esto supone dos semanas más, por lo que deberíamos entender que Amillia había nacido en la vigésimo tercera semana del embarazo. No es tan infrecuente que estos bebés sobrevivan. En cualquier caso, Amillia era desde luego muy prematura, y también minúscula (según algunas fuentes, el cuarto bebé más pequeño que haya sobrevivido). Como es lógico, nos alegramos por los padres de Amillia de que a su tan deseada hija le haya ido tan bien. No obstante, el uso de todos los recursos de la medicina moderna para salvar a bebés cada vez más pequeños plantea un problema que requiere discusión.

En un artículo publicado en el número de noviembre pasado de *Medical Journal of Australia*, el doctor Kei Lui, director de la unidad de cuidados neonatales del Royal Hospital for Women de Sídney, y varios colegas informaban de los resultados de un taller realizado con 112 profesionales que trabajaban en alguna de las diez unidades de cuidados intensivos neonatales que existen en Nueva Gales del Sur, el estado más poblado de Australia y el territorio de la capital del país, el distrito de Canberra.

En el taller tomaron parte no solo especialistas médicos de las disciplinas relacionadas, sino también comadronas, enfermeras neonatales y abogados de padres y comunidades. Antes de discutir ninguna propuesta, se comunicó a los participantes los resultados de un estudio relativo a los nacimientos de bebés con menos de 26 semanas de gestación entre 1998 y 2000 en esa misma zona de Australia. El estudio ponía de manifiesto que no había sobrevivido ningún bebé de menos de 23 semanas. Entre 23 y 25 semanas, el porcentaje de supervivencia pasaba del 29 % al 65 %.

Se hizo un seguimiento de los supervivientes, a quienes se examinó cuando tenían entre dos y tres años. Dos terceras partes de los nacidos a las 23 semanas sufrían alguna forma de discapacidad funcional, y en un tercio de todos los supervivientes evaluados a esa edad gestacional, la discapacidad era calificada como «grave». Eso significaba un retraso serio en el desarrollo, ceguera, o que, debido a una parálisis cerebral, los niños fueran incapaces de andar incluso con la ayuda de material ortopédico. Por otro lado, de los nacidos a las 25 semanas, solo una tercera parte padecía alguna clase de discapacidad funcional, y solo en el 13 % era grave. Quedaba claro que dos semanas más dentro del útero tenían una importancia clave para las posibilidades del niño de sobrevivir sin minusvalías.

En estas circunstancias, ¿qué han de hacer los médicos y la sociedad? ¿Hay que cuidar a los niños lo mejor que se pueda? ¿Hemos de trazar una línea, pongamos a las 24 semanas, y decir que no se debe tratar a ningún niño nacido antes de esta fecha tope? Una política de no atención a los bebés nacidos antes de las 24 semanas ahorraría a la comunidad un gasto considerable en un tratamiento médico que probablemente resultaría inútil, así como la necesidad de ayudar a los niños discapacitados graves que sí sobrevivan. De todos modos, esto podría ser muy duro para las parejas a las que les costara concebir, y cuyo bebé prematuro acaso representara su última posibilidad de tener un hijo. Los padres de Amillia tal vez pertenecían a esta categoría. Si los padres entienden la situación y están preparados para acoger de buen grado en la familia a un niño con una minusvalía grave y darle todo el amor y el cariño que sea posible, ¿puede un país industrializado relativamente rico decir sin más «No, tu hijo ha nacido demasiado pronto»?

Teniendo en cuenta estas posibilidades, en lugar de establecer un límite estricto, el taller definió una «zona gris» dentro de la cual se podría brindar tratamiento o no en función de los deseos de los progenitores. Si los padres de un niño nacido a las 23 semanas no quisieran que este fuera atendido, la institución sanitaria aceptaría esa solicitud. Además había consenso entre los profesionales respecto a que, aunque se podría discutir la posibilidad de ofrecer un tratamiento activo, no se fomentaría. Incluso a las 25 semanas, el 72 % de los participantes no iniciaría tratamiento alguno si los padres no querían. En cambio, si la gestación era de 26 semanas, existía consenso en torno a la necesidad de tratar al niño salvo en circunstancias excepcionales.

En Estados Unidos, aunque, según la Academia Americana de Pediatría, se considera inviable que los bebés nacidos con menos de 23 semanas y un peso inferior a 400 gramos sobrevivan, es difícil rebatir la retórica predominante de que todo esfuerzo es poco para salvar una vida humana. En vez de discutir abiertamente las opciones con los padres, algunos médicos dicen que el tratamiento es «inútil» y «que no hay nada que hacer». De hecho, en estos casos el tratamiento activo a menudo prolongaría la vida, pero con una elevada probabilidad de discapacidad grave. En una situación así, decir que el tratamiento es «inútil» equivale a efectuar el juicio ético de que la vida con un grado tan elevado de minusvalía no vale la pena ser vivida, o que el esfuerzo que exigirá a los padres y a la comunidad conseguir que el niño viva no compensa.

Otros médicos opinan que el valor de la vida humana es infinito, y que su deber es hacer todo lo posible por salvar a cualquier bebé, sin tener en cuenta las probabilidades de que el niño padezca una minusvalía grave.

En ninguna de estas situaciones se ofrece a los padres la opción de participar en la decisión sobre su hijo. Aunque eso pueda aliviarles de la pesada carga de la responsabilidad, también les niega la oportunidad de decir lo valioso que es su hijo para ellos, y si pueden o no amar y recibir en su hogar a un niño seriamente impedido. Es por eso por lo que, al tomar decisiones sobre la vida y la muerte de niños prematuros nacidos en la «zona gris» (donde es incierta la supervivencia y el riesgo de sufrir una invalidez grave, elevado), la opinión de los padres debería tener un relieve esencial a la hora de ofrecer un tratamiento para prolongar la vida.

La supervivencia de Amillia ha extendido los límites de esta «zona gris», pero no los ha eliminado. Todavía no sabemos si su nacimiento, tan prematuro, desembocará en alguna discapacidad a largo plazo. En cualquier caso, otros padres pueden, como es lógico, decidir o bien no correr este riesgo, o bien no cargar a las arcas públicas el considerable gasto de hacer todo lo posible para garantizar la supervivencia de su diminuto recién nacido.

de *Free Inquiry*, junio/julio de 2007

Hablemos claro sobre el asesinato piadoso de los recién nacidos

En el *New England Journal of Medicine* del jueves, dos médicos del Centro Médico Universitario de Groninga (Holanda) esbozan las circunstancias en las que varios médicos de su hospital llevaron a cabo la eutanasia en recién nacidos (22 casos a lo largo de siete años). Se informó de todos estos casos en la oficina del fiscal del distrito. Ningún médico fue procesado.

Eduard Verhagen y Pieter Sauer dividen en tres grupos a los recién nacidos a cuya vida se decidió poner fin.

El primero estaría formado por los niños que morirían poco después de nacer aunque se utilizaran todos los recursos médicos existentes para alargar su existencia.

En el segundo grupo estarían los niños que habrían requerido cuidados intensivos, como un respirador artificial, para seguir con vida y aquellos cuyas perspectivas de futuro fueran muy «desalentadoras». Se trata de bebés con lesiones cerebrales graves que, aunque siguieran viviendo después de los cuidados intensivos, tendrían una calidad de vida igualmente pésima.

El tercer grupo incluye a los niños con un «pronóstico sin esperanza» y que también fueran víctimas de un «sufrimiento insoportable». Por ejemplo, en este grupo había uno con una modalidad gravísima de espina bífida (cuando la médula espinal no se forma ni cierra como es debido). Aun así, los niños de este grupo quizá ya no dependan de los cuidados intensivos.

Es este tercer grupo el que provoca la controversia, pues no se puede poner fin a su vida retirando sin más el cuidado intensivo. En vez de ello, en el Centro Médico Universitario de Groninga, si no es posible aliviar el sufrimiento ni cabe esperar ninguna mejoría, los médicos hablan con los padres sobre si es una situación en la que la muerte «sería algo más humano que la continuación de la vida». Si los padres aceptan que este es el caso, y el equipo de médicos –así como un médico independiente no relacionado con el paciente– coincide con ellos, es posible poner punto final a la vida del niño.

Los grupos provida estadounidenses dicen, desde luego, que esto es otro ejemplo de pendiente resbaladiza por la que los Países Bajos empezaron a deslizarse desde que autorizaron la eutanasia voluntaria hace veinte años. No obstante, antes de ponerse a denunciar a los médicos de Groninga, deberían echar un vistazo a lo que está pasando en Estados Unidos.

Hay algo que es indiscutible: en Estados Unidos, a los niños con problemas graves se les deja morir; se trata de niños del primer grupo de los tres identificados por Verhagen y Sauer. Algunos –los del segundo grupo– pueden vivir muchos años si se mantienen los cuidados intensivos; de todos modos, los médicos estadounidenses, por lo general tras consultar a los padres, toman a veces la decisión de retirarlos. Esto pasa abiertamente, en hospitales tanto católicos como no católicos.

He llevado a mis alumnos de Princeton al Hospital Universitario de St. Peter, una institución católica de New Brunswick (Nueva Jersey) que cuenta con una importante unidad neonatal de cuidados intensivos donde el doctor Mark Hiatt, el director, ha descrito casos en los que ha retirado la atención intensiva a niños con lesiones cerebrales graves.

Tanto los neonatólogos de Estados Unidos como los de Holanda coinciden en que a veces es éticamente aceptable acabar con la vida de un niño recién nacido que sufra problemas médicos graves. Incluso la Iglesia católica admite que no siempre se requiere el uso de medios «extraordinarios» de soporte vital y que un respirador artificial puede ser considerado «extraordinario».

El único debate serio gira en torno a si es aceptable poner fin a la vida de los niños del tercer grupo de Verhagen y Sauer, esto es, los que para sobrevivir ya no dependen de los cuidados intensivos. Por decirlo de otro modo: ya no se discute sobre si es justificable quitarle la vida a un niño si esta no vale la pena ser vivida, sino si este punto final puede ser llevado a cabo por medios activos o solo retirando el tratamiento.

Creo que el protocolo de Groninga se basa en la sólida percepción ética de que el medio por el que se produce la muerte es menos significativo, desde el punto de vista ético, que la decisión de que un niño deje de vivir por ser esto lo mejor. Si a veces es aceptable poner punto final a la vida de los niños del grupo dos –y prácticamente nadie lo niega–, entonces también lo será a veces acabar con la vida de los del grupo tres.

Por otro lado, partiendo de diversos comentarios que me han hecho algunos médicos, estoy seguro de que, en ocasiones, también en Estados Unidos se interrumpe la vida de niños encuadrados en el grupo tres. Sin embargo, nunca se informa de ello ni se analiza públicamente por miedo a un posible procesamiento judicial. Lo cual significa que los criterios rectores sobre cuándo están justificadas estas acciones no se pueden discutir como es debido, y no digamos ya mostrar conformidad alguna con ellos.

En los Países Bajos, por otra parte, como dicen Verhagen y Sauer, «la obligatoriedad de evaluar informes con ayuda de un protocolo y de realizar una evaluación posterior de la eutanasia en recién nacidos nos ayuda a clarificar el proceso de toma de decisiones». A muchos les parecerá que estos 22 casos de eutanasia infantil, a lo largo de siete años en un hospital de Holanda, revelan que en esta sociedad se respeta la vida humana menos que en Estados Unidos. Sin embargo, les invito a observar la diferencia entre los dos países en cuanto a los índices de mortalidad infantil.

Según el CIA World Factbook (Libro Mundial de Datos de la CIA), el índice de mortalidad infantil de Estados Unidos es 6,63 por cada 1.000 nacimientos vivos; en Holanda, 5,11. Si el primero fuera tan bajo como el segundo, en el conjunto de Estados Unidos habría 6.296 muertes infantiles menos cada año.

Para quienes valoran la vida humana, crear en Estados Unidos un sistema de atención sanitaria tan eficiente –en lo referente a mortalidad infantil– como el holandés es mucho más digno de atención que la muerte de 22 niños aquejados de dolencias atroces.

de *The Los Angeles Times,* 11 de marzo de 2005

Sin enfermedades para los ancianos

La neumonía solía recibir el nombre de «amiga del anciano», pues a menudo ponía punto final, de una manera rápida y relativamente indolora, a una vida que ya era de mala calidad y, por lo demás, habría seguido decayendo. Un estudio actual sobre pacientes con demencia grave en residencias de ancianos de la zona de Boston (Massachusetts) pone de manifiesto que el «amigo» suele ser combatido con antibióticos. ¿Están los médicos tratando las enfermedades por inercia, porque sí, más que por el hecho de que hacerlo de este modo sea realmente lo que más convenga al paciente?

El estudio, llevado a cabo por Erika D'Agata y Susan Mitchell y publicado en los *Archives of Internal Medicine*, revelaba que, a lo largo de 18 meses, dos tercios de 214 pacientes con demencia grave de las residencias de ancianos habían sido tratados con antibióticos. La edad promedio era de 85 años. En una prueba estándar sobre deterioro grave, donde las puntuaciones oscilan entre 0 y 24, las menores indicativas de mayor gravedad, tres cuartas partes de los enfermos registraban un valor de cero. Su capacidad para comunicarse verbalmente oscilaba entre nula y mínima.

No está claro que el consumo de antibióticos en estas circunstancias prolongue la vida, pero, aunque así fuera, ¿cuántas personas quieren vivir más tiempo si son incontinentes, les han de dar de comer, ya no pueden andar y su salud mental ha disminuido tan irreversiblemente que no son capaces de hablar ni de reconocer a sus hijos?

Lo primero son los intereses de los pacientes, y dudo mucho que estos tuvieran mucho interés en tener una vida más larga. Además, si no hay modo de saber lo que quiere el paciente y no está muy claro que seguir con el tratamiento sea lo que más le convenga, sería lógico tener en cuenta otros factores, entre ellos la opinión de la familia o el coste para la comunidad. En el programa Medicare, el gasto ocasionado por los enfermos de alzhéimer ascendió a 91 mil millones de dólares en 2005, y para 2010 se espera que llegue a 160 mil millones. A efectos comparativos, en 2005 la ayuda exterior sumó un total de 27 mil millones de dólares. No obstante, aunque tuviésemos en cuenta solo el presupuesto de Medicare, hay prioridades de gasto más importantes que prolongar la vida de ancianos con demencia grave.

D'Agata y Mitchell señalan que el consumo de tantos antibióticos por parte de estos enfermos acarrea otra clase de coste para la comunidad: agrava el creciente problema de las bacterias resistentes a los antibióticos. Cuando un individuo con demencia ingresa en un hospital debido a una afección médica grave, estas bacterias resistentes son capaces de propagarse y resultar fatales para pacientes que, de lo contrario, habrían podido recuperarse bien y tener aún muchos años de vida normal por delante.

Cabría sospechar que cierta creencia errónea en que la vida humana es algo sagrado tiene algo que ver con decisiones favorables a prolongar la existencia de una persona con independencia de que eso le suponga algún beneficio. De todos modos, en esto unas religiones son más razonables que otras. Por ejemplo, la Iglesia católica sostiene que no es obligatorio proporcionar asistencia si esta no guarda proporción con el beneficio que genera o es demasiado gravosa para el enfermo. Por mi experiencia, muchos teólogos católicos aceptarían una decisión que negara los antibióticos a ancianos con demencia grave aquejados de neumonía.

Otras religiones son más estrictas. La neumonía no ha podido desempeñar su tradicional papel amistoso en el caso de Samuel Golubchuk, hombre de 84 años de Winnipeg (Canadá). Hace unos años, Golubchuk sufrió una lesión cerebral, y desde entonces ha tenido limitadas sus capacidades físicas y mentales. Cuando, enfermo de neumonía, fue hospitalizado, los médicos propusieron retirar el soporte vital básico. Sin embargo, sus hijos decían que interrumpir dicho soporte era contrario a sus creencias judías ortodoxas; y obtuvieron un apremio provisional que obligó a los médicos a mantener a su padre con vida.

Desde noviembre de 2007, mantienen vivo a Golubchuk, con un tubo metido en la garganta para que pueda respirar, y otro en el estómago para alimentarlo. No habla ni se levanta de la cama. Su caso llegará pronto a los tribunales, y, en el momento de escribir esto, todavía no está claro cuál será el veredicto.

Por lo general, cuando los pacientes son incapaces de tomar decisiones sobre su tratamiento, hay que tener muy en cuenta los deseos de la familia. Sin embargo, los médicos asumen la responsabilidad ética de actuar en defensa de los intereses del paciente, algo a lo que no pueden anteponerse los deseos de los familiares. Por tanto, un hecho pertinente es cuánta conciencia tiene Golubchuk. Es ahí donde surgen las dudas. Los familiares lo consideran capaz de interaccionar con ellos, pero esto no queda claro. Sea como fuere, es incapaz de dar opinión alguna acerca de si quiere que lo mantengan vivo.

Para la familia, establecer el grado de conciencia del paciente podría ser un arma de doble filo, pues esto también podría significar que mantenerlo vivo es una tortura carente de sentido. Parece que lo más juicioso sería dejarlo morir en paz. Pero, claro, para su familia esta no es la cuestión. A su entender, la cuestión es lo que Dios les ordena hacer.

Desde la perspectiva de la política pública, el problema fundamental planteado por el caso Golubchuk es hasta dónde puede llegar un sistema de asistencia sanitaria de financiación pública para satisfacer los deseos de la familia, cuando estos deseos chocan con lo que, en opinión de los médicos, es lo más beneficioso para el paciente. Ha de haber un límite en lo que una familia puede exigir al erario público, pues dedicar más dinero a cuidados a largo plazo de un paciente sin posibilidades de recuperación significa que habrá menos dinero para otros enfermos con mejores perspectivas.

En el caso de una familia en busca de tratamiento que, según la opinión profesional de los médicos, es inútil, no se da la exigencia formal de procurar atención cara a largo plazo. Si los hijos de Golubchuck quieren que su padre disponga de soporte vital –y si pueden demostrar que mantenerlo vivo no va a causarle sufrimiento–, hay que explicarles que podrán disponer de estos cuidados, pero, eso sí, corriendo ellos con los gastos. Lo que el tribunal no debe hacer es ordenar al hospital que siga atendiendo a Golubchuk, con cargo al presupuesto de la entidad y contra el parecer de sus profesionales sanitarios. Los contribuyentes canadienses no tienen por qué llegar al extremo de respaldar las creencias religiosas de sus conciudadanos.

De Project Syndicate, 14 de marzo de 2008

Cuando los médicos matan

De todos los argumentos en contra de la eutanasia voluntaria, el más influyente es el de la «pendiente resbaladiza»: una vez hemos permitido a los médicos matar pacientes, ya no seremos capaces de limitar la masacre a los que quieren morir.

Incluso después de muchos años de suicidio médicamente asistido o de eutanasia voluntaria en Holanda, Bélgica, Luxemburgo, Suiza y el estado norteamericano de Oregón, no hay datos que respalden este alegato. Sin embargo, recientes revelaciones sobre lo sucedido en un hospital de Nueva Orleans tras el huracán Katrina apuntan a un verdadero peligro con otro origen.

Cuando en agosto de 2005 Nueva Orleans quedó inundada, el creciente nivel del agua aisló el Centro Médico Memorial, un hospital comunitario con más de doscientos pacientes ingresados. Tres días después del paso del huracán, el hospital no tenía electricidad, no funcionaba el suministro de agua y en los lavabos no se podía tirar de la cadena. Murieron varios pacientes que dependían de ventilación mecánica.

Con un calor asfixiante, los médicos y las enfermeras se las vieron y las desearon para atender a los enfermos supervivientes tendidos en camas sucias. A la ansiedad se añadía el miedo de que en la ciudad desaparecieran la ley y el orden, y que el propio hospital pudiera ser objetivo de delincuentes armados.

Acudieron helicópteros para evacuar a los pacientes. Se dio prioridad a quienes gozaban de mejor salud y podían andar. La policía estatal llegó y dijo al personal que, debido a la agitación social, a las cinco de la tarde todo el mundo debía estar fuera del edificio.

En la octava planta, Jannie Burgess, una mujer de 79 años con un cáncer avanzado, estaba conectada a un dosificador de morfina y a punto de morir. Para evacuarla, habría hecho falta bajarla por seis tramos de escaleras así como la atención de enfermeras que eran necesarias en otras partes. Pero si la dejaban desatendida, podía quedarse sin sedación y sufrir mucho dolor. Ewing Cook, uno de los médicos presentes, dijo a la enfermera que aumentara la dosis de morfina, «lo bastante hasta que se vaya». Era, como más tarde explicó a Sheri Fink, que recientemente ha publicado un relato de aquellos acontecimientos en el *New York Times*, «pan comido».

Según Fink, Anna Pou, otra médica, dijo al personal de enfermería que varios pacientes de la séptima planta también estaban demasiado enfermos para sobrevivir. Así pues, les inyectó morfina y otro fármaco que ralentizó su respiración hasta que se murieron.

Al parecer, al menos uno de los pacientes que recibió esta combinación de fármacos letal corría, por lo demás, poco peligro de muerte inminente. Emmett Everett, hombre de 61 años que había quedado paralítico a causa de un accidente sufrido varios años atrás, estaba en el hospital esperando una operación para aliviar una obstrucción intestinal. Cuando se procedió a evacuar a otros de su misma sala, pidió que no se olvidasen de él.

El problema es que pesaba 173 kilos, y habría sido francamente difícil bajarlo por las escaleras y subirlo luego al lugar donde aterrizaban los helicópteros. Se le dijo que la inyección que le ponían le ayudaría a soportar los mareos que padecía.

En 1957, un grupo de médicos preguntó al papa Pío XII si era aceptable el uso de narcóticos para suprimir el dolor y la conciencia «aunque se prevea que dicho uso acortará la vida». El papa dijo que sí. En su *Declaración sobre la eutanasia*, hecha pública en 1980, el Vaticano reiteró este punto de vista.

La postura del Vaticano es una aplicación de lo que se conoce como «la doctrina del doble efecto». Una acción que tiene dos efectos, uno bueno y otro malo, es permisible si el efecto bueno es el que se pretende y el malo simplemente una consecuencia no deseada de la obtención del bueno. Curiosamente, ni los comentarios del papa ni la *Declaración sobre la eutanasia* ponen énfasis alguno en la importancia de conseguir el consenso voluntario e informado de los pacientes, de ser posible, antes de acortarles la vida.

Según la doctrina del doble efecto, dos médicos pueden, en apariencia, hacer exactamente la misma cosa: es decir, a pacientes en condiciones idénticas quizá les den una dosis idéntica de morfina, a sabiendas de que dicha dosis les acortará la vida. Sin embargo, uno de ellos, que pretende aliviar el dolor del enfermo, actúa con arreglo a una buena práctica médica mientras el otro, que quiere acortar la vida del paciente, comete asesinato.

El doctor Cook no perdía tiempo con estas sutilezas. Solo un «médico muy ingenuo» pensaría que administrar a un enfermo mucha morfina no era «mandarlo prematuramente a la tumba», le dijo a Fink, y luego añadió sin rodeos: «Los matamos». A juicio de Cook, la frontera entre algo ético y algo ilegal es «tan fina que puede ser imperceptible».

En el Centro Médico Memorial, los médicos y las enfermeras se vieron sometidos a una presión tremenda. Exhaustos tras haber estado 72 horas sin dormir apenas mientras se desvivían por atender a sus pacientes, no se hallaban en las mejores condiciones para tomar decisiones éticas difíciles. Tal como debe ser entendida, la doctrina del doble efecto no justifica lo que hicieron los médicos; en todo caso, el hábito de acortar la vida de los pacientes sin su consentimiento parece haber allanado el camino para el asesinato intencionado.

Los pensadores de la Iglesia católica se cuentan entre los que más se hacen oír cuando se invoca el argumento de la «pendiente resbaladiza» contra la legalización de la eutanasia voluntaria y la muerte asistida. Les convendría analizar las consecuencias de sus doctrinas.

de Project Syndicate, 13 de noviembre de 2009

Elegir la muerte

«Hoy me suicido a eso del mediodía. Ha llegado el momento.» Con estas palabras, colgadas en internet, Gillian Bennett, neozelandesa de 85 años que vivía en Canadá, empezaba a explicar la decisión de poner fin a su vida. Bennett sabía desde hacía tres años que sufría demencia. En agosto, había llegado a un punto en que, como decía ella, «casi *me* he perdido».

«Quiero dejarlo», escribía Bennett, «antes del día en que ya no sea capaz de evaluar mi situación, o de hacer algo para matarme.» Su marido, Jonathan Bennett, profesor de filosofía jubilado, y sus hijos la apoyaban en su decisión, pero ella se negaba a que la ayudaran de ningún modo en el suicidio, pues se expondrían a una condena de catorce años de cárcel. Por tanto, mientras aún fuera capaz, era ella quien debía dar los últimos pasos.

Afortunadamente, para la mayoría de nosotros la vida es muy valiosa. Queremos seguir viviendo porque tenemos ganas de hacer muchas cosas, o porque, en conjunto, la vida nos parece agradable, interesante o estimulante. A veces deseamos continuar viviendo porque queremos alcanzar ciertos objetivos o ayudar a personas cercanas a nosotros. Bennett era bisabuela; si todo le hubiera ido bien, le habría gustado ver crecer a la última generación de su familia.

La demencia progresiva privaba a Bennett de todo motivo para querer continuar viva. Por eso cuesta negar que su decisión fuera tanto ética como racional. Al suicidarse, no estaba renunciando a nada que quisiera o pudiera valorar de forma razonable. «Lo único que pierdo es un número indeterminado de años como vegetal en un centro hospitalario, consumiendo dinero del país pero sin tener ni idea de quién soy.»

La decisión de Bennett también era ética porque, como da a entender la referencia al «dinero del país», no estaba pensando solo en sí misma. Los contrarios a la eutanasia voluntaria legal o al suicidio asistido dicen a veces que, si se cambiaran las leyes, los pacientes sentirían la presión de acabar con su vida a fin de no ser una carga para los demás.

Para la baronesa Mary Warnock, filósofa moral que presidió el comité gubernamental británico responsable del «Informe Warnock» de 1984 –que estableció el marco para la pionera legislación del país sobre la fecundación *in vitro* y la investigación con embriones–, eso no es ninguna razón para prohibir a los pacientes quitarse la vida. Según Warnock, no tiene nada de malo sentir que debes morir por el bien de otros además de por ti mismo. En una entrevista publicada en 2008 en la revista de la Iglesia de Escocia *Life and Work*, respaldaba el derecho de quienes sufren insoportablemente a poner fin a su vida. «Si alguien, de forma desesperada y rotunda, quiere morir porque es una carga para su familia o para el Estado», sostenía, «creo que también se ha de dar cumplida satisfacción a este deseo.»

Como el sistema público de salud de Canadá proporciona atención a personas con demencia incapaces de cuidar de sí mismas, Bennett sabía que ella no sería una carga para su familia; no obstante, le preocupaba la carga que supondría para las arcas públicas. En un hospital, quizá sobreviviría otros diez años en estado vegetativo, a un coste que según ella, en una estimación conservadora, ascendería a unos 50.000-75.000 dólares anuales.

Como no sacaría provecho alguno de permanecer con vida, Bennett consideraba que eso era un derroche. También le preocupaban los profesionales sanitarios que la atenderían: «Las enfermeras, que creían haber emprendido una carrera con un gran significado, estarían cambiándome todo el rato los pañales e informando de los cambios físicos en una cáscara vacía». Una situación así es, según sus propias palabras, «absurda, antieconómica e injusta».

Algunos acaso se muestren contrarios a denominar «cáscara vacía» a una persona con demencia avanzada. Sin embargo, tras haber visto sucumbir a esta enfermedad a mi madre y mi tía –mujeres inteligentes y radiantes que se vieron condenadas a quedarse tumbadas en la cama, insensibles, durante meses o (en el caso de mi tía) años–, la expresión me parece del todo acertada. A partir de cierto estadio de la demencia, la persona que conocíamos ya no está.

Si la persona no quiere vivir en estas condiciones, ¿qué sentido tiene mantener el cuerpo con vida? En todos los sistemas de asistencia sanitaria, los recursos son limitados y deben utilizarse para atender los deseos del paciente, o aquello de lo que vaya a sacar algún provecho.

A las personas que no desean seguir viviendo cuando su cabeza ya no funcione, les resulta difícil decidir cuándo quieren morir. En 1990, Janet Adkins, que padecía la enfermedad de Alzheimer, se desplazó a Michigan para poner fin a su vida con la colaboración del doctor Jack Kevorkian, que fue muy criticado por ayudarla a morir, pues en el momento de la muerte ella se encontraba lo bastante bien para jugar al tenis. Aun así, Janet decidió morir porque, si retrasaba la decisión, habría podido perder el control sobre la misma.

En su elocuente declaración, Bennett esperaba con ansia el día en que la ley permitiese a un médico actuar no solo sobre la base de un «testamento vital» previo que prohibiera todo tratamiento para prolongar la vida, sino también en función de la solicitud de una dosis letal si el paciente llega a estar impedido en un grado especificado. Un cambio así eliminaría la inquietud de algunos pacientes con demencia progresiva, pues piensan que, si pasa demasiado tiempo, perderán por completo la oportunidad de poner punto final a su vida. La legislación propuesta por Bennett permitiría a las personas con su misma enfermedad vivir tanto como quisieran... pero no más.

de Project Syndicate, 9 de septiembre de 2014

Morir ante el tribunal

Gloria Taylor, canadiense, sufre esclerosis lateral amiotrófica (ELA), conocida también como enfermedad de Lou Gehrig. A lo largo de los próximso años, se le irán debilitando los músculos hasta que ya no pueda andar, usar las manos, masticar, tragar, hablar y, en último término, respirar. Después se morirá. Taylor no quiere pasar por todo esto. Quiere morir en el momento en que ella lo decida.

En Canadá, el suicidio no es un crimen, por lo que, como dice Taylor, «simplemente no entiendo por qué, según la ley, cuando ya no pueden más, los no discapacitados que sufren una enfermedad terminal pueden pegarse un tiro porque son capaces de sostener firmemente una pistola, pero como mi enfermedad afecta a la capacidad de mover y controlar mi cuerpo, a mí no se me concede la ayuda compasiva para cometer un acto equivalente tomando un medicamento letal».

Taylor considera que la ley le propone una elección cruel: o bien acabar con su vida cuando aún le resulta agradable pero es capaz de matarse, o bien renunciar al derecho de suicidarse cuando quiera, que otros sí tienen. Acudió a los tribunales alegando que las disposiciones del Código Penal que le impedían recibir asistencia para morir no concordaban con la Carta de Derechos y Libertades de Canadá, que reconoce a los canadienses el derecho a la vida, la libertad, la seguridad personal y la igualdad.

La vista judicial fue singular por la minuciosidad con que la magistrada Lynn Smith examinaba las cuestiones éticas que se le planteaban. Escuchó opiniones expertas de destacadas figuras pertenecientes a ambos bandos, no solo canadienses sino también voces autorizadas de Australia, Bélgica, Holanda, Nueva Zelanda, Suiza, el Reino Unido y Estados Unidos. En la gama de disciplinas tenían cabida la medicina general, los cuidados paliativos, la neurología, los estudios sobre discapacidades, la gerontología, la psiquiatría, la psicología, el derecho, la filosofía y la bioética.

Prestaron declaración muchos expertos. Junto al derecho de Taylor a morir, se analizaron rigurosamente décadas de discusiones sobre el tema.

El mes pasado, Smith dictó sentencia. El caso *Carter v. Canadá*, podía servir de libro de texto sobre los hechos, la ley y la ética de la muerte asistida.

Por ejemplo, se ha debatido mucho sobre la diferencia entre la aceptada práctica de negar el soporte vital o algún otro tratamiento, sabiendo que sin el mismo el enfermo sin duda morirá, y la impugnada costumbre de ayudar activamente al paciente a morir. En el fallo de Smith se considera que «una distinción ética clara es escurridiza», y que la idea de que no existe tal distinción ética es «convincente». Smith tiene en cuenta, y acepta, un argumento propuesto por Wayne Summer, distinguido filósofo canadiense: si las circunstancias del enfermo son tales que el suicidio sería éticamente aceptable en caso de ser capaz de llevarlo a cabo él mismo, entonces también es éticamente aceptable que el médico procure los medios necesarios para ese fin.

Smith también tuvo que evaluar si había elementos de política pública contrarios a la legalización de la ayuda médica a morir. La sentencia incide sobre todo en el riesgo de que ciertas personas vulnerables –por ejemplo, los ancianos o los aquejados de alguna discapacidad– se sientan apremiadas a aceptar la ayuda a morir cuando en realidad no la quieren.

Hay puntos de vista no coincidentes sobre si la legalización de la eutanasia voluntaria en los Países Bajos, y de la muerte asistida en Oregón, han provocado un aumento de las personas vulnerables a las que se asesina o se ayuda a morir sin su pleno e informado consentimiento. Durante muchos años, Herbert Hendin, psiquiatra y experto en el suicidio, ha afirmado que las salvaguardas incorporadas a esas leyes no protegen a los vulnerables. También declaró en el juicio.

Lo mismo hizo, por el otro bando, Hans van Delden, bioético y médico de residencia de ancianos, que durante los últimos veinte años ha participado en su país en los principales estudios empíricos sobre decisiones ligadas al final de la vida. Peggy Battin, la bioética norteamericana más destacada que trabaja en temas relacionados con la eutanasia y la ayuda a morir, prestó asimismo declaración.

En esta discusión, Smith critica con firmeza al sector de Van Delden y Battin, señalando que «las pruebas empíricas reunidas en las dos jurisdicciones no respaldan la hipótesis de que la muerte asistida haya supuesto un riesgo especial para las poblaciones socialmente vulnerables». En cambio, dice, «los datos sí avalan la postura del doctor Van Delden sobre la posibilidad de que el Estado diseñe un sistema que por un lado permita a algunos individuos acceder a la muerte asistida, y por otro proteja socialmente a grupos e individuos vulnerables». (El informe holandés más reciente, hecho público después de que Smith dictara su sentencia, confirma que, en los Países Bajos no ha habido ningún incremento espectacular de los casos de eutanasia.)

A continuación, tras tomar en consideración la ley aplicable, Smith proclamó que las disposiciones del Código Penal que impiden la ayuda médica a morir violan el derecho de las personas discapacitadas no solo a la igualdad, sino también a la vida, la libertad y la seguridad. De este modo, sentaba las bases para recibir ayuda médica para morir en el caso de cualquier adulto competente grave e irremediablemente enfermo, bajo condiciones no muy distintas de las aplicables en otras jurisdicciones donde la muerte asistida es legal.

de *Project Syndicate*, 16 de julio de 2012

Posdata: En octubre de 2012, Gloria Taylor murió en paz, sin ayuda médica, como consecuencia de una infección grave. Entretanto, la sentencia de la jueza Lynn Smith fue recurrida, inicialmente ante el Tribunal de Apelaciones de la Columbia Británica, que en

2013, por una mayoría de dos a uno, la revocó. A continuación se presentó un recurso ante el Tribunal Supremo de Canadá. En febrero de 2015, dicho tribunal resolvió que la prohibición del suicidio asistido es contraria a la Carta de Derechos y Libertades de Canadá, por lo que es inconstitucional. En 2016, el Parlamento canadiense ejecutó esta resolución al establecer que el suicidio asistido fuera legal en el país.

4
Bioética y salud pública

El genoma humano y el supermercado genético

Si el presidente de Estados Unidos y el primer ministro del Reino Unido hacen público conjuntamente un descubrimiento científico, debe de ser algo especial. La finalización de un «borrador preliminar» del genoma humano, anunciada el 26 de junio, es sin duda un importante hito de la ciencia, pero como el «mapa más extraordinario jamás creado por la humanidad», en palabras del presidente Clinton, no nos dice lo que hacen realmente los genes, de ahí no resultará nada, al menos a corto plazo. Es como si hubiéramos aprendido a interpretar el alfabeto de una lengua extranjera sin entender el significado de la mayoría de las palabras. Dentro de unos años, lo hecho hasta ahora se considerará un peldaño en el camino hacia el objetivo de veras importante: saber qué aspectos de la naturaleza humana están controlados genéticamente y por medio de qué genes. En cualquier caso, la publicidad concedida a este peldaño acaso acabe siendo una ventaja, pues quizá nos prepare mejor para pensar seriamente en los cambios que pueden producirse cuando alcancemos el siguiente objetivo, dentro de una o dos décadas.

La versión oficial es, desde luego, que saberlo todo acerca del genoma humano nos permitirá descubrir el origen de muchas enfermedades importantes, y también curarlas de una manera antaño imposible, no tratando los síntomas, como hacemos ahora, sino eliminando la causa real: el defecto genético que da lugar a la afección o permite que esta se adueñe de nosotros. Esto, en efecto, será posible para algunas enfermedades. Sin embargo, sería de ingenuos pensar que a los nuevos conocimientos sobre el genoma humano no se les va a dar ningún otro uso.

Un indicio del tipo de uso que podría darse a tales conocimientos lo observamos en los anuncios que llevan uno o dos años apareciendo en publicaciones estudiantiles de algunas de las universidades más prestigiosas de Estados Unidos, en los que se ofrecen hasta 50.000 dólares por un óvulo de una donante que haya obtenido muy buenas calificaciones en las pruebas de aptitud académica y mida al menos uno setenta y cinco. A menos que anden por ahí personas ricas rematadamente ignorantes, esta suma se ofrece a sabiendas de que, gracias a la aleatoriedad de la reproducción natural humana, de vez en cuando mujeres altas e inteligentes tienen hijos estúpidos y bajitos. ¿Cuántas personas estarían dispuestas a pagar por un método que, mediante la criba de embriones, eliminase la lotería genética y le garantizase al niño las bases genéticas para tener la inteligencia, la estatura, la capacidad atlética u otros rasgos deseados por encima de la media?

En cuanto esto sea técnicamente factible, habrá presiones para su prohibición basadas en el peligro de que de ahí derive un resurgimiento de la eugenesia. Sin embargo, para muchos padres es importantísimo dar a su hijo el mejor inicio posible en la vida. Este deseo permite vender millones de libros donde se explica a los padres cómo ayudar al hijo a alcanzar su máximo nivel; empuja a las parejas a mudarse a zonas residenciales con mejores escuelas, aunque esto las obligue a diario a dedicar mucho tiempo a los desplazamientos; y estimula el ahorro para que, más adelante, el niño pueda ir a una buena universidad. Seleccionar los «mejores» genes acaso beneficie a un niño de forma más efectiva que ninguna de estas técnicas. Si combinamos la conocida resistencia estadounidense a las regulaciones gubernamentales con el hecho de que el cribado genético podría ser una vía eficaz para lograr un objetivo tan ampliamente buscado, parece improbable que el Congreso de Estados Unidos lo prohíba, o que, en caso de hacerlo, dicha prohibición sea efectiva.

Así pues, nos guste o no, afrontamos un futuro en el que la eugenesia volverá a ser un problema. A diferencia de movimientos eugenésicos anteriores, no obstante, este no será auspiciado por el Estado ni se basará en la esterilización coercitiva de los «no aptos», menos aún en el genocidio, sino que se producirá de la forma en que tantos cambios tienen lugar en Estados Unidos: mediante la elección del consumidor en el mercado. Como es lógico, esto es muy preferible a la eugenesia coactiva, pero igualmente plantea muchas dudas sobre el futuro de la sociedad, algunas realmente preocupantes: ¿qué les pasará a quienes no puedan permitirse comprar en el supermercado genético? ¿Sus hijos estarán predestinados a la mediocridad? ¿Será este el final del gran mito americano de la igualdad de oportunidades? Si no queremos que esto suceda, convendría empezar a pensar seriamente en lo que podemos hacer al respecto.

de *Free Inquiry*, publicación del Consejo para el Humanismo Secular, programa del Centro de Investigaciones, invierno de 2001

¿El año del clon?

En enero, Panos Zavos, profesor de fisiología reproductiva de la Universidad de Kentucky, anunció que estaba formando equipo con el ginecólogo italiano Severino Antinori para, en el espacio de uno o dos años, producir el primer ser humano clonado. A quienes han seguido la carrera de Antinori, esto no les causará sorpresa alguna. Ya en octubre de 1998, dijo que quería ser el primer científico en clonar un ser humano. En aquel entonces, las personas informadas dudaban mucho de que algo así pudiera pasar pronto. En la actualidad, muchos siguen sin creerse que Antinori vaya a ser capaz de lograr esa hazaña en un futuro inmediato.

Zavos y Antinori no son los únicos que actualmente quieren clonar un ser humano. Los raelianos, secta cuyo fundador asegura haber establecido contacto con extraterrestres, están trabajando con una pareja norteamericana que perdió a su bebé para que pueda conseguir una copia carbón genética del hijo fallecido.

Graeme Bulfield, director del Instituto Roslin, donde fue clonada la oveja Dolly, ha dicho que se quedaría «totalmente atónito» si en el curso de su vida llegara a clonarse un ser humano. Quizás aún estemos a tiempo de que se quede atónito. Dejemos a un lado a los raelianos y centrémonos en los científicos con credenciales probadas en medicina reproductiva. En dicha área, Antinori ha extendido los límites hasta alcanzar un récord: ayudó a una mujer de 62 años a ser la madre de más edad valiéndose de la nueva tecnología reproductiva. No obstante, esto, en el sentido estrictamente técnico, era una tarea bastante simple en comparación con la clonación de un ser humano. Hasta que Ian Wilmut y sus colegas crearon la oveja Dolly, había cierto consenso con respecto a que era imposible producir un clon de un mamífero adulto. (La «clonación» en el sentido de dividir un embrión, generando así gemelos, tiene lugar en la naturaleza y también se puede llevar a cabo en el laboratorio..., pero no plantea los mismos problemas que la clonación en el sentido de crear una copia carbón genética de un ser humano más desarrollado.)

Ahora sabemos que se puede realizar la clonación de un mamífero adulto, pero la cuestión es si alguien contaría con los voluntarios humanos suficientes para llevarla a cabo con éxito. Bulfield ha calculado que harían falta 400 óvulos y 50 madres de alquiler para obtener un ser humano clonado (por no hablar de, además, 150 millones de dólares). Es dudoso que Zavos y Antinori sean capaces de conseguir estos recursos, humanos o financieros. (Los raelianos afirman disponer de 50 mujeres que se han ofrecido como voluntarias para ser donantes de óvulos y madres de alquiler, pero su presupuesto no llega ni mucho menos a los 150 millones de dólares.)

No obstante, supongamos que alguien se las ingeniara efectivamente para producir un niño humano clonado. Como es lógico, esto llegaría a copar los titulares, algo en lo que Antinori y los raelianos han demostrado tener una gran habilidad. Pero ¿habrían hecho daño a alguien? ¿Habría cambiado alguna cosa significativa? Veamos las dos peguntas por separado.

Si se clonara a un ser humano, ¿quién resultaría perjudicado? La respuesta más obvia es: el individuo clonado. Hay verdaderas dudas sobre la probable salud de un clon. Se ha sugerido que, en algunos aspectos, las células de Dolly no están comportándose como las de una oveja de cuatro años, sino más bien como las de un animal seis años mayor –la edad de la oveja Dolly cuando fue clonada–. Si fuera este el caso, un ser humano clonado a partir, pongamos, de un adulto de 50 años tendría una esperanza de vida lamentablemente disminuida. Ahora parece que no es esto lo que ocurre, pero han surgido otras preocupaciones. En la Universidad de Hawái, el doctor Ryuzo Yanagimachi clonó unos ratones y observó que algunos de ellos engordaban mucho pese a que no se les daba más comida que a los ratones normales. Se han detectado también otras anomalías. Unas vacas clonadas en la Universidad

A & M de Texas tienen un corazón y unos pulmones anómalos. Si es probable que estos problemas aparezcan también en los seres humanos, desde el punto de vista ético sería una irresponsabilidad seguir adelante con la clonación humana.

Supongamos, sin embargo, que estos temores resultan infundados y que es posible clonar seres humanos sin que se produzcan anomalías de gran importancia. En este caso, ¿la vida de un ser humano clonado sería significativamente peor que la de cualquiera de nosotros? Supongo que solo en lo relativo a la continua atención mediática. Por lo demás, ser un clon de, digamos, un niño que hubiera muerto, y a quien los afligidos padres desearan «recrear», no sería muy distinto de ser uno de los integrantes de una pareja de gemelos idénticos en la que uno hubiera fallecido (aunque, evidentemente, tendría unos padres que sentirían un cariño bastante insólito hacia un hijo muerto.)

Aunque cabría alegar que un niño clonado afrontaría cargas psicológicas, ¿hasta qué punto estas serían graves? Dado que, si la clonación estuviera prohibida, este niño en concreto no habría llegado a existir, ¿tan tremendas serían esas cargas como para que el niño lamentara que la clonación se hubiera producido? Parece poco probable. Si no, no es posible sostener que debería prohibirse la clonación *por el bien del niño clonado.*

Si no es por el niño, entonces, si prohibimos la clonación, ¿por quién lo hacemos? Desde luego, no por la pareja que quería tener el hijo clonado ni por los científicos dispuestos a ayudar. ¿Necesita la sociedad estar protegida contra los clones? Si nos referimos a auténticos ejércitos de clones de estrellas del rock o de héroes deportivos, sí: esto podría provocar una preocupante pérdida de diversidad genética. Pero si solo unas cuantas personas quieren tener hijos que sean clones, no. Esta es la perspectiva más probable, sobre todo mientras la clonación siga siendo un procedimiento caro y complicado y conlleve un riesgo de anomalías superior al normal. Como seguramente esto será así durante bastante tiempo, no tenemos por qué pensar demasiado en cómo lidiar con los aspirantes a clonadores. Si nos garantizan su capacidad para producir seres humanos normales, dejémosles seguir adelante. En un marco más amplio, no influirá mucho en la forma de la sociedad humana del siglo XXI.

de *Free Inquiry*, publicación del Consejo para el Humanismo Secular, programa del Centro de Investigaciones, verano de 2001

¿Riñones a la venta?

La detención en Nueva York, el mes pasado, de Levy-Izhak Rosenbaum, un hombre de negocios de Brooklyn que, según la policía, estaba negociando un acuerdo de compraventa de un riñón por 160.000 dólares, coincidió con la aprobación de una ley en Singapur que, a juicio de algunos, sentará las bases para el comercio de órganos en el país.

El año pasado, Tang Wee Sung, magnate del comercio minorista, fue condenado a un día de prisión por acceder a comprar un riñón ilegalmente. Después recibió uno de un asesino ejecutado, lo que, aunque sea legal, quizá sea más discutible –desde el punto de vista ético– que comprarlo, pues crea un aliciente para condenar y ejecutar a los acusados de delitos capitales.

Actualmente, en Singapur es legal pagar a donantes de órganos. Oficialmente, estos pagos son solo el reembolso de los costes; sigue estando prohibido pagar una cantidad que suponga una «inducción indebida». No obstante, lo de «inducción indebida» no deja de ser un concepto impreciso.

Estas novedades plantean de nuevo la cuestión de si vender órganos ha de ser delito o no. En Estados Unidos, cada año 100.000 personas necesitan un trasplante, pero solo 23.000 lo logran. Unas 6.000 mueren antes de recibir el órgano solicitado.

En Nueva York, los pacientes que precisan un riñón esperan, por término medio, nueve años. Al mismo tiempo, muchas personas pobres están dispuestas a vender un riñón por mucho menos de 160.000 dólares. Aunque comprar y vender órganos humanos es ilegal en casi todas partes, la Organización Mundial de la Salud calcula que, en el conjunto del planeta, aproximadamente el 10 % de los riñones trasplantados se compran en el mercado negro.

La objeción más frecuente al comercio de órganos es que se aprovecha de los pobres. Esta idea fue respaldada por un estudio de 2002 con 250 indios que habían vendido ilegalmente un riñón.

Casi todos dijeron a los investigadores que lo que los había motivado era el deseo de saldar sus deudas, pero seis años después tres cuartas partes de ellos seguían endeudados y lamentaban haber realizado esa venta.

Algunos defensores del libre mercado se oponen a que el gobierno decida en nombre de los individuos qué partes de su cuerpo pueden vender –por ejemplo, pelo; y en Estados Unidos, espermatozoides y óvulos– y cuáles no. En un programa televisivo llamado *Taboo* que abordaba la venta de partes del cuerpo, apareció un habitante del extrarradio de Manila que había vendido un riñón para comprarse un taxi triciclo y así poder mantener a su familia. Tras la operación se veía al donante conduciendo su flamante taxi, radiante de felicidad.

¿Se habría tenido que impedir su decisión? En el programa también aparecían vendedores descontentos; en todo caso, también los hay, no sé, en el mercado inmobiliario.

A quienes sostienen que legalizar la venta de órganos ayudaría a los pobres, Nancy Scheper-Hughes, fundadora de Organ Watch, les replica sin rodeos: «Quizá, en vez de desmantelarlos, deberíamos buscar mejores maneras de ayudar a los menesterosos». Deberíamos, sin duda, pero no lo hacemos: nuestra ayuda a los pobres, lamentablemente insuficiente, no impide que más de mil millones de personas vivan en la pobreza extrema.

En un mundo ideal, no habría gente necesitada, y contaríamos con suficientes donantes altruistas para que nadie se muriese esperando un riñón. Zell Kravinsky, un norteamericano que ha donado un riñón a un desconocido, señala que dar un riñón puede salvar una vida, mientras que las posibilidades de morir como consecuencia de ello son solo una entre 4.000. Por tanto, no donarlo, dice, significa valorar tu vida 4.000 veces más que la de un desconocido, proporción que califica de «escandalosa». Sin embargo, casi todos tenemos dos riñones, y persiste la necesidad de más donaciones de órganos junto con la pobreza de aquellos a quienes no ayudamos.

Hemos de elaborar políticas para el mundo real, no para uno ideal. ¿Sería posible regular un mercado legal de riñones para garantizar que los vendedores estuvieran plenamente informados sobre lo que pretenden hacer, incluyendo los riesgos para su salud? ¿Se satisfaría de este modo la demanda de riñones? ¿Tendría esto un resultado aceptable para el vendedor?

Para obtener respuestas, podemos recurrir a un país que normalmente no consideramos líder de la desregulación de los mercados ni de la experimentación social: Irán. Desde 1988, Irán cuenta con un sistema de compra de riñones regulado y financiado por el gobierno. Una asociación benéfica de pacientes organiza la transacción por un precio fijo, y nadie saca provecho de ello salvo el vendedor.

Según un estudio publicado en 2006 por nefrólogos iraníes, el programa ha eliminado la lista de espera de riñones en ese país sin generar problemas éticos. Un programa de la BBC de 2006 revelaba que muchos donantes potenciales son rechazados por no satisfacer los estrictos criterios de edad y que a otros se les exigía que acudieran a un psicólogo.

Convendría un estudio más sistemático del sistema iraní. Entretanto, seguiremos de cerca los acontecimientos de Singapur al igual que el procesamiento de Levy-Izhak Rosenbaum.

de Project Syndicate, 14 de julio de 2009

Posdata: Levy-Izhak Rosenbaum se declaró culpable de la venta de tres riñones. Fue condenado a dos años y medio de cárcel, de los que cumplió más de dos antes de ser puesto en libertad. En Singapur, el índice de donaciones de órganos no aumentó de forma significativa tras ser legalizado el reembolso de los costes del donante.

Las numerosas crisis de la atención sanitaria

La administración del presidente Barack Obama pasó buena parte de 2009 preocupada, a nivel interno, por el enfrentamiento político sobre la ampliación del seguro médico a las decenas de millones de estadounidenses que no tenían ninguno. Los habitantes de otros países industrializados no entienden muy bien el problema. Tienen derecho a asistencia médica, y ni siquiera los gobiernos conservadores intentan quitárselo.

Las dificultades de algunos estadounidenses con la reforma sanitaria dice más sobre la hostilidad al gobierno que sobre la atención médica en general. En cualquier caso, el debate en los Estados Unidos pone de relieve un tema subyacente que a partir de 2010 va a tener en vilo a casi todos los países desarrollados: la lucha por controlar los costes de la asistencia sanitaria.

En la actualidad, la atención sanitaria –pública y privada– supone un dólar de cada seis de todo el gasto en Estados Unidos, cifra que va camino de doblarse en 2035. Es una proporción mayor que en ninguna otra parte del mundo, si bien el incremento de los costes sanitarios también constituye un problema en países que gastan mucho menos.

Es posible ahorrar de muchas maneras. Fomentar que la gente haga ejercicio, deje de fumar, consuma alcohol solo con moderación o coma menos carne roja ayudaría a reducir los costes sanitarios. Sin embargo, dado el envejecimiento de la población en los países desarrollados, el coste de la atención a los ancianos probablemente aumentará. Por tanto, hemos de encontrar otros medios para ahorrar dinero.

Aquí tiene sentido empezar por el final. Tratar a pacientes moribundos que no quieren seguir viviendo es un despilfarro, pese a lo cual solo unos cuantos países permiten a los médicos asistir de manera activa a un enfermo que solicite ayuda para morir. En Estados Unidos, aproximadamente un 27 % del presupuesto de Medicare corresponde a atención en el último año de vida. Aunque parte del mismo se gasta con la esperanza de que así el paciente aún vivirá muchos años, a menudo los hospitales proporcionan tratamientos que cuestan decenas de miles de dólares a pacientes que seguramente no vivirán más de una o dos semanas... y muchas veces bajo sedación o apenas conscientes.

Un factor importante en estas decisiones es el miedo de los médicos o los hospitales a que la familia los demande por dejar morir a su ser querido. Así, por ejemplo, los enfermos agonizantes son resucitados, pese al criterio del médico, porque no han declarado de forma explícita que no quieren ser resucitados en tales circunstancias.

El sistema mediante el cual se paga a los médicos y los hospitales es otro factor importante en la prestación de tratamientos caros de poco provecho para el paciente. Cuando Intermountain Healthcare, una red de hospitales de Utah e Idaho, mejoró la atención a los bebés prematuros, redujo el tiempo que pasaban en cuidados intensivos, con lo que disminuían los costes del tratamiento. Sin embargo, como a los hospitales se les paga una cantidad por cada servicio que prestan, y mejor atención significa que los bebés precisan menos asistencia, el cambio cuesta a la red hospitalaria 329.000 dólares anuales.

Aunque se eliminen estos alicientes perversos, hay que afrontar cuestiones más peliagudas sobre el control de los costes. Una es el precio de ciertos fármacos nuevos. No es raro que la creación de un fármaco ascienda a 800 millones de dólares, y es muy probable que aparezca más de un medicamento –biofarmacéuticos a partir de células vivas– que cueste incluso más.

Los costes de desarrollo han de reflejarse en los precios de las medicinas, que pueden ser elevadísimos si un fármaco beneficia solo a un número relativamente reducido de personas. Por ejemplo, la enfermedad de Gaucher es una rara afección genética paralizante que, en sus formas más graves suele matar a sus víctimas en la infancia. Hoy día, los que padecen esta enfermedad pueden llevar una vida casi normal gracias a un medicamento llamado Cerezyme... que cuesta 175.000 dólares al año.

Ciertos instrumentos médicos plantean dilemas igualmente difíciles. Se ha utilizado un corazón artificial, también conocido como «dispositivo de asistencia ventricular izquierda», o LVAD, para mantener a los pacientes con vida hasta poderles realizar un trasplante. Pero como faltan corazones para ser trasplantados, en Estados Unidos actualmente se está imponiendo el uso de LVAD como tratamiento a largo plazo de la insuficiencia cardíaca, igual que una máquina de diálisis sustituye a un riñón.

Según Manoj Jain, de la Universidad de Emory, cada año se puede alargar algo de tiempo la vida de 200.000 enfermos estadounidenses mediante LVAD con un coste de 200.000 dólares por cabeza, o sea, 40 mil millones. ¿Es este un uso sensato de recursos en un país en el que hay oficialmente 39 millones de personas por debajo del umbral de la pobreza, que para una familia de cuatro miembros se sitúa en 22.000 dólares anuales?

En los países que proporcionan asistencia sanitaria gratuita a sus ciudadanos, a los funcionarios les resulta dificilísimo decirle a una persona que el gobierno no pagará por el único fármaco o dispositivo médico que puede salvarle la vida (o salvar la de su hijo). Pero al final llega el momento en que hay que decir estas cosas.

A nadie le gusta valorar en dinero una vida humana, pero el hecho es que ya lo hacemos, de forma implícita, al no dar suficiente respaldo a organizaciones que trabajan en países en desarrollo. GiveWell, que evalúa a entidades dedicadas a ayudar a los pobres del mundo, ha identificado a varias capaces de salvar una vida por menos de 5.000 dólares.

La Organización Mundial de la Salud estima que, en sus programas de vacunación en países en vías de desarrollo, salvar una vida cuesta aproximadamente 300 dólares (no al año, sino para siempre). Del mismo modo, el Informe del Banco Mundial sobre Prioridades en el Control de Enfermedades revela que, en el mundo en desarrollo, un programa para tratar la tuberculosis promovido por el Stop TB Partnership procura a las personas un año adicional de vida a un coste que oscila entre cinco y 50 dólares.

En este contexto, gastar 200.000 dólares para proporcionar a un enfermo de un país rico un período de vida adicional relativamente corto acaba siendo, desde el punto de vista económico, discutible. Desde el punto de vista moral, es inaceptable.

de Project Syndicate, 7 de diciembre de 2009

¿Salud pública frente a libertad privada?

El mes pasado, por un lado un tribunal de apelaciones de Estados Unidos se cargó el requisito de la Administración de Alimentos y Medicamentos (FDA) de Estados Unidos de que los paquetes de tabaco llevaran advertencias sanitarias gráficas, y por otro el Tribunal Supremo de Australia ratificó una ley que va mucho más allá. La ley australiana exige no solo imágenes y avisos sanitarios sobre el daño físico causado por el tabaco, sino que los propios paquetes sean simples, con el nombre de la marca en una tipografía genérica pequeña, sin logotipos ni otros colores aparte de un marrón apagado.

En Estados Unidos, la resolución se basaba en la protección constitucional de la libertad de expresión. El tribunal aceptaba que el gobierno podía solicitar advertencias sanitarias objetivamente precisas, pero la mayoría de sus miembros, en una decisión no unánime, dijeron que no podía llegar al extremo de exigir imágenes. En Australia, la cuestión era si la ley suponía expropiación sin compensación, en este caso, de la propiedad intelectual de la marca de las empresas tabaqueras. El Tribunal Supremo dictaminó que no.

No obstante, en el trasfondo de estas diferencias apreciamos el verdadero problema: quién decide el adecuado equilibrio entre la salud pública y la libertad de expresión. En Estados Unidos, los tribunales toman su decisión, en esencia interpretando un texto que se remonta a 225 años atrás, y si esto priva al gobierno de algunas técnicas que acaso redujeran el número de víctimas mortales a causa del tabaco –según ciertas estimaciones, unos 443.000 norteamericanos al año–, qué le vamos a hacer. En Australia, donde la libertad de expresión no recibe una protección constitucional explícita, los tribunales son más susceptibles de respetar el derecho de los gobiernos elegidos democráticamente a buscar el equilibrio apropiado.

Existe una coincidencia generalizada acerca de que los gobiernos deben ilegalizar la venta de al menos algunos productos peligrosos. Innumerables aditivos alimentarios están o bien prohibidos, o bien autorizados solo en cantidades limitadas, al igual que ciertos juguetes pintados con sustancias que, en caso de ingerirlas, podrían ser nocivas. La ciudad de Nueva York ha prohibido las grasas trans en los restaurantes y ahora va a limitar el tamaño de las bebidas azucaradas. En muchos países no es posible la venta de herramientas peligrosas, como las sierras eléctricas sin sistema de seguridad.

Aunque hay razones para prohibir una gran variedad de diferentes productos peligrosos, el tabaco es algo aparte, pues ningún otro producto, legal o ilegal, mata ni mucho menos a tanta gente –más que los accidentes de tráfico, la malaria y el sida juntos–. Es asimismo muy adictivo. Además, si la asistencia sanitaria la pagamos entre todos –también en Estados Unidos, con sus programas de atención médica para los pobres y los ancianos– quiere decir que también pagamos entre todos los esfuerzos para tratar las enfermedades provocadas por el tabaco.

La cuestión de prohibir o no totalmente el tabaco es otro cantar, pues eso sin duda crearía una nueva fuente de ingresos para el crimen organizado. En cualquier caso, suena raro sostener que el Estado podría, en principio, impedir la venta de un producto pero no que se vendiera solo en paquetes que llevaran imágenes gráficas de los daños que ocasiona a la salud humana.

La industria tabaquera llevará ahora su enfrentamiento con la legislación australiana a la Organización Mundial de la Salud. La industria teme que se tome ejemplo y se copie la ley en mercados mucho más amplios, como China o la India. O sea, después de todo, donde más necesaria es la legislación.

De hecho, fuman solo el 15 % de los australianos y el 20 % de los estadounidenses, aproximadamente, pero en 14 países de rentas medias y bajas abarcados por un estudio publicado recientemente en *The Lancet*, fumaba en promedio un 41 % de los hombres, con un número creciente de mujeres jóvenes que estaban adquiriendo el hábito. La Organización Mundial de la Salud estima que, en el siglo xx, el tabaco causó la muerte de más o menos 100 millones de personas, pero en el siglo xxi las víctimas serán mil millones.

Las discusiones sobre hasta dónde puede llegar el Estado para favorecer la salud de su población suelen empezar con un principio de John Stuart Mill, según el cual la capacidad coercitiva del Estado debe limitarse a acciones que impidan hacer daño a otros. En la actualidad, Mill podría aceptar requisitos de avisos sanitarios en los paquetes, incluso ilustraciones gráficas de pulmones enfermos, si esto ayudara a las personas a tener clara la decisión que están tomando; pero rechazaría cualquier prohibición.

En todo caso, la defensa de Mill de la libertad individual presupone que los individuos son los mejores jueces y guardianes de sus intereses, idea que hoy día raya en el candor. La creación de las técnicas publicitarias modernas indica una diferencia importante entre la época de Mill y la nuestra. Las empresas han aprendido a vender productos dañinos recurriendo a nuestros inconscientes deseos de estatus, atractivo y aceptación social. Como consecuencia de ello, nos sentimos atraídos por un producto sin saber muy bien por qué. Y los fabricantes de cigarrillos han aprendido a manipular las propiedades de su mercancía para elevar al máximo su condición adictiva.

Las imágenes gráficas del daño provocado por el tabaco pueden contrarrestar el poder de estas apelaciones al subconsciente y, de este modo, facilitar una decisión más reflexiva y ayudar a la gente a atenerse a la resolución de dejar de fumar. Por tanto, en vez de rechazar estas leyes con el argumento de que restringen la libertad, deberíamos apoyarlas por su utilidad para igualar las condiciones entre los individuos y las grandes empresas que no tienen intención alguna de basarse en nuestra capacidad para razonar y reflexionar. La exigencia de que los cigarrillos se vendan en paquetes simples con advertencias sanitarias e imágenes gráficas equivale a legislar sobre igualdad de oportunidades para el ser racional que llevamos dentro.

de Project Syndicate, 6 de septiembre de 2012

Pesar más, pagar más

Estamos cada vez más gordos. En Australia, Estados Unidos y muchos otros países, ya es algo corriente ver a personas tan gordas que andan como patos. El aumento de la obesidad es máximo en los países ricos, pero también se da en regiones pobres y de rentas medianas. ¿El peso de una persona es solo asunto suyo? ¿Hemos de limitarnos a aceptar la diversidad de formas corporales? Me parece que no. La obesidad es un problema ético y, además, el aumento de peso de algunos supone costes para los demás.

Estoy escribiendo esto en un aeropuerto. Una mujer asiática delgada acaba de facturar el equipaje. Unos 40 kilos de cajas y maletas, calculo. Paga por superar el límite establecido. Un hombre que pesará al menos 40 kilos más que ella, pero cuyo equipaje está por debajo del tope, no paga nada. Sin embargo, al motor de reacción le da lo mismo que el peso corresponda a las maletas o a la grasa corporal.

Tony Webber, antiguo economista jefe de Qantas, ha señalado que, desde el año 2000, el peso promedio de los pasajeros adultos transportados por la compañía aérea australiana ha aumentado dos kilos. Para un avión grande moderno, como el Airbus A380 que hace el trayecto de Sídney a Londres, esto significa que hay que quemar una cantidad adicional de combustible que cuesta 472 dólares americanos, y si la compañía hace esta ruta en ambas direcciones tres veces al día, al cabo del año ello supondrá un millón de dólares de combustible o, ateniéndonos a los márgenes actuales, aproximadamente el 13 % de los beneficios de la empresa que hace esta ruta.

Webber propone que las compañías aéreas establezcan un peso estándar de pasajero, pongamos 75 kilos. Si la persona en cuestión pesara 100 kilos, habría que aplicar un recargo para cubrir los costes adicionales de combustible. Para un pasajero que sobrepasara el tope en 25 kilos en un trayecto Sídney-

Londres de ida y vuelta, el incremento sería de 29 dólares australianos. Alguien que pesara solo 50 kilos debería obtener un descuento equivalente. Otro modo de hacerlo sería fijando un valor estándar por pasajero y equipaje y luego pedir a la persona que se colocara en la báscula con las maletas. Esto tendría la ventaja de evitarles el bochorno a quienes no quieren que se sepa lo que pesan.

Los amigos con quienes he discutido esta idea suelen decir que muchas personas gordas no pueden evitar el sobrepeso: tienen un metabolismo diferente, eso es todo. Sin embargo, el pago de un recargo por el peso no tiene por objeto castigar pecado alguno, con independencia de si se impone al equipaje o al peso corporal. Es una fórmula para que uno asuma el verdadero coste de transportarlo a su destino en vez de que lo paguen los demás pasajeros. Volar es diferente de, pongamos, la asistencia médica. No es un derecho humano.

Un aumento en el consumo de combustibles pesados no es solo una cuestión de costes: también supone más emisiones de gases de efecto invernadero, lo que agrava el problema del calentamiento global. Es un ejemplo menor de cómo el tamaño de nuestros conciudadanos nos afecta a todos. Si las personas ocupan más espacio y pesan más, caben en menor número en un autobús o un tren, lo cual aumenta los costes del transporte público. En la actualidad, los hospitales han de encargar camas y mesas de operaciones más sólidas, construir cuartos de baño más grandes e incluso comprar refrigeradores mortuorios mayores para sus depósitos de cadáveres; todo ello como coste añadido. En cualquier caso, una de las consecuencias más significativas del exceso de peso es que da lugar a una mayor necesidad de atención médica. El año pasado, la Sociedad de Actuarios calculó que, en Estados Unidos y Canadá, los individuos gordos u obesos daban cuentas de 127 mil millones de gastos adicionales en atención sanitaria. Esto suma cientos de dólares a los costes médicos anuales de los contribuyentes y de quienes pagan un seguro privado. El mismo estudio indicaba que el importe de la pérdida de productividad, en el seno de los que todavía trabajan y de los incapaces de trabajar del todo, ascendía a 115 mil millones de dólares.

Estos hechos bastan para justificar políticas públicas que disuadan de engordar. Sería útil gravar alimentos descaradamente implicados en la obesidad, sobre todo los carentes de valor nutritivo, como las bebidas azucaradas. Después, los ingresos recaudados se podrían utilizar para compensar los costes adicionales que las personas con sobrepeso imponen a los demás. Si el aumento de precio de estos alimentos funcionara también como freno de su consumo, esto ayudaría a quienes corren el riesgo de padecer obesidad, la segunda causa de muerte evitable tras el tabaco.

Como es lógico, muchos estamos preocupados por si el planeta es capaz de sostener a una población que ya supera los siete mil millones de habitantes. Convendría entender que el tamaño de la población humana no se refiere solo a una cifra de personas, sino también al producto del número de personas y su peso promedio. Si valoramos por igual el bienestar humano sostenible y el entorno natural del planeta, lo de «mi peso es asunto mío» simplemente no es verdad.

de Project Syndicate, 12 de marzo de 2012

¿Hemos de vivir hasta los mil años?

¿En qué problemas deben centrarse las investigaciones médicas y las ciencias biológicas? Existen razones inequívocas para hacer frente a las enfermedades que matan a más personas, como la malaria, el sarampión o la diarrea, con millones de víctimas en el mundo en desarrollo, pero muy pocas en el mundo desarrollado.

No obstante, los países desarrollados dedican la mayor parte de sus fondos para investigación a las enfermedades que padecen sus ciudadanos, y no parece probable que esto vaya a cambiar en un futuro inmediato. Teniendo en cuenta esta limitación, ¿qué avance médico mejoraría más nuestra vida?

Si lo primero que nos viene a la cabeza es «un remedio para el cáncer» o «una solución para las cardiopatías», pensémoslo mejor. Para Aubrey de Grey, director científico de la Fundación SENS y el defensor de las investigaciones antienvejecimiento más famoso del mundo, no tiene sentido dedicar casi todos nuestros recursos médicos a combatir las enfermedades ligadas a la edad avanzada si no abordamos el envejecimiento propiamente dicho. Aunque curemos una de estas afecciones, quienes no mueran a causa de ella seguramente piensen que sucumbirán a otra dentro de un tiempo. Así pues, los beneficios son discretos.

En los países desarrollados, el envejecimiento es la causa fundamental del 90 % de todas las muertes humanas; por tanto, tratarlo es una forma de medicina preventiva para el conjunto de las dolencias de la vejez. Además, antes de que la senectud dé paso a la muerte, reduce nuestra capacidad para disfrutar de la vida y de contribuir de manera provechosa a la vida de los demás. De modo que, en vez de centrarnos en enfermedades específicas que tienen muchas más probabilidades de aparecer cuando las personas han alcanzado cierta edad, ¿no sería preferible una estrategia basada en prevenir o reparar el daño causado en nuestro cuerpo por el envejecimiento?

Para De Grey, el progreso siquiera más pequeño en este campo a lo largo de la próxima década podría originar una prolongación espectacular de la esperanza de vida. Lo único que hemos de hacer es llegar a lo que él denomina «velocidad de escape de la longevidad», es decir, el momento en que somos capaces de prolongar la vida lo suficiente para que nuevos avances científicos posibiliten ampliaciones adicionales, y en consecuencia más progreso y más longevidad. En una reciente conferencia en la Universidad de Princeton, De Grey dijo: «No sabemos la edad actual de la primera persona que llegará a vivir 150 años, pero, casi con certeza, la primera que llegará a los 1.000 es menos de 20 años más joven».

Lo que más atrae a De Grey de esta perspectiva no es la vida eterna, sino más bien la prolongación de una vida sana y juvenil que iría acompañada de cierto grado de control sobre el proceso de envejecimiento. En los países desarrollados, permitir a las personas jóvenes o de edad madura conservarse bien durante más tiempo atenuaría el inminente problema demográfico de que una gran parte de la población –sin precedentes desde el punto de vista histórico– llegará a una edad muy avanzada, y a menudo será dependiente de personas más jóvenes.

Por otro lado, todavía hemos de plantearnos la cuestión ética. Al pretender alargar nuestra vida de forma tan espectacular, ¿estamos siendo egoístas? Y si lo conseguimos, ¿el resultado será bueno para unos pero injusto para otros?

La gente de los países ricos ya vive unos treinta años más que la de los países más pobres. Si descubriéramos la manera de ralentizar el envejecimiento, quizá acabáramos teniendo un mundo en el que la mayoría pobre se moriría en un momento en que los miembros de la minoría rica habrían consumido solo una décima parte de la duración prevista de su vida.

Esta disparidad es una razón para creer que si superamos el envejecimiento, aumentará el inventario de injusticias en el mundo. Otra es que si siguen naciendo personas sin que otras se mueran, la población del planeta crecerá a un ritmo superior al actual, lo que igualmente hará que para algunos la vida sea mucho peor de lo que habría sido en otras circunstancias.

La posibilidad de rebatir o no estas objeciones dependerá de nuestro grado de optimismo con respecto a los avances económicos y tecnológicos futuros. De Grey responde a la primera diciendo que, aunque el tratamiento contra el envejecimiento pueda ser caro al principio, cabe suponer que el precio bajará, como ha ocurrido con muchas otras innovaciones, desde los ordenadores a los fármacos para frenar el desarrollo del sida. Si el mundo sigue desarrollándose desde el punto de vista económico y tecnológico, las personas serán más ricas y, a largo plazo, el tratamiento antienvejecimiento beneficiará a todos. Entonces, ¿por qué no nos ponemos en marcha y lo convertimos ya en una prioridad?

En cuanto a la segunda objeción, contrariamente a lo que la mayoría de la gente supone, el éxito en la batalla contra el envejecimiento podría, por sí solo, brindarnos un respiro para hallar soluciones al problema de la población, pues también retrasaría o eliminaría la menopausia, lo que permitiría a las mujeres tener su primer hijo mucho más tarde que ahora. Si el desarrollo económico continúa, los índices de fertilidad de los países en desarrollo disminuirán, como ha pasado en los países desarrollados. A la larga, también la tecnología es capaz de ayudar a superar el inconveniente poblacional si descubre nuevas fuentes de energía que no incrementen nuestra huella de carbono.

La objeción poblacional sugiere una cuestión filosófica más profunda. Si el planeta tiene una capacidad finita para sustentar vida humana, ¿es mejor menos gente con una vida más larga, o más gente con una vida más corta? Un motivo para considerar que es mejor menos gente que viva más tiempo es que solo los que han nacido saben lo que les quita la muerte; quienes no existen no pueden saber lo que se están perdiendo.

De Grey ha creado la Fundación SENS para fomentar las investigaciones sobre el envejecimiento. En muchos sentidos, sus esfuerzos para recaudar fondos han sido satisfactorios, pues actualmente el presupuesto anual de la fundación es de unos cuatro millones de dólares. No obstante, se trata todavía de una cifra lamentablemente pequeña si nos atenemos a los estándares de las fundaciones para investigaciones médicas. Puede que De Grey esté equivocado, pero si existe una posibilidad mínima de que tenga razón, los enormes beneficios hacen de la investigación contra el envejecimiento una mejor opción que ciertas áreas de los estudios médicos que hoy día están mucho mejor financiadas.

de Project Syndicate, 10 de diciembre de 2012

La población y el papa

El mes pasado, mientras regresaba a Roma de Filipinas, el papa Francisco comentó a los periodistas el caso de una mujer que había tenido siete hijos por cesárea y volvía a estar embarazada. Esto era «tentar a Dios», dijo. Le había preguntado si quería dejar siete huérfanos. Los católicos han aprobado medios para regular los nacimientos, prosiguió, y deberían practicar una «paternidad responsable» en vez de reproducirse «como conejos».

La referencia de Francisco a los «conejos» recibió una amplia cobertura en los medios, aunque pocos de estos informaron de otra cosa que había dicho: que ninguna institución externa puede imponer sus puntos de vista sobre reglamentación del tamaño de las familias en el mundo en desarrollo. «Todas las personas», remarcó, han de ser capaces de mantener su identidad sin ser «colonizadas ideológicamente».

La ironía del comentario es que, en Filipinas, país con más de 100 millones de habitantes de los cuales cuatro de cada cinco son católicos, ha sido precisamente la Iglesia la colonizadora ideológica. Al fin y al cabo, es la Iglesia la que ha intentado imponer firmemente en la población su postura contraria a la contracepción, oponiéndose incluso a que el gobierno distribuya anticonceptivos entre los pobres del mundo rural.

Entretanto, diversos estudios han revelado una y otra vez que la mayoría de los filipinos se muestran favorables a los anticonceptivos, lo cual no ha de sorprender dado que los métodos de control de natalidad de la Iglesia mencionados por el papa Francisco son a todas luces menos fiables que las alternativas actuales. Muy probablemente, si Filipinas hubiera sido colonizado por, digamos, Gran Bretaña protestante y no por la católica España, hoy día el uso de los anticonceptivos no supondría ningún problema.

En todo caso, la cuestión más importante planteada por Francisco es si resulta legítimo que organismos externos promuevan la planificación familiar en los países en desarrollo. Hay varias razones a favor. Primero, dejando a un lado el problema «ideológico» de si la planificación familiar es un derecho, contamos con un sinfín de datos según los cuales la falta de acceso a la contracepción es mala para la salud de las mujeres.

Los embarazos frecuentes, sobre todo en países sin una asistencia sanitaria universal moderna, están vinculados a una mortalidad materna elevada. La ayuda de entidades externas que contribuyan a reducir las muertes prematuras de mujeres en los países en vías de desarrollo no es «colonización ideológica», desde luego.

Segundo, cuando los nacimientos están más espaciados, a los niños les va todo mejor, tanto desde el punto de vista físico como en lo relativo a los logros educativos. Ojalá estuviéramos todos de acuerdo en que es conveniente que las organizaciones humanitarias favorezcan la salud y la educación de los niños en los países en desarrollo.

Sin embargo, la razón más general y controvertida para fomentar la planificación familiar es que hacerla asequible a todos quienes la quieren interesa a los siete mil millones de personas del planeta y a las generaciones que, salvo posibles catástrofes, deberán habitarlo durante los milenios venideros. Y aquí hemos de hacer hincapié en la relación entre el cambio climático y el control de la natalidad.

Los hechos clave del cambio climático son de sobra conocidos. La atmósfera del planeta ha absorbido ya tal cantidad de gases de efecto invernadero producidos por el ser humano que el calentamiento global lleva tiempo en marcha, con más olas de calor extremo, sequías e inundaciones que antes. El hielo del Ártico está fundiéndose, y el aumento del nivel del mar amenaza con inundar, en varios países, regiones costeras bajas densamente pobladas. Si cambian los patrones pluviales, centenares de millones de personas corren peligro de convertirse en refugiados climáticos.

Además, a juicio de una abrumadora mayoría de científicos de los campos pertinentes, vamos camino de sobrepasar el nivel de calentamiento global en el que empezarán a hacer efecto ciertos mecanismos de retroalimentación de modo que el cambio climático será incontrolable, con consecuencias imprevisibles y quizá catastróficas.

Se suele señalar que los causantes del problema son los países ricos debido a sus superiores emisiones de gases de efecto invernadero durante los dos últimos siglos. Estos países siguen exhibiendo los niveles máximos de emisiones per cápita, que podrían reducir sin apenas dificultad. No hay duda de que, desde el punto de vista ético, los países desarrollados del mundo deberían asumir la responsabilidad de liderar la disminución de las emisiones.

Sin embargo, lo que no se menciona tan a menudo es que, por mucho que podamos convencer a los países ricos de que reduzcan las emisiones, el impacto de esa rebaja se vería socavado por el crecimiento continuado de la población global.

Cuatro factores influyen en el nivel de las emisiones: rendimiento económico per cápita, unidades de energía utilizadas para generar cada unidad de rendimiento económico, gases de efecto invernadero emitidos por unidad de energía y población total. Una disminución de tres de estos factores será contrarrestada por un incremento del cuarto. En el «Resumen para responsables políticos» de su Quinto Informe de Evaluación de 2014, el Panel Intergubernamental sobre el Cambio Climático (IPCC, por sus siglas en inglés) declaraba que, desde un punto de vista global, los crecimientos económico y poblacional siguen siendo «los principales impulsores» de los incrementos en las emisiones de CO_2 procedentes de combustibles fósiles.

Según la Organización Mundial de la Salud, unos 222 millones de mujeres de países en desarrollo no quieren tener hijos ahora, pero carecen de los medios para asegurarse de no concebir. El acceso a la contracepción les ayudaría a planificar su vida como desearan, moderaría la demanda de abortos, reduciría las muertes maternas, procuraría a los niños un mejor inicio de vida *y* contribuiría a ralentizar el crecimiento de la población y las emisiones de gases de efecto invernadero, lo que nos beneficiaría a todos.

¿Quién va a oponerse a una situación en la que evidentemente todos salen ganando? Cabe suponer que los únicos detractores son individuos aferrados a una ideología religiosa que pretenden imponer a los demás, con independencia de las consecuencias para las mujeres, los niños y el resto del mundo, ahora y por los siglos de los siglos.

De Project Syndicate, 11 de febrero de 2015

5
Sexo y género

¿Ha de ser delito el incesto entre hermanos adultos?

El mes pasado, el Consejo Ético Alemán, organismo legal que informa al Bundestag, recomendó que las relaciones sexuales entre hermanos adultos dejaran de ser delito. La propuesta surge tras una resolución del Tribunal Europeo de los Derechos Humanos que ratifica la condena a un hombre de Leipzig por haberse acostado con su hermana. El hombre ha pasado varios años en la cárcel debido a su negativa a dejar la relación. (Como se consideró que su hermana era menos responsable, no fue encarcelada.)

El incesto entre adultos no es delito en todas partes. En Francia, fue abolido cuando en 1810 Napoleón implantó su nuevo Código Penal. Las relaciones sexuales adultas consensuadas tampoco son delito en Bélgica, Holanda, Portugal, España, Rusia, China, Japón, Corea del Sur, Turquía, Costa de Marfil, Brasil, Argentina y otros países latinoamericanos.

El Consejo Ético se tomó la investigación en serio. Su informe (actualmente disponible solo en alemán) comienza con testimonios de personas que mantienen una relación prohibida, sobre todo hermanastros que se han conocido siendo ya adultos. Estas parejas explican las dificultades provocadas por la criminalización de su relación, incluyendo la extorsión o la amenaza de pérdida de la custodia de un hijo por parte de la pareja anterior.

El informe no intenta hacer una evaluación definitiva de la ética de las relaciones sexuales consensuadas entre hermanos, sino que pregunta si hay fundamento suficiente para que la legislación penal prohíba dichas relaciones. Señala que en ninguna otra situación están prohibidas las relaciones sexuales voluntarias entre personas con libre determinación. Para entrometerse en esta zona esencial de la vida privada, hace falta, según el informe, una justificación clara y convincente.

El informe analiza las razones a partir de las cuales podría afirmarse que esta carga de justificación ha sido satisfecha. Una de estas razones es el riesgo de hijos genéticamente anómalos; sin embargo, aunque fuera suficiente, avalaría solo una prohibición que sería a la vez más amplia y más reducida que la actual sobre el incesto.

Sería más reducida porque se aplicaría solo cuando los hijos fueran posibles: el hombre de Leipzig, cuyo caso llamó la atención sobre el problema, había sido sometido a una vasectomía en 2004, pero esto no afectaba a su responsabilidad penal. Por otro lado, el objetivo de evitar anomalías genéticas justificaría la ampliación de la prohibición a las relaciones sexuales en *todas* las parejas con riesgo elevado de tener hijos anormales. Dado el pasado nazi de Alemania, a los alemanes actuales les resulta difícil dejar que sea el Estado el que decida quién puede reproducirse.

El Consejo también tenía en cuenta la necesidad de proteger las relaciones familiares. Según el informe, pocas familias están amenazadas por el incesto entre hermanos, no porque sea delito, sino porque el hecho de haber crecido en un entorno familiar o parecido al familiar (incluidos los kibutz israelíes, donde se educan colectivamente niños no emparentados) suele anular la atracción sexual. De modo que el incesto entre hermanos es un hecho poco frecuente.

No obstante, el informe sí reconoce la legitimidad del objetivo de proteger la familia, y hace uso del mismo para limitar el alcance de sus recomendaciones a las relaciones sexuales entre hermanos adultos. Las relaciones sexuales entre otros parientes cercanos, como los padres y sus hijos adultos, se encuadran, según el informe, en una categoría diferente debido a las diferentes relaciones de poder entre unas generaciones y otras y a las mayores posibilidades de perjuicio para otras relaciones familiares.

El tabú contra el incesto está muy arraigado, como demostró el psicólogo Jonathan Haidt cuando contó a varios sujetos experimentales la historia de Julie y Mark, hermanos adultos que van juntos de vacaciones y deciden tener relaciones sexuales solo para ver qué tal. En la historia, Julie ya está tomando la píldora, pero Mark se pone igualmente un condón para estar más seguro. Ambos disfrutan de la experiencia, pero deciden no volver a hacerlo. Y aquello se convierte en un secreto que los une todavía más.

Después, Haidt preguntó a los participantes si estaba bien que Julie y Mark hubieran tenido relaciones sexuales. Casi todos dijeron que no, pero cuando quiso saber por qué, le dieron razones ya excluidas por la historia, por ejemplo, los peligros de la endogamia o el riesgo de que la relación fuera un drama. Cuando Haidt les señaló que los motivos alegados no venían al caso, la respuesta más habitual fue: «No soy capaz de explicarlo, solo sé que no está bien». Haidt denomina a esto «anonadamiento moral».

Quizá no es casualidad que, cuando a una portavoz de los cristiano-demócratas de la canciller Angela Merkel se le pidió que hiciera algún comentario sobre la recomendación del Consejo de Ética, también dijo algo que no venía a cuento al referirse a la necesidad de proteger a los hijos. En cualquier caso, el informe no hacía sugerencias con respecto al incesto en el que hubiera niños implicados; por otra parte, algunos de los procesados por la ley penal ni siquiera se habían conocido siendo niños.

En el caso del tabú sobre el incesto, nuestra respuesta tiene una explicación evolutiva obvia. No obstante, ¿hemos de permitir que nuestra opinión sobre lo que es delito esté determinada por sentimientos de repugnancia que acaso hayan reforzado la aptitud evolutiva de unos antepasados carentes de contracepción efectiva?

Incluso el análisis de esta cuestión ha resultado controvertido. En Polonia, Jan Hartman, profesor de filosofía de la Universidad Jaguelónica de Cracovia, colgó en internet un comentario sobre las propuestas del Consejo Ético Alemán. Las autoridades académicas dijeron que las afirmaciones de Hartman estaban «socavando la dignidad de la profesión universitaria», y pusieron el caso en manos de una comisión disciplinaria.

Al olvidar tan deprisa que la dignidad de la profesión requiere libertad de expresión, una universidad de prestigio parece haber sucumbido al instinto. No es un buen augurio para un debate racional sobre si el incesto entre hermanos adultos ha de seguir siendo considerado delito.

de Project Syndicate, 8 de octubre de 2014

Posdata: El gobierno alemán no ha seguido las recomendaciones de su Consejo de Ética. El profesor Hartman fue interrogado dos veces por el consejero disciplinario de su universidad, pero tras aportar pruebas que respaldaban los elementos factuales de sus afirmaciones, el procedimiento fue archivado.

La homosexualidad no es inmoral

En los últimos años, Holanda, Bélgica, Canadá y España han reconocido los matrimonios entre personas del mismo sexo. Otros países aceptan uniones civiles con un efecto legal similar. Un conjunto aún más amplio de países tienen leyes contra la discriminación debida a la orientación sexual en ámbitos como la vivienda o el empleo. Sin embargo, en la mayor democracia del mundo, la India, el sexo entre dos hombres sigue siendo un delito que, según la ley, conlleva cadena perpetua.

La India no es el único país que conserva duros castigos para la homosexualidad, desde luego. En algunas naciones islámicas –por ejemplo, Afganistán, Irán, Irak, Arabia Saudí o Yemen–, la sodomía es un crimen que se puede llegar a condenar con la pena capital. Sin embargo, es más fácil entender la preservación de esta clase de leyes en países con doctrinas religiosas incorporadas a su código penal –con independencia de lo mucho que puedan lamentarlo las otras– que en una democracia secular como la India.

Quien haya visitado la India y haya visto las frecuentes y sexualmente explícitas esculturas de los templos sabrá que la tradición hinduista mantiene ante el sexo una actitud menos mojigata que el cristianismo. La prohibición de la homosexualidad en la India se remonta a 1861, cuando los británicos dominaban el subcontinente, en el que impusieron la moralidad victoriana. Por eso es curioso que el Reino Unido haya derogado desde hace tiempo su propia prohibición mientras en la India se conserva como una reliquia colonial.

Por suerte, la prohibición de la sodomía en la India no se hace cumplir. En cualquier caso, crea un marco para el chantaje y el acoso a los homosexuales y dificulta la labor de grupos dedicados a concienciar a la gente sobre el VIH y el sida.

Vikram Seth, autor de *Un buen partido* entre otras excelentes novelas, recientemente ha hecho pública una carta abierta al gobierno de la India en la que pide la derogación de la ley que considera delito la homosexualidad. Han firmado la carta muchos indios distinguidos, mientras otros, como el premio Nobel Amartya Sen, le han dado su apoyo. Se ha presentado una impugnación jurídica de la ley ante el Tribunal Supremo de Delhi.

En la época en que se aprobó la prohibición de la sodomía en la India, John Stuart Mill estaba escribiendo su famoso ensayo *Sobre la libertad*, en el que propone el principio siguiente:

> ... la única finalidad para la cual el poder puede, con pleno derecho, ser ejercido sobre un miembro de una comunidad civilizada, contra su voluntad, es evitar que perjudique a los demás. Su propio bien, sea físico o moral, no es justificación suficiente... Sobre sí mismo, sobre su cuerpo y su mente, el individuo es soberano.

No todo el mundo acepta el principio de Mill. El distinguido filósofo británico del derecho H. L. A. Hart abogaba por una versión parcial del mismo. Donde Mill dice que el bien del individuo, «sea físico o moral, no es justificación suficiente» para la intromisión del Estado, Hart dice que el bien del individuo *es* justificación suficiente si los individuos son susceptibles de descuidar sus propios intereses y la injerencia en su libertad es escasa. Por ejemplo, puede que el Estado nos exija llevar cinturón de seguridad en el coche o casco si vamos en moto.

No obstante, Hart diferenciaba nítidamente entre este paternalismo legal y el moralismo legal. Rechazaba que, por razones morales, se prohibieran acciones que no provocaban daño físico alguno. A su entender, el Estado quizá no debiera considerar criminal la homosexualidad con el pretexto de que es inmoral.

El problema de este razonamiento es que no resulta fácil entender por qué el paternalismo legal está justificado pero el moralismo legal no. Los defensores de la diferencia suelen afirmar que, entre ideas morales en competencia, el Estado debe ser neutral, pero ¿es posible realmente esta neutralidad? Si yo fuera partidario del moralismo legal (algo muy extendido), alegaría que, después de todo, decir que el valor de conducir una moto con el pelo ondeando al viento es inferior al riesgo de sufrir lesiones en la cabeza si me estrello es un juicio moral.

La objeción más clara a la prohibición de la homosexualidad es que niega la afirmación radicada en su núcleo: que los actos sexuales consentidos entre personas del mismo sexo son inmorales. A veces se afirma que la homosexualidad está mal porque es «antinatural» o incluso «una perversión de nuestra capacidad sexual», que supuestamente tiene como fin la reproducción. Sin embargo, también podríamos decir que el consumo de edulcorantes artificiales es «una perversión del sentido del gusto», que existe para que podamos detectar comida nutritiva. Cuidado con equiparar «natural» y «bueno».

El hecho de que los actos homosexuales no den lugar a la reproducción, ¿los convierte en inmorales? Esta sería una razón especialmente estrafalaria para prohibir la sodomía en un país densamente poblado en la India, donde se estimula la contracepción y la esterilización. Si una forma de actividad sexual procura satisfacción a quienes toman parte en ella, y no hace daño a nadie, ¿qué tiene de inmoral?

Así pues, el problema subyacente de la prohibición de los actos inmorales no es que el Estado esté sirviéndose de la ley para imponer cierta moralidad privada, sino que la ley se basa en la errónea idea de que la homosexualidad es inmoral.

de Project Syndicate, 16 de octubre de 2006

Vicios virtuales

En un popular juego de roles por internet denominado Second Life [Segunda vida], puedes crearte una identidad virtual, escogiendo cosas como la edad, el sexo y el aspecto. Después, estos personajes virtuales hacen cosas propias del mundo real, como tener relaciones sexuales. Dependiendo de tus preferencias, puedes tener relaciones sexuales con alguien más viejo o más joven que tú –quizá mucho más joven o mucho más viejo–. De hecho, si tu personaje virtual es un adulto, puedes practicar sexo con un personaje virtual que sea un niño.

Si lo hicieras en el mundo real, la mayoría coincidiríamos en que has cometido un gravísimo error. Pero ¿es también un gravísimo error tener relaciones sexuales virtuales con un niño virtual?

Algunos jugadores de Second Life dicen que sí y han jurado poner en evidencia a quienes lo hagan. Por su parte, los creadores, Linden Labs, han dicho que modificarán el juego para impedir a niños virtuales tener relaciones sexuales. También están implicados varios fiscales alemanes, aunque por lo visto su principal preocupación es el posible uso del juego para difundir pornografía infantil más que el hecho de que la gente practique sexo con niños imaginarios.

En otros países, las leyes contra la pornografía infantil tal vez también tengan el efecto de prohibir juegos que posibiliten las relaciones sexuales virtuales con niños. En Australia, Connor O'Brien, presidente de la sección penal del Instituto de Derecho de Victoria, explicó hace poco al periódico de Melbourne *The Age* que, en su opinión, el creador de Second Life podía ser procesado por publicar imágenes de niños en un contexto sexual.

Cuando protege a los niños contra la explotación con fines sexuales, la ley pisa terreno seguro. Pero, desde el punto de vista ético, entrometerse en los actos sexuales entre adultos aquiescentes es discutible. A juicio de muchas personas serias y ponderadas, lo que los adultos decidan hacer en el dormitorio es asunto suyo, y el Estado no debe inmiscuirse.

Si te excita que tu pareja se vista de colegial antes de tener relaciones sexuales, y a ella le gusta participar en esa fantasía, tu conducta acaso parezca aborrecible a muchas personas, pero como se lleva a cabo en el ámbito privado, muy pocas pensarán que eso te convierte en un criminal.

Tampoco debería tener importancia alguna invitar a algunos adultos y que, en la privacidad de tu casa, ellos decidieran participar en una fantasía sexual a mayor escala. Los ordenadores conectados a internet –suponiendo, de nuevo, que solo hay implicados adultos que consienten–, ¿tan distintos son de un grupo de esta clase?

Si alguien propone que algo sea delito, hemos de preguntarnos siempre esto: ¿quién sufre daño? Si se puede demostrar que la oportunidad de representar una fantasía practicando sexo virtual con un niño aumenta las probabilidades de que la gente se vea implicada en casos de pedofilia, esto supondrá un perjuicio para niños de verdad, por lo que serán más sólidos los argumentos para prohibir la pedofilia virtual.

No obstante, al enfocar la cuestión así, surge otro problema, quizá más significativo, relacionado con las actividades virtuales: la violencia de los videojuegos.

Los aficionados a los videojuegos violentos suelen ser influenciables debido a su corta edad. Doom, un popular videojuego violento, era el preferido de Eric Harris y Dylan Klebold, los adolescentes asesinos del instituto de Columbine. En una escalofriante cinta de vídeo que grabaron antes de la masacre, Harris dice: «Va a ser un jodido Doom... ¡Esta puta escopeta [besa el arma] viene directamente de Doom!».

Hay otros casos en que ciertos devotos de los videojuegos han acabado siendo asesinos, aunque esto no demuestra ninguna relación causa-efecto. Habría que dar más importancia al creciente número de estudios científicos, tanto de campo como de laboratorio, sobre el efecto de estos juegos. En *Violent Video Game Effects on Children and Adults*, Craig Anderson, Douglas Gentile y Katherine Buckley, del Departamento de Psicología de la Universidad Estatal de Iowa, han reunido estos estudios para sostener que los videojuegos violentos incrementan la conducta agresiva.

Si el procesamiento penal es un instrumento demasiado contundente contra los videojuegos violentos, se puede solicitar el pago de daños y perjuicios a las víctimas, o sus familias, de crímenes violentos cometidos por personas aficionadas a estos videojuegos. Hasta la fecha, estas demandas han sido desestimadas debido en parte a que los creadores no pueden prever si sus productos empujarán a la gente a perpetrar delitos. De todos modos, los datos aportados por Anderson, Gentile y Buckley han debilitado este criterio.

André Peschke, redactor jefe de Krawall.de, una de las principales revistas alemanas *online* de ordenadores y videojuegos, me explica que, en los diez años que lleva en el mundo de este tipo de juegos, jamás ha visto en la industria ningún debate serio sobre la ética de producir juegos violentos. Los fabricantes recurren a la afirmación simplista de que no hay pruebas científicas de que los videojuegos violentos den origen a acciones violentas. Pero a veces no podemos esperar a tener pruebas. Al parecer, estamos ante uno de estos casos: los elevados riesgos pesan mucho más que cualquier posible beneficio resultante de los juegos electrónicos con carga violenta. Los indicios acaso no sean definitivos, pero sí son lo bastante sólidos para que no sigamos pasándolos por alto.

La explosión de publicidad sobre la pedofilia virtual en Second Life quizás se haya convertido en el blanco equivocado. Los videojuegos deben someterse a controles legales no cuando permiten a las personas hacer cosas que, en la vida real, serían delito, sino cuando hay datos que nos llevan a la conclusión de que pueden incrementar los delitos graves en el mundo real. En la actualidad, hay más pruebas claras de ello en el caso de los juegos violentos que en las realidades virtuales que permiten la pedofilia.

de Project Syndicate, 17 de julio de 2007

¿Un asunto privado?

¿Puede un personaje público tener vida privada? Ciertos acontecimientos recientes en tres países han hecho hincapié en la importancia de esta cuestión.

En las elecciones presidenciales francesas, ambos candidatos intentaron mantener su vida privada al margen de la campaña. Ségolène Royal no está casada con François Hollande, el padre de sus cuatro hijos. Cuando le preguntaron si eran pareja, Royal contestó: «Nuestras vidas nos pertenecen a nosotros». Del mismo modo, en respuesta a ciertos rumores que decían que el presidente electo Nicolas Sarkozy había sido abandonado por su esposa, un portavoz de Sarkozy dijo: «Es un asunto privado».

En Francia hay una larga tradición de respeto a la intimidad de la vida personal de sus políticos; por otro lado, la opinión pública francesa es de mentalidad más abierta que la de Estados Unidos, donde una madre soltera con cuatro hijos no tendría ninguna posibilidad de que un partido importante la nominara para la presidencia. De hecho, el mes pasado, Randall Tobias, el principal asesor en ayuda exterior del Departamento de Estado, dimitió tras reconocer que había hecho uso de un servicio de acompañamiento que proporcionaba «fantasía erótica de alta calidad» (aunque según Tobias, solo le habían hecho un masaje).

En el Reino Unido, lord John Browne, el director gracias al cual BP pasó de ser una empresa petrolera europea de segunda fila a ser un gigante global, dimitió tras admitir que había mentido ante un tribunal sobre las circunstancias en las que había conocido a un compañero gay (al parecer, había sido mediante una agencia de acompañantes masculinos). Tras cesar en el cargo, dijo que siempre había considerado su sexualidad un asunto personal y que le había fastidiado mucho que un periódico –*The Mail on Sunday*– la hubiera hecho pública.

Los candidatos a cargos públicos, y quienes ocupan puestos administrativos y empresariales de responsabilidad, deben ser juzgados por sus decisiones y su desempeño, no por actos privados que son irrelevantes con respecto a lo bien o mal que llevan –o llevarán– a cabo sus funciones públicas. A veces unos y otras se solapan, desde luego. *The Mail on Sunday* y su periódico hermano, *The Daily Mail*, justificaron la publicación de las revelaciones del antiguo compañero de Browne con el argumento de que se incluían acusaciones de que este había permitido al primero utilizar recursos de la empresa en beneficio de sus propios negocios. La empresa negó que estas informaciones tuvieran fundamento alguno.

Como responsable de la Agencia de los Estados Unidos para el Desarrollo Internacional, Tobias puso en marcha la política de la administración Bush, según la cual las organizaciones dedicadas a luchar contra el VIH/sida deben condenar la prostitución si pretenden ser consideradas aptas para recibir ayuda estadounidense. Esta política ha sido muy criticada porque con ella resulta más difícil ayudar a los profesionales del sexo, que corren un riesgo elevado de contraer y propagar el VIH/sida. Podría decirse que la gente tiene interés en saber si los que ponen en práctica dichas políticas pagan también por servicios sexuales.

Si nada parece indicar que una cuestión de moralidad personal haya tenido influencia alguna en la actuación de un ejecutivo empresarial o un funcionario del gobierno, hemos de respetar la privacidad de esa persona. Pero ¿qué pasa con los candidatos a líderes políticos?

Como los políticos nos piden que les concedamos amplios poderes, es lógico que deseemos saber todo lo posible sobre su moralidad. Por ejemplo, sería razonable preguntar si pagan los impuestos que les corresponden o si hacen donaciones a organizaciones caritativas. Estas cosas nos dan información relativa a sus preocupaciones por el bien común. De modo similar, la revelación, hace tres años, de que Mark Latham, a la sazón líder de la oposición australiana y aspirante a primer ministro, había agredido a un taxista y le había roto un brazo en una discusión sobre el precio de la carrera, fue importante para quienes creían que el máximo dirigente de un país no debe ceder a los arranques de cólera.

En todo caso, el interés legítimo por saber más sobre un político, ¿puede extenderse a detalles sobre las relaciones personales? Es difícil trazar una línea de principios alrededor de un área y determinar si el conocimiento de aquello procurará información pertinente acerca de la naturaleza moral de un político. El problema es que los medios de comunicación desean hacerse eco de noticias que les hagan ganar audiencia, y la información personal, sobre todo la de carácter sexual, suele contribuir precisamente a lograr buenos resultados en ese sentido.

Aun así, el hecho de que alguien se case o no, sea homosexual o heterosexual, o incluso pague para satisfacer sus fantasías eróticas o tenga fantasías que satisface gratis no nos dice demasiado sobre si es una buena persona a la que se pueda confiar un puesto de responsabilidad –a menos, claro, que diga una cosa pero haga otra–. Si fuéramos capaces de fomentar una mayor tolerancia hacia la diversidad humana, los políticos, los dirigentes empresariales y los administradores no tendrían tanto miedo a la «exposición», pues comprenderían que no han hecho nada que deban ocultar.

La prostitución es ilegal en la mayor parte de Estados Unidos, incluyendo Washington, DC, lo cual acaso sea una de las razones de la dimisión de Tobias. Sin embargo, cuando el mes pasado John Corzine, gobernador de Nueva Jersey, se vio implicado en un grave accidente automovilístico, acabó sabiéndose que había infringido la ley de su propio estado al no llevar puesto el cinturón de seguridad. Se mire como se mire, la infracción de Corzine es más grave que la de Tobias. Las leyes que obligan a llevar el cinturón de seguridad salvan muchas vidas. Las leyes que prohíben la prostitución no comportan ningún beneficio claro, quizá incluso causen perjuicios. No obstante, nadie dijo que Corzine debiera dimitir como consecuencia de su acción ilegal e imprudente. Al menos en Estados Unidos, violar las normas sexuales todavía conlleva cierto oprobio moral ajeno a cualquier daño real.

de Project Syndicate, 14 de mayo de 2007

¿Cuánto debería importar de qué sexo somos?

(Con Agata Sagan)

El mes pasado, Jenna Talackova llegó a la final de Miss Universo Canadá, pero luego fue descalificada por no ser mujer «de nacimiento». La alta y guapa rubia explicó a los medios que desde que tenía cuatro años se había considerado una mujer, que a los 14 había iniciado un tratamiento hormonal y que a los 19 se había sometido a una operación de cambio de sexo. Su descalificación plantea la cuestión de lo que significa realmente ser una «miss», una señorita.

El caso de un niño de Los Ángeles de ocho años, que desde el punto de vista anatómico es una niña pero se viste como un chico y quiere ser considerado como tal, puso de relieve un asunto de mayor relevancia. Su madre intentó infructuosamente matricularlo como niño en una escuela privada. ¿Es de veras imprescindible que todo ser humano sea etiquetado como «macho» o «hembra» con arreglo a su sexo biológico?

Las personas que cruzan las fronteras del género sufren una discriminación patente. El año pasado, el Centro Nacional para la Igualdad de los Transexuales y el Grupo Nacional de Trabajo de Gais y Lesbianas publicaron un estudio según el cual el índice de desempleo entre las personas transexuales duplica el del resto de la gente. Además, entre los encuestados que tenían empleo, el 90 % referían alguna forma de abuso en el trabajo, como acoso, burlas, divulgación inadecuada de información por parte de supervisores y compañeros, o dificultades para acceder a los lavabos.

Además, es posible que los transexuales sean objeto de violencia física y abusos sexuales debido a su identidad sexual. Según el Observatorio de Transexuales Asesinados, al menos once personas perdieron la vida el año pasado en Estados Unidos por este motivo.

Los niños que no se identifican con el sexo que les ha sido asignado al nacer se hallan en una situación especialmente complicada, y sus padres se enfrentan a una decisión difícil. Todavía no contamos con los medios para convertir a las niñas en niños biológicamente normales, y viceversa. Y aunque fuéramos capaces de hacerlo, los especialistas previenen contra el riesgo que comporta dar pasos irreversibles para dotarles del sexo con el que se identifican.

Muchos niños exhiben un comportamiento transexual o expresan el deseo de ser del sexo opuesto, pero cuando se les ofrece la opción del cambio, solo unos cuantos se someten al procedimiento completo. El uso de agentes de bloqueo hormonal para retrasar la pubertad parece una opción razonable, pues proporciona tanto a los padres como a los hijos más tiempo para reflexionar sobre una decisión que puede cambiarle la vida a uno.

No obstante, el problema más general sigue siendo el de las personas que se muestran indecisas respecto a su identificación de género, oscilan entre un género y otro, o tienen unos órganos sexuales masculinos o femeninos que no encajan en la dicotomía estándar hombre/mujer.

El año pasado, el gobierno australiano abordó este problema creando tres tipos de pasaporte: masculino, femenino e indeterminado. El nuevo sistema también permite a las personas escoger su identidad de género, que no tiene por qué coincidir con el sexo que les asignaron al nacer. Este cambio con respecto a la habitual clasificación rígida muestra respeto por todos los individuos y, si es adoptada ampliamente en otros países, ahorrará a muchas personas el fastidio de explicar a los funcionarios de inmigración la disparidad entre su aspecto y el sexo reflejado en el pasaporte.

En cualquier caso, quizá quepa preguntarse si es de veras preciso preguntar tan a menudo a las personas cuál es su sexo. En internet, solemos interaccionar con individuos cuyo género no conocemos. Ciertas personas dan gran importancia al control de la información que se hace pública sobre ellas; entonces, ¿por qué las obligamos, en tantas situaciones, a decir si son hombres o mujeres?

El deseo de esta clase de información, ¿es un residuo de una época en la que las mujeres se veían excluidas de un gran abanico de puestos y roles, y de este modo se les negaban los privilegios que conllevaban? Quizá eliminar las ocasiones en las que se formula la pregunta sin motivo alguno no solo volvería más fácil la vida de aquellos que no pueden ser encuadrados en categorías estrictas, sino que también ayudaría a reducir las desigualdades que afectan a las mujeres. Podría evitar asimismo injusticias que de vez en cuando padecen los hombres: por ejemplo, en la concesión de permisos parentales.

Imaginemos, además, que dondequiera que las relaciones homosexuales fueran legítimas, los obstáculos al matrimonio entre gais y lesbianas desaparecerían si el Estado no exigiera a los cónyuges que declarasen su sexo. En la adopción sería aplicable lo mismo. (De hecho, hay ciertas pruebas de que si, los padres son dos lesbianas, el niño tiene un mejor inicio de vida que en cualquier otra combinación.)

Algunos padres ya están oponiendo resistencia a la tradicional pregunta «niño o niña» al no revelar el sexo de su hijo tras el nacimiento. Una pareja de Suecia quería evitar que su hijo estuviera adscrito forzosamente a «un molde de género específico» diciendo que es cruel «traer a un niño al mundo con un sello azul o rosa estampado en la frente». Una pareja canadiense se preguntaba por qué «todo el mundo ha de saber qué hay entre las piernas de un bebé».

Jane McCreedie, autora de *Making Girls and Boys: Inside the Science of Sex,* critica a estas parejas por ir demasiado lejos. En el mundo actual no le falta razón, pues ocultar el sexo de un niño solo despertará más atención. No obstante, si esta conducta fuera más habitual –o de algún modo llegara a ser la norma–, ¿tendría algo de malo?

de Project Syndicate, 13 de abril de 2012

Dios y la mujer en Irán

Mi abuela fue una de las primeras mujeres en estudiar matemáticas y física en la Universidad de Viena. Cuando se graduó, en 1905, la universidad la nominó para su más alta distinción, un premio que incluía la entrega de un anillo con las iniciales del emperador grabadas. Pero como nunca se había seleccionado a una mujer para tal honor, el emperador Francisco José se negó a concedérselo.

Más de un siglo después, cabría pensar que ya hemos superado la idea de que las mujeres no son aptas para los máximos niveles académicos en cualquier área de estudio. Por eso es inquietante la noticia de que treinta universidades iraníes han prohibido a las mujeres el acceso a más de setenta disciplinas, desde la ingeniería, la física nuclear y la informática hasta la literatura inglesa, la arqueología o las ciencias empresariales. Según Shirin Ebadi, abogada iraní y activista en favor de los derechos humanos galardonada con el premio Nobel de la Paz, las restricciones forman parte de una política gubernamental concebida para limitar las oportunidades de las mujeres fuera de casa.

La prohibición es especialmente irónica, dado que, de acuerdo con la UNESCO, Irán tiene la proporción más alta del mundo de alumnas universitarias con respecto a alumnos masculinos. El año pasado, las mujeres constituyeron el 60 % de todos los estudiantes que aprobaron los exámenes, y encima sacaron buenas notas en materias típicamente dominadas por los varones, como la ingeniería.

Es muy posible que fuera el propio éxito de las alumnas –y el papel de las mujeres instruidas en la oposición a la teocracia de Irán– lo que impulsara al gobierno a invertir la tendencia. Ahora, las mujeres como Noushin, estudiante de Isfahán que explicó a la BBC que quería ser ingeniera mecánica, no pueden satisfacer sus aspiraciones pese a haber obtenido buenas calificaciones en los exámenes de admisión.

Algunos dicen que el ideal de la igualdad sexual representa un punto de vista cultural concreto, y que los occidentales no deberíamos imponer nuestros valores a otras culturas. Es verdad que los textos sagrados islámicos dejan sentada, en diversos aspectos, la superioridad de los hombres sobre las mujeres. Pero lo mismo cabría decir de los textos judíos y cristianos; y el derecho a la educación sin discriminaciones se garantiza en varios acuerdos y manifiestos internacionales, como la Declaración Universal de los Derechos Humanos, aceptada por casi todos los países, incluido Irán.

En Irán, la discriminación de las mujeres es parte de una tendencia oficial más general, sobre todo contra quienes no son musulmanes ni pertenecen a alguna de las tres religiones minoritarias –zoroastrismo, judaísmo y cristianismo– reconocidas en la Constitución iraní. Para matricularse en una universidad, por ejemplo, uno debe declararse seguidor de una de las cuatro religiones admitidas. No se acepta a los ateos, los agnósticos ni los miembros de la comunidad Bahai.

Imaginemos nuestra reacción si alguien intentara justificar la discriminación racial alegando que no es correcto imponer la cultura propia a los demás. Al fin y al cabo, durante muchos años formó parte de la «cultura» de algunas partes de Estados Unidos el hecho de que las personas de ascendencia africana se sentaran en la parte trasera del autobús y solo pudieran ir a sus propios hospitales, escuelas y universidades. También estuvo en la «cultura» del *apartheid* sudafricano la norma de que los negros vivieran separados de los blancos y tuvieran oportunidades educativas aparte, e inferiores. Para hablar con propiedad, esa era la «cultura» de los blancos que detentaban el poder entonces en esos lugares.

Lo mismo pasa en Irán. Todos los gobernantes son hombres y musulmanes. En 2009, el llamamiento del líder supremo, el ayatolá Alí Jamenei, a la «islamización» de las universidades provocó cambios en las carreras y la sustitución de parte del personal académico por elementos más conservadores. Hace dos meses, Jamenei dijo que los iraníes debían recuperar los valores tradicionales y tener más hijos (lo cual conllevaría consecuencias obvias para las mujeres, además de un gran impacto medioambiental).

Las sanciones internacionales a Irán actualmente en vigor pretenden impedir que el régimen fabrique armas nucleares, no convencerle de que ponga fin a la discriminación femenina o religiosa. No hay un boicot generalizado a las universidades iraníes, o a otros productos del país, como sí lo hubo en el caso del *apartheid* de Sudáfrica. Da la impresión de que seguimos tomándonos la discriminación sexual y religiosa menos en serio que la étnica y racial.

Quizá estemos más dispuestos a aceptar que las diferencias biológicas entre los hombres y las mujeres guardan relación con las respectivas funciones que desempeñan en la sociedad. Estas diferencias existen, y no son meramente físicas. Por tanto, no deberíamos sacar precipitadamente la conclusión de que, si la mayoría de los ingenieros son hombres, es a causa de la discriminación contra las mujeres. Quizá se debe a que hay más hombres que mujeres que quieren cursar ingeniería.

En cualquier caso, esto no tiene nada que ver con la cuestión de si a las mujeres que quieren ser ingenieras y reúnen los requisitos para estudiar ingeniería hay que negarles la posibilidad de lograr su objetivo. Al impedir de manera explícita a las mujeres matricularse en carreras sí permitidas a los hombres, Irán ha tomado una medida que es tan injustificable como la discriminación racial, y que deberíamos condenar con la misma contundencia.

de Project Syndicate, 11 de octubre de 2012

6
Hacer el bien

La solución del 1 %

En la actualidad, más de mil millones de personas se las arreglan a diario con un poder adquisitivo que no llega a un dólar americano. En el año 2000, los estadounidenses hicieron toda clase de donaciones particulares a ayuda exterior, que ascendieron aproximadamente a cuatro dólares por persona, más o menos 20 por familia. A través del gobierno, dieron otros 10 dólares por persona, o 50 por familia. En total, cada familia unos 70 dólares.

En comparación, tras la destrucción del World Trade Center, la Cruz Roja recibió tanto dinero que renunció a evaluar cuánta ayuda necesitaban los potenciales receptores. Esta línea trazada a través de Bajo Manhattan ofrecía a los que vivían por debajo de la misma el equivalente a tres meses de alquiler (o, si eran propietarios del piso, a tres meses de hipoteca y gastos de comunidad). Si los beneficiarios afirmaban haber sido afectados por la destrucción de las Torres, también recibían dinero para provisiones y servicios.

La mayoría de los residentes en la zona inferior a la línea no tuvieron que cambiar de residencia ni ser evacuados, pero igualmente contaron con ayudas para el alquiler o el préstamo. En los vestíbulos de edificios de apartamentos caros donde vivían analistas financieros, abogados y estrellas del rock, voluntarios de la Cruz Roja colocaron mesas plegables de carácter informativo. Cuanto más altos eran los alquileres de los residentes, más dinero se recaudaba. Las familias neoyorquinas, ricas o no, que el día 11 de septiembre de 2001 vivían en Bajo Manhattan percibieron un promedio de 5.300 dólares.

La diferencia entre 70 y 5.300 dólares acaso sea una indicación clara de la importancia relativa que los estadounidenses conceden a los intereses de sus conciudadanos con respecto a los de gente de otras partes. Pero esta diferencia se queda incluso corta, pues por lo general los receptores del dinero lo necesitaban menos que las personas más pobres del mundo.

En la Cumbre del Milenio de la ONU, los países se comprometieron a alcanzar una serie de metas, entre las que destacaba que, en 2015, el número de personas pobres se hubiera reducido a la mitad. Según el Banco Mundial, el coste de este objetivo supondría una cantidad adicional que oscilaría entre 40 y 60 mil millones de dólares anuales. A día de hoy, no se dispone del dinero.

Pese a ser calificados de «ambiciosos», los objetivos del Milenio son discretos, pues para reducir a la mitad el número de personas que viven en la pobreza lo único que hace falta –en el espacio de 15 años– es llegar a la mitad más acomodada de la gente más pobre del mundo y desplazarla ligeramente por encima de la línea de pobreza, lo cual, en teoría, podría dejar a los 500 millones de personas peor paradas en una pobreza tan desesperada como la que sufren ahora. Además, cada día de estos 15 años morirán miles de niños por causas relacionadas con la miseria.

¿Cuál debería ser la aportación individual para recaudar los 40-60 mil millones de dólares necesarios? En el mundo desarrollado hay unos 900 millones de personas, de las cuales 600 millones son adultas. Una donación de aproximadamente 100 dólares anuales por adulto durante los próximos 15 años permitiría alcanzar los objetivos del Milenio. Para alguien que gane 27.500 dólares al año, el salario medio en el mundo desarrollado, esto es menos del 0,4 % de sus ingresos, o menos del 1 % de cada dos dólares percibidos.

Desde luego, no a todos los residentes en los países ricos les sobra dinero una vez han satisfecho sus necesidades básicas, pero en los países pobres viven cientos de millones de personas ricas que también pueden contribuir. Por tanto, podríamos proponer a todos aquellos que aún tengan dinero después de cubrir las necesidades básicas de la familia la aportación de un mínimo del 0,4 por ciento de sus ingresos a organizaciones dedicadas a ayudar a la gente más pobre del mundo, lo cual seguramente bastaría para cumplir los objetivos del Milenio.

Una cifra simbólica más útil que el 0,4 % sería el 1 %, la cual, añadida a los niveles existentes de ayuda gubernamental (que en todos los países del mundo, excepto Dinamarca, están por debajo del 1 % del PIB y en Estados Unidos es solo del 0,1 %), podría acercarse más a lo que haría falta para eliminar, no reducir a la mitad, la pobreza global.

Se suele considerar que las obras benéficas son algo «opcional desde una perspectiva moral»: contribuir a ellas es bueno, pero no hacerlo no es malo. Si uno no mata, mutila, roba, engaña, etc., puede ser un ciudadano moralmente virtuoso aunque derroche el dinero y no dé nada a las entidades humanitarias. No obstante, quienes tienen lo suficiente para gastar en lujos pero no dedican siquiera una fracción mínima de sus ingresos a los pobres tendrán cierta responsabilidad por las muertes que habrían podido evitar. Podríamos pensar que quienes no aportan ese porcentaje mínimo del 1 % están haciendo algo malo desde una perspectiva moral.

Todo aquel que piense en sus obligaciones éticas llegará acertadamente a la conclusión de que –como, con independencia de lo que hagamos, no todo el mundo dará siquiera el 1 %– debe hacer más. En el pasado, he defendido la aportación de sumas mayores. Pero si lo que queremos es cambiar nuestros estándares con vistas a tener realmente éxito, deberemos pensar en qué podría esperarse que hiciera todo el mundo, y podría decirse que para resolver la pobreza global sería muy aconsejable fijar una donación del 1 % de los ingresos anuales. Este 1 % podría considerarse el mínimo indispensable que una persona *debe* aportar para llevar una vida decente desde el punto de vista moral.

Donar esta cantidad no exige ninguna heroicidad moral. No donarla revela indiferencia ante la perpetuación de la pobreza extrema y de las muertes evitables ligadas a ella.

de Project Syndicate, 21 de junio de 2002

Posdata: ¡Buenas noticias! El número de personas que se hallan en la extrema pobreza (que, según el Banco Mundial, ahora significa vivir con menos de 1,90 dólares diarios) ha disminuido constantemente desde que se publicó esta columna: a finales de 2015 había descendido hasta los 702 millones. Es la primera vez que padece pobreza extrema menos del 10 % de la población mundial.

Que las organizaciones benéficas rindan cuentas

Supongamos que te preocupan los niños africanos que mueren a causa de enfermedades evitables, y quieres donar dinero a una entidad benéfica que trabaja para reducir el número de víctimas. Pero son muchas las organizaciones que se dedican a eso. ¿Cómo elegir?

Lo primero que mucha gente pregunta sobre este tipo de organizaciones es: «¿Qué porcentaje de mi dinero se gasta en gestión?». En Estados Unidos, es fácil conocer esta cifra en Charity Navigator, página web con cinco millones de usuarios. No obstante, la información se obtiene de formularios que las propias entidades cumplimentan y envían a las autoridades tributarias. Como nadie verifica esos formularios, con un poco de contabilidad creativa es fácil manipular las proporciones asignadas a gastos de gestión y del programa.

Y lo que es peor, esta cifra, por exacta que sea, no nos dice nada sobre los efectos del donativo. La presión para mantener bajos los gastos administrativos puede volver menos efectiva a la organización. Por ejemplo, si un organismo dedicado a reducir la pobreza en África recorta en personal con conocimientos especializados, es más probable que acabe financiando proyectos destinados al fracaso. Quizá ni siquiera llegue a saber cuál de ellos se frustra, pues para evaluarlos y aprender de los errores hace falta personal (lo cual incrementa los costes administrativos).

En 2006, Holden Karnofsky y Elie Hassenfeld se plantearon la cuestión de qué organización benéfica hacía mejor uso del dinero. Eran veinteañeros, tenían unos ingresos de seis dígitos en una sociedad de inversión –más de lo que necesitaban– y se planteaban donar dinero para contribuir a que el mundo fuera un lugar mejor donde vivir. Como asesores de inversión, jamás habrían recomendado invertir en una empresa sin tener información detallada sobre cómo alcanzaba sus objetivos; por tanto, también querían tomar decisiones fundadas sobre las entidades benéficas más idóneas para recibir aportaciones.

Así pues, Karnofsky y Hassenfeld se reunieron con seis amigos que también trabajaban en el ámbito de las finanzas y se repartieron el terreno para averiguar qué entidades benéficas demostraban ser más efectivas. Se pusieron en contacto con multitud de organizaciones y recibieron un montón de material mercadotécnico interesante, pero nada que respondiera a preguntas básicas, como qué hacían las organizaciones benéficas con el dinero y qué pruebas tenían de que sus actividades surtían efecto. Llamaron a muchas, pero al final se dieron cuenta de algo que parecía inaudito: la información simplemente no existía.

Algunas fundaciones decían que esa información sobre la eficiencia de su labor era confidencial. Este no es un buen método para acometer la actividad humanitaria, pensaron Karnofsky y Hassenfeld. ¿Por qué va a ser secreta la información acerca de cómo se ayuda a la gente? El hecho de que estas preguntas cogieran desprevenidas a las entidades indicó a Karnofsky y Hassenfeld que muchos donantes e instituciones contribuyen más o menos a ciegas, sin la información necesaria para tomar decisiones razonadas sobre a qué organización hay que apoyar.

Karnofsky y Hassenfeld tenían ahora un objetivo nuevo: conseguir y hacer pública la información. A tal fin, crearon una organización llamada GiveWell para que a otros donantes no les costara tanto obtenerla como les había costado a ellos.

No obstante, enseguida se hizo evidente que la tarea requería algo más que atención a tiempo parcial, y el año siguiente, tras reunir 300.000 dólares entre sus colegas, Karnofsky y Hassenfeld dejaron su empleo y se pusieron a trabajar a tiempo completo para GiveWell y su organismo asociado de concesión de subvenciones, The Clear Fund. Invitaron a las organizaciones benéficas a solicitar subvenciones de 25.000 dólares en cinco amplias categorías humanitarias, de tal modo que en el proceso de solicitud se exigía el tipo de información que habían estado buscando. De esta forma, una parte considerable del dinero recaudado iría a la entidad más efectiva de cada categoría, al tiempo que se estimularían la transparencia y la evaluación minuciosa.

El primer informe sobre cuáles son las organizaciones más eficientes a la hora de salvar o transformar vidas en África ya está disponible en la página web de GiveWell. El primer puesto es para Population Services International, que promueve y vende artículos como preservativos para prevenir la infección por VIH, así como mosquiteras para evitar la malaria. Le sigue Partners in Health, organización que proporciona asistencia sanitaria a poblaciones rurales pobres. La tercera de la lista es Interplast, centrada exclusivamente en la corrección de deformidades como el paladar hendido.

Evaluar entidades benéficas puede ser más difícil que tomar decisiones de inversión. Los inversores quieren rentabilidad económica, por lo que medir valores distintos no supone problema alguno –al final todo se reduce a dinero–. Comparar la disminución del sufrimiento corrigiendo una deformidad facial con la salvación de una vida cuesta más. No hay solo una unidad de medida.

Por otro lado, evaluar a las organizaciones caritativas también requiere su tiempo y puede ser caro. Quizá por este motivo, muchas organizaciones, incluidas algunas de las más conocidas que trabajan en África contra la pobreza, no facilitaron la información solicitada por GiveWell. Seguramente calcularían que si se trataba solo de la posibilidad de conseguir una subvención de 25.000 dólares, no merecía la pena. No obstante, si los donantes empiezan a seguir los consejos de GiveWell, una buena clasificación en su página web acaso acabe teniendo más valor que la cuantía de la subvención.

Es por eso por lo que GiveWell tiene unas posibilidades tremendas. En Estados Unidos, las organizaciones benéficas reciben unos 200 mil millones de dólares al año de personas individuales. Nadie sabe hasta qué punto esta cantidad permite alcanzar los objetivos respaldados por los donantes. Al dar a las entidades un aliciente para llegar a ser más transparentes y ser más manifiestamente efectivas, GiveWell podría conseguir que nuestros donativos hagan mucho más bien que nunca antes.

de Project Syndicate, 14 de febrero de 2008

Posdata: En los años transcurridos desde que se escribió esta columna, GiveWell ha prosperado; ahora cuenta con más personal para poder investigar más. En 2015, GiveWell siguió la pista de aproximadamente 100 millones de dólares que habían llegado a las organizaciones recomendadas como consecuencia de sus indagaciones. Se puede consultar la lista actual de las entidades mejor clasificadas en www.givewell.org.

Benevolencia flagrante

Jesucristo decía que hemos de dar limosna en privado, no cuando los demás miran. Esto encaja con la idea lógica de que si las personas solo hacen el bien en público, quizá es que están motivadas por el deseo de ganarse fama de generosas. Tal vez si no hubiera nadie mirando, la generosidad brilla por su ausencia.

Esta idea acaso nos impulse a rechazar el tipo de grafitis filantrópicos gracias a los cuales los nombres de los donantes se exhiben de forma destacada en salas de conciertos, museos o edificios universitarios. Con frecuencia, los nombres están pegados no solo en el edificio como tal sino también en todas las secciones del mismo al alcance de arquitectos y recaudadores de fondos.

Según los psicólogos evolutivos, estas muestras de benevolencia flagrante constituyen el equivalente humano de la cola del pavo real. Del mismo modo que el pavo real pone de manifiesto su fuerza y su aptitud física desplegando su enorme cola –desde un punto de vista práctico, un absoluto derroche de recursos–, los actos públicos de benevolencia indican a parejas potenciales que uno posee suficientes recursos para regalar todo eso que se ve.

Desde una perspectiva ética, sin embargo, ¿tanto hemos de preocuparnos de la pureza del motivo con el que se ha hecho el regalo? Lo importante es que se ha dado algo para una buena causa, por supuesto. Podríamos muy bien mirar con recelo una suntuosa sala de conciertos, pero no porque el nombre del donante esté esculpido en la fachada de mármol. Lo que deberíamos preguntarnos más bien es si en un mundo en el que mueren a diario 25.000 niños pobres lo que necesitamos es precisamente otra sala de conciertos.

Un considerable conjunto de investigaciones psicológicas contradicen el consejo de Jesucristo. Uno de los principales factores que impulsa a las personas a hacer donaciones benéficas es su opinión sobre lo que están haciendo otros. Quienes hacen saber que donan a una organización humanitaria incrementan las posibilidades de que otros hagan lo mismo. Quizás a la larga lleguemos a un punto en el que dar una cantidad significativa para ayudar a los más pobres sea algo tan generalizado que hayamos acabado con la mayor parte de estas innecesarias 25.000 muertes diarias.

Esto es lo que Chris y Anne Ellinger esperan lograr con su página web www.boldergiving.org. En la página se cuenta la historia de más de 50 miembros de la Liga del 50 por Ciento, personas que han regalado o bien el 50 por ciento de sus bienes, o bien el 50 por ciento de sus ingresos de los tres últimos años. Los miembros de la liga quieren cambiar las expectativas sobre cuál es la cantidad «normal» o «razonable» que se puede dar.

Constituyen un grupo de personas diverso. Tom White dirigía una importante constructora y empezó a dar millones a la campaña de Paul Farmer, que tenía como finalidad llevar servicios sanitarios a las zonas rurales pobres de Haití. Tom Hsieh y su esposa, Bree, se comprometieron a vivir con una cantidad inferior a los ingresos nacionales medios, actualmente 46.000 dólares al año. Como Hsieh, de 36 años, ganaba más, daban más, sobre todo a organizaciones de ayuda a los pobres de países en desarrollo. Hal Tausig y su mujer han regalado unos tres millones de dólares, lo que equivale al 90 % de sus recursos, y ahora viven felices de su pensión.

La mayoría de los donantes consideran que dar es gratificante desde el punto de vista personal. Hsieh no sabe si ha salvado o no otras vidas, pero sí que ha salvado la suya: «Podía haber vivido fácilmente una vida aburrida e intrascendente. Ahora tengo la suerte de poder pensar que mi existencia tiene sentido y ha sido de provecho». Cuando la gente elogia a Hal Taussig por su generosidad, él dice: «Sinceramente, es mi manera de disfrutar de la vida».

La Liga del 50 por Ciento coloca el listón alto, quizá demasiado alto para la mayoría. James Hong puso en marcha www.hotornot.com, una página web que permite evaluar lo «sexis» que son las otras personas. Se hizo rico. Ha prometido donar el 10 % de todo lo que gane por encima de 100.000 dólares. La página web de

Hong, www.10over100.org, invita a los demás a hacer lo mismo. Hasta ahora han seguido su ejemplo más de 3.500 personas.

Hong pone el listón bajo. Si ganas menos de 100.000 dólares, no tienes por qué donar nada; y si ganas, pongamos, 110.000, estarás obligado a dar solo 1.000 –menos del uno por ciento de los ingresos–. Esto no tiene nada de generoso. Muchos de los que ganan menos de 100.000 dólares pueden también permitirse dar algo. Aun así, la fórmula de Hong es simple, y empieza a hacerse sentir cuando el sueldo es de veras elevado. Si cobras un millón de dólares al año, has prometido dar 90.000, o 9 % de lo ganado, lo cual es más de lo donado por la mayoría de las personas ricas.

Hemos de superar nuestras reticencias a hablar abiertamente del bien que hacemos. Dar en silencio no cambiará una cultura que considera razonable gastar todo el dinero en uno mismo y su familia en vez de ayudar a quienes más necesidad tienen –aunque ayudar a los demás probablemente te dé más satisfacción a largo plazo–.

de Project Syndicate, 13 de junio de 2008

Posdata: Bolder Giving todavía funciona bien, y su compromiso del 50 % animó a Bill y Melinda Gates a emprender la campaña Giving Pledge (www.givingpledge.org), en la que se pide a las personas más acaudaladas del mundo que se comprometan a dar la mitad de su riqueza a entidades benéficas antes de morir. (Mi libro *Salvar una vida: cómo terminar con la pobreza* también influyó en las ideas de Gates.) Desde enero de 2016, más de 130 milmillonarios han prometido regalar más de 170 mil millones de dólares. 10over100.org está obsoleta, pero Giving What We Can (www.givingwhatwecan.org) exhorta a la gente a asumir un compromiso similar, mientras que The Life You Can Save, basada en mi libro *Salvar una vida: cómo terminar con la pobreza*, utiliza una escala progresiva: comienza con un porcentaje menor pero acaba con uno mayor, dependiendo de las ganancias (www.thelifeyoucansave.org).

Caridad buena, caridad mala

Estás pensando en donar para una causa noble. Bien. Pero ¿a cuál?

Si preguntas a consejeros filantrópicos profesionales, lo más probable es que no tengan mucho que decir sobre esta cuestión vital. Te orientarán entre una serie de opciones, desde luego. No obstante, la opinión predominante en su ámbito es que no debemos, o tal vez no podemos, hacer evaluaciones objetivas acerca de cuáles son las mejores alternativas.

Veamos el caso de los Consejeros Filantrópicos de Rockefeller, una de las organizaciones de servicios altruistas más importantes del mundo. De su página web se puede descargar un folleto con un gráfico que muestra áreas en las que un filántropo puede hacer donaciones: salud y protección; educación; artes, cultura y patrimonio; derechos humanos y civiles; seguridad económica; y medio ambiente. «¿Cuál es el problema más urgente?», pregunta entonces la página; y responde: «A todas luces, esta pregunta no tiene una respuesta objetiva».

¿Es verdad eso? Creo que no. Por ejemplo, comparemos dos de las categorías de los Consejeros Filantrópicos de Rockefeller, «salud y protección» y «artes, cultura y patrimonio». Me parece muy claro que hay razones objetivas para pensar que haremos más bien en una de las esferas que en la otra.

Supongamos que nuestro museo municipal de arte está buscando fondos para construir un ala nueva con objeto de exhibir mejor su colección. El museo te pide una donación para ese fin. Pongamos que puedes permitirte dar 100.000 dólares. Al mismo tiempo, te piden que dones a una organización dedicada a reducir la incidencia del tracoma, una enfermedad de los ojos provocada por un microorganismo infeccioso que afecta a niños de países en vías de desarrollo. El tracoma hace que las personas pierdan poco a poco la visión, causando ceguera entre los 30 y los 40 años de edad generalmente. Es evitable. Tras investigar un poco, averiguas que cada 100 dólares que ofrezcas impedirán que una persona experimente quince años de deterioro progresivo de la visión, seguidos de otros quince de ceguera. Así, con 100.000 dólares es posible evitar que 1.000 personas pierdan la vista.

Ante esta opción, ¿dónde serían más beneficiosos los 100.000 dólares? ¿Qué desembolso tiene más probabilidades de mejorar la vida de sus receptores?

Por un lado tenemos a 1.000 personas a las que les ahorramos quince años de visión deteriorada seguidos de quince años de ceguera, con todos los problemas que esto provoca en los casos de gente pobre sin seguridad social. ¿Qué tenemos en el otro lado?

Supongamos que la nueva sección del museo cuesta 50 millones, y que al cabo de cincuenta años de su utilidad prevista, la han visitado un millón de personas al año, lo que hace un total de cincuenta millones de visitas. Como aportas 1/500 del coste, puedes atribuirte el mérito del placer estético experimentado por 100.000 visitantes. ¿Cómo contraponemos esto con la ceguera que le evitamos a 1.000 personas durante quince años?

Para responder, hagamos un experimento mental. Supongamos que puedes elegir entre visitar el museo de arte, con el ala nueva incluida, o ir al museo sin conocer dicha sección añadida. Como es lógico, preferirías verlo con el espacio nuevo. Sin embargo, imagina ahora que un espíritu maligno anuncia que de cada 100 personas que visiten la nueva ala escogerá una al azar y la condenará a quince años de ceguera. ¿Aún tienes ganas de ver el ala recién construida? Habría que tener narices. Aunque ese espíritu maligno dejara ciega solo a una persona de cada 1.000, tal como yo lo veo –y me parece que no solo yo–, seguiría sin valer la pena correr el riesgo de ver la nueva sección.

Si coincides conmigo, dirás que, en efecto, el daño de volver ciega a una persona supera en mucho a los beneficios derivados de la visita de 1.000 personas a la nueva ala del museo. Por tanto, una donación que evitara la ceguera de una persona tendría más valor que una que permitiese a 1.000 personas ver el nuevo pabellón. En todo caso, tu donación a la organización dedicada a luchar contra el tracoma salvará no a una sino a diez personas de volverse ciegas por cada 1.000 que pudieran disfrutar de la experiencia museística. De ahí que un donativo para combatir el tracoma tenga un valor al menos diez veces superior al del dinero entregado al museo.

Este método de comparación de beneficios es utilizado por los economistas para estimar cuánto valora la gente ciertas situaciones. Es susceptible de recibir críticas, pues muchas personas parecen tener actitudes irracionales con respecto a riesgos pequeños vinculados a cosas muy malas que pueden pasar. (Por eso necesitamos leyes que obliguen a la gente a ponerse el cinturón de seguridad.) Aun así, en muchos casos, incluyendo el que estamos analizando ahora, la respuesta no está del todo clara.

Como es lógico, este es solo un ejemplo de cómo hemos de elegir entre áreas de filantropía. Ciertas decisiones son relativamente fáciles, mientras que otras cuestan bastante. En general, en lo concerniente al bienestar humano conseguiremos más si ayudamos a las personas de los países en desarrollo que se hallan en la extrema pobreza, pues allí nuestro dinero llega más lejos. No obstante, la opción entre, pongamos, ayudar directamente a los pobres globales o ayudarlos, a ellos y a las generaciones futuras, reduciendo las emisiones de gases de efecto invernadero es más difícil. Por lo mismo, también lo es la disyuntiva entre ayudar a los seres humanos o reducir la enorme cantidad de sufrimiento que provocamos en los animales no humanos.

En todo caso, ciertas novedades están volviendo más fáciles estas decisiones. Hasta hace poco, no era posible siquiera saber qué organizaciones caritativas eran las más efectivas en sus ámbitos respectivos. Hace seis años se puso en marcha una valoración seria de las entidades dedicadas a ayudar a la gente en situación de extrema pobreza con la creación de GiveWell, evaluador de organizaciones sin ánimo de lucro.

En la actualidad, podemos tener casi la completa seguridad de que una donación a, por ejemplo, la Against Malaria Foundation [Fundación Contra la Malaria] salvará vidas y reducirá la incidencia de la malaria, y que dar dinero a la Iniciativa por el Control de la Esquistosomiasis disminuirá, con un coste bajo, la incidencia de ciertas enfermedades tropicales desatendidas, en especial las debidas a parásitos. Más experimental es GiveDirectly, que transferirá a una familia africana de bajísimos ingresos 90 centavos de cada dólar donado. Según algunos estudios iniciales, estas donaciones conllevan beneficios a largo plazo para los destinatarios.

El «altruismo efectivo», como se conoce este enfoque de la caridad basado en datos, es un movimiento internacional emergente. No satisfechos con hacer simplemente del planeta un sitio mejor, sus partidarios quieren valerse de sus capacidades y recursos para ejercer en el mundo la máxima influencia positiva posible. El análisis de cuáles son los ámbitos en los que tu tiempo y tu dinero provocarían el máximo impacto positivo está todavía en pañales, pero a medida que contemos con más altruistas dedicados a estudiar los problemas, empezaremos a ver avances reales.

de *The New York Times*, 10 de agosto de 2013

Las causas conmovedoras son bonitas, pero donemos a las organizaciones benéficas con la cabeza

Hay que ser un verdadero aguafiestas para no sentir buenas sensaciones respecto a Batkid. Si la imagen de 20.000 personas reunidas el mes pasado para ayudar a la Fundación Make-A-Wish [Pide un Deseo] y a la ciudad de San Francisco para realizar las fantasías de superhéroes de un niño de cinco años –y no cualquier niño de cinco años, sino uno que haya luchado contra una enfermedad mortal– no te alegra el corazón, es que eres insensible a las emociones humanas básicas.

De todos modos, podemos preguntarnos si estas emociones son la mejor guía acerca de lo que debemos hacer. Según Make-A-Wish, el coste promedio de hacer realidad el deseo de un niño con una enfermedad mortal es 7.500 dólares. Si se donara esta cantidad a la Fundación Contra la Malaria y se utilizara para facilitar mosquiteras a familias de regiones donde la malaria es endémica, se podría salvar la vida de al menos dos o tres niños (en una estimación conservadora). Si el dinero fuera a la Fistula Foundation, podría pagar la operación quirúrgica de aproximadamente 17 madres jóvenes que, sin esta ayuda, serían incapaces de impedir que sus desechos corporales se les filtren a través de la vagina, por lo que serían marginadas el resto de su vida debido a la fístula obstétrica. Si donamos a la Seva Foundation para tratar el tracoma y otras causas habituales de ceguera en países en desarrollo, podemos impedir que cien niños pierdan la visión al hacerse mayores.

Es evidente, sin duda, que salvar una vida es mejor que satisfacer el deseo de un niño de ser Batkid. Si los padres de Miles hubieran podido escoger entre que su hijo pudiera ser Batkid por un día o tomar un remedio para la leucemia, habrían escogido lo segundo, desde luego.

Entonces, ¿cómo es que tantas personas dan a Make-A-Wish habiendo maneras más efectivas de usar sus dólares solidarios? La respuesta radica, al menos en parte, en las emociones antes mencionadas, que, como demuestran diversas investigaciones psicológicas, convierten la apurada situación de un individuo identificable en algo mucho más visible que los problemas de mucha gente que no somos capaces de reconocer.

En un estudio, a las personas que habían ganado dinero por haber participado en un experimento se les ofrecía la oportunidad de donar parte del mismo a Save the Children, organización de ayuda a los niños pobres. A las de un grupo se les decía, por ejemplo: «La escasez de comida en Malawi está afectando a más de tres millones de niños». A las de un segundo grupo se les enseñaba la fotografía de una niña africana de siete años, se les informaba de que su nombre era Rokia y se les explicaba con insistencia que «su vida mejorará gracias a tu donación económica». El segundo grupo daba bastante más. Según parece, ver la foto de Rokia suscitaba un deseo emocional de ayudar, si bien no ocurría lo mismo tras conocer el estado angustioso de millones de personas.

De modo similar, los niños desconocidos y anónimos que resultarán afectados por la malaria si no disponen de mosquiteras no despiertan las mismas emociones que el niño con leucemia que sale en la televisión. Es un defecto de nuestra naturaleza emocional, que desarrollamos a lo largo de millones de años, cuando podíamos ayudar solo a las personas que teníamos delante. Pero eso no justifica que pasemos por alto las necesidades de desconocidos que se encuentran lejos.

Ciertas personas se oponen alegando que es más difícil seguir la pista del dinero que se manda lejos. Este mes, el día que estuve invitado al programa *On Point* de la NPR, mucha gente llamó para manifestar su preocupación sobre el asunto. Edna, una persona generosa a todas luces, nos explicó que colaboraba como voluntaria un día a la semana en un hospital y hacía donativos a varias entidades benéficas de la zona. Al preguntarle qué opinaba sobre mi razonamiento de que las donaciones cunden más cuando van dirigidas a personas pobres de países en desarrollo, dijo que ella lo haría «si creyera de veras que recibían ese dinero quienes lo necesitaban, pero como nadie ha llegado a convencerme de eso, doy donde puedo ver los resultados». Por suerte, le siguió Meg, médica de familia que habló de sus experiencias en Haití, donde había trabajado con niños que vivían con menos de dos dólares diarios. Meg señaló que la mayoría de esos niños no habían visto jamás a un médico, salvo en los programas de vacunación oficial, y que 1.200 dólares bastaban para proporcionarles visitas regulares a cargo de personal sanitario haitiano a lo largo de un año.

No tenemos por qué creer sin más a las organizaciones benéficas cuando nos dicen que nuestro dinero beneficia a gente de otros países. Gracias a la tecnología no solo es más fácil dar, sino también dar de forma efectiva. Páginas web como GiveWell o incluso la mía, The Life You Can Save, ofrecen evaluaciones independientes y pueden encauzar a la gente hacia organizaciones que no entregan el dinero a gobiernos corruptos, sino que procuran hacerlo llegar a quienes lo necesitan.

Algunos estadounidenses quizá crean que ya hacen bastante con sus impuestos para ayudar a la gente pobre de fuera. Según revelan sistemáticamente las encuestas, los estadounidenses piensan que se gasta demasiado en ayuda exterior –aunque, cuando se les pregunta cuánto habría que gastar, dicen una cifra muy superior a la real–. En el «Sondeo de 2013 Sobre el papel de Estados Unidos en la salud global» de la Fundación de la Familia Kaiser, la respuesta promedio a la pregunta «¿Qué porcentaje del presupuesto federal se gasta en ayuda exterior?» era el «28 %». Este resultado concuerda en líneas generales con una encuesta de 1997 llevada a cabo por Kaiser conjuntamente con la Universidad de Harvard y el *Washington Post*, en la cual la respuesta promedio era el «20 %». Sin embargo, la cifra correcta, entonces y ahora, es aproximadamente el «1 %».

Por lo común, los estadounidenses creen que su país es especialmente generoso, pero cuando se trata de ayuda exterior oficial, Estados Unidos da un porcentaje de su nivel de renta muy inferior al de otros países ricos. Según datos de 2012 de la Organización para la Cooperación y el Desarrollo Económico, Suiza y Luxemburgo daban cinco veces más, mientras Dinamarca daba el cuádruplo y Bélgica e Irlanda más del doble. Las donaciones caritativas de individuos y fundaciones no compensan ni mucho menos este déficit.

Quizá si los estadounidenses supiéramos lo tacaños que somos a la hora de ayudar a los más pobres del mundo, y fuéramos conscientes de las oportunidades para hacer el bien, haríamos más. En una prueba desde luego muy poco científica de esta idea, mi organización Life You Can Save ofreció dinero en metálico a varios sorprendidos desconocidos en diversas esquinas desde Wall Street a Santa Monica y luego les dijo que tenían una opción: quedárselo o donarlo a la Fundación Contra la Malaria. Casi todos lo donaron, y algunos hasta añadieron dinero propio al que se les acababa de dar. En total, dimos 2.500 dólares, y la Fundación Contra la Malaria recibió 2.421.

Las personas a quienes se regala dinero están más dispuestas a regalarlo que las que no reciben esa donación imprevista. En cualquier caso, el «experimento del regalo» pone de manifiesto no solo que muchos estadounidenses querrían ayudar a resolver la pobreza global, sino también que hacerlo los satisface de veras. Lo único que necesitan es saber que son capaces de llevarlo a cabo de manera efectiva.

de *The Washington Post*, 19 de diciembre de 2013

El coste ético del arte muy cotizado

El mes pasado, en Nueva York, Christie's vendió arte contemporáneo y de posguerra por valor de 745 millones de dólares, la cantidad máxima jamás alcanzada en una sola subasta. Entre las cotizadas obras vendidas, había cuadros de Barnett Newman, Francis Bacon, Mark Rothko y Andy Warhol, adquirido cada uno por más de 60 millones. Según el *New York Times*, los coleccionistas asiáticos tuvieron mucho que ver con que se llegara a unos precios tan elevados.

Sin duda, para algunos esas compras son una inversión, como pasa con las acciones, la propiedad inmobiliaria o los lingotes de oro. En este caso, el precio pagado será excesivo o moderado en función de cuánto esté dispuesto a pagar el mercado en un futuro.

Pero, si el motivo no es el beneficio, ¿por qué iba nadie a pagar decenas de millones de dólares por obras así? No son bonitas, no revelan una gran habilidad artística. Ni siquiera son inusuales entre las obras de los artistas. Si haces una búsqueda de imágenes de «Barnett Newman», verás muchas pinturas con barras verticales de colores, por lo general divididas por una línea delgada. Da la impresión de que, en cuanto tenía una idea, Newman decidía plasmar todas las variantes. El mes pasado, alguien compró una de estas obras por 84 millones de dólares. Una pequeña imagen de Marilyn Monroe de Andy Warhol –y de estas también hay muchas– fue adquirida por 41 millones.

Hace diez años, el Museo Metropolitano de Arte de Nueva York pagó 45 millones de dólares por una *Virgen con el niño*, pequeño cuadro de Duccio. Posteriormente, en *Salvar una vida: cómo terminar con la pobreza*, escribí que los donantes que habían financiado la compra habrían podido hacer mejores cosas con su dinero. No he cambiado de opinión al respecto, pero la Virgen del Met está maravillosamente ejecutada y tiene setecientos años de antigüedad. Duccio es una figura destacada que trabajó durante una época de transición clave para la historia del arte occidental, y se han conservado pocos de sus cuadros. Nada de esto es aplicable a Newman ni Warhol.

En todo caso, quizá la importancia del arte de posguerra reside en su capacidad para poner nuestras ideas en entredicho. Esta opinión fue expresada firmemente por Jeff Koons, uno de los artistas con obras a la venta en Christie's. En una entrevista de 1987 con un grupo de críticos de arte, Koons se refería a lo vendido el mes anterior calificándolo de «obra de Jim Beam». Koons había mostrado esa creación –un tren de juguete gigante de acero inoxidable lleno de bourbon– en una exposición titulada «Lujo y Degradación», que, según el *New York Times*, analizaba «la frivolidad, el exceso y los peligros del lujo en los pujantes años ochenta».

En la entrevista, Koons dijo que la obra de Jim Beam «se valía de las metáforas del lujo para definir la estructura de clases». En un momento dado, la crítica Helena Kontova le preguntó por la relación entre aquella «intención sociopolítica» y la política del entonces presidente Ronald Reagan. Y Konn respondió: «Con el reaganismo, la movilidad social está desmoronándose, y en vez de una estructura compuesta de rentas bajas, medias y altas, otra vez tenemos solo las altas y las bajas... Mi obra se opone a esta tendencia».

¡El arte como crítica del lujo y los excesos! ¡El arte como oposición a la brecha creciente entre ricos y pobres! Suena noble y valiente. Sin embargo, el punto más fuerte del mercado del arte es su capacidad para incorporar cualquier demanda radical planteada por una obra y convertirla en otro bien de consumo para los muy ricos. Cuando Christie's sacó a subasta la creación de Koons, el tren de juguete lleno de bourbon se vendió por 33 millones de dólares.

Si los artistas, los críticos de arte y los coleccionistas de obras de arte tuvieran algún interés en reducir la brecha cada vez mayor entre los ricos y los pobres, centrarían sus esfuerzos en países en desarrollo, donde gastar unos miles de dólares en obras de artistas autóctonos influiría de veras en el bienestar de aldeas enteras.

Nada de lo que he dicho hasta aquí niega la importancia de la creación artística. Dibujar, pintar y esculpir, al igual que cantar o tocar un instrumento musical, son importantes formas de expresión personal, sin las cuales nuestra vida sería más desgraciada. En todas las culturas, y en toda clase de situaciones, los individuos producen arte, incluso cuando no pueden satisfacer sus necesidades físicas básicas.

Pero no necesitamos a coleccionistas que paguen millones para animar a la gente a hacer eso. De hecho, no costaría mucho demostrar que estos precios astronómicos tienen el efecto de corromper la expresión artística.

En cuanto a por qué los compradores pagan estas cantidades extravagantes, supongo que, en su opinión, poseer obras originales de artistas famosos realzará su posición social. En tal caso, esto quizá nos brinde un medio para provocar cambios: una redefinición del estatus conforme a criterios con más fundamentos éticos.

En un mundo más ético, gastar decenas de millones de dólares en obras de arte reduciría el estatus en vez de potenciarlo. Este comportamiento propiciaría la siguiente pregunta: «En un mundo en el que mueren cada día más de seis millones de niños porque carecen de agua potable o de mosquiteras, o porque no han sido vacunados contra el sarampión, ¿no podéis hacer algo mejor con vuestro dinero?».

de Project Syndicate, 4 de junio de 2014

Impedir la extinción humana

(con Nick Beckstead y Matt Wage)

Muchos científicos creen que la extinción de los dinosaurios se debió al impacto de un gran asteroide. ¿Se enfrentarán los seres humanos al mismo destino?

Es una posibilidad. La NASA ha seguido la pista de casi todos los asteroides cercanos grandes y muchos de los más pequeños. Si se viera que un asteroide grande sigue una trayectoria de colisión con la Tierra, tendríamos tiempo de desviarlo. La NASA ha analizado múltiples opciones para evitar el choque de un asteroide en este tipo de escenario, incluyendo un impacto nuclear para alejarlo de su recorrido; al parecer, algunas de estas estrategias seguramente surtirían efecto. No obstante, la búsqueda aún no ha terminado. Hace poco, la nueva Fundación B612 ha puesto en marcha un proyecto para localizar los asteroides residuales a fin de «proteger el futuro de la civilización en este planeta». Encontrar uno de estos cuerpos rocosos sería clave para evitar una catástrofe global.

Por suerte, las probabilidades de que, en este siglo, un asteroide impacte en la Tierra y cause alguna extinción son escasas, del orden de una entre un millón. Pero, por desgracia, los asteroides no son las únicas amenazas para la supervivencia de la humanidad. Otros riesgos potenciales derivan de ciertas enfermedades biodiseñadas, la guerra nuclear, el cambio climático y algunas tecnologías futuras poco seguras.

Dado que existe cierto riesgo de que la humanidad se extinga en los dos próximos siglos, la siguiente pregunta es si cabe hacer algo al respecto. Primero explicaremos lo que podemos hacer y luego formularemos la pregunta ética más trascendente: ¿hasta qué punto sería mala la extinción humana?

En primer lugar, aunque los riesgos de la extinción humana resulten ser «pequeños», no deberíamos caer en la complacencia. Ninguna persona sensata diría algo como «Bueno, el riesgo de un accidente nuclear en este reactor es solo de uno entre mil, así que no vamos a preocuparnos». Si hay algún riesgo de desenlace verdaderamente catastrófico y podemos reducirlo o eliminarlo a un coste aceptable, hemos de hacerlo. En líneas generales, podemos evaluar la gravedad de un riesgo concreto multiplicando la probabilidad del resultado negativo por el nivel de gravedad de dicho resultado. Como la extinción humana sería, como explicaremos en breve, algo sumamente negativo, convendría reducir su riesgo aunque fuera en una proporción mínima.

La humanidad ya ha hecho algunas cosas que disminuyen el riesgo de extinción prematura. Hemos superado la Guerra Fría y disminuido nuestras reservas de armas nucleares. Hemos seguido la trayectoria de los grandes asteroides próximos a la Tierra. Hemos construido búnkeres subterráneos para la «continuidad del gobierno», lo que ayudaría a los seres humanos a sobrevivir a ciertas catástrofes. Hemos instaurado programas de vigilancia de enfermedades que localizan la propagación patológica, a fin de que el mundo pueda responder con más rapidez si se produce una pandemia a gran escala. Hemos identificado el cambio climático como un riesgo potencial y elaborado algunos planes para reaccionar ante el mismo, aunque hasta ahora la respuesta real ha sido lamentablemente insuficiente. También hemos creado instituciones que reducen el riesgo de extinción de maneras más sutiles, como la disminución del peligro de guerra o el incremento de la capacidad gubernamental para actuar en caso de hecatombe.

Una razón para pensar que es posible reducir más el riesgo de extinción humana es que todas estas cosas que hemos hecho seguramente podrían mejorar. Podríamos seguir el rastro de más asteroides, construir búnkeres más seguros, perfeccionar los programas de vigilancia de enfermedades, reducir las emisiones de gases de efecto invernadero, alentar la no proliferación de armas nucleares y reforzar las instituciones mundiales para que sean más capaces de disminuir el riesgo de extinción humana. Identificar los proyectos específicos dignos de respaldo todavía supone una dificultad considerable, pero estos proyectos tienen muchas probabilidades de ver la luz.

Curiosamente, hasta ahora se han realizado muy pocos esfuerzos para conocer de forma sistemática los riesgos de la extinción humana y la mejor forma de reducirlos. Hay unos cuantos libros y artículos sobre la cuestión de las catástrofes de probabilidad baja e impacto elevado, si bien se han llevado a cabo pocas investigaciones acerca de los métodos más efectivos para disminuir estos riesgos. No conocemos análisis sistemáticos y detallados de las diferentes estrategias para afrontar estos peligros. Un primer paso razonable para aminorar el riesgo de la extinción humana es investigar estos asuntos de manera más exhaustiva, o contribuir a que otros lo hagan.

Si lo que hemos dicho es correcto, entonces es que hay cierto riesgo de extinción humana y probablemente tenemos la capacidad de reducirlo. Hay un montón de preguntas relacionadas difíciles de responder: ¿hasta qué punto es prioritario disminuir el riesgo de extinción humana? ¿Cuánto hemos de estar dispuestos a gastarnos en ello? ¿Cómo encaja esto en otras muchas cosas que podemos y debemos hacer, por ejemplo, ayudar a los pobres globales? (Sobre esto, véase www.thelifeyoucansave.org.) ¿El objetivo de reducir el riesgo de extinción choca con los objetivos humanitarios habituales, o para reducir dicho riesgo lo mejor es simplemente mejorar la vida de las personas hoy vivas y habilitarlas para resolver el problema por sí mismas?

Aquí no intentaremos abordar estas cuestiones, sino que nos centraremos en la pregunta siguiente: ¿hasta qué punto sería mala la extinción humana?

Una cosa muy negativa respecto a la extinción humana es que miles de millones de personas seguramente tendrían una muerte dolorosa. Sin embargo, a nuestro entender, esto no es ni mucho menos lo peor de la extinción humana: lo peor es que no habría generaciones futuras.

Creemos que las generaciones futuras importan tanto como la nuestra. Como en el futuro podría haber muchas generaciones, el valor de todas juntas supera al de la actual.

Veamos un ejemplo histórico que nos ayudará a ilustrar esta cuestión. Hace unos 70.000 años, se produjo una erupción volcánica tremenda conocida como «catástrofe del Toba». Según muchos científicos, dicha erupción provocó un «invierno volcánico» que llevó a nuestros antepasados a las puertas de la extinción. Supongamos que esto sea verdad. Imaginemos ahora que la erupción del Toba hubiera borrado a los seres humanos de la faz de la Tierra. ¿Hasta qué punto habría sido eso malo? Unas tres mil generaciones y cien mil millones de vidas después, cabría decir que la muerte y el sufrimiento provocados por la catástrofe del Toba habrían sido nimios en comparación con la pérdida de todas las vidas humanas que han existido desde entonces hasta ahora, y de todo lo alcanzado por la humanidad desde aquella época.

Del mismo modo, si la humanidad se extinguiese ahora, lo peor sería el coste de oportunidad. La civilización comenzó hace solo unos miles de años. Sin embargo, la Tierra podría seguir siendo habitable durante otros mil millones de años. Y si es posible colonizar el espacio, nuestra especie quizá sobreviva incluso mucho más tiempo.

Ciertas personas rechazan esta manera de calibrar el valor de las generaciones futuras. Afirman, por ejemplo, que traer más personas al mundo no supone ningún beneficio, con independencia del tipo de vida de esas personas. Partiendo de esta idea, la importancia de evitar la extinción humana se limita a la gente que ya vive hoy y a la que ya va camino de existir y que acaso quiera tener hijos o nietos.

¿Por qué va nadie a creer algo así? Una explicación podría ser que, si las personas no llegan a existir, el hecho de no existir no puede ser malo para ellas. Como no existen, no hay un «ellas» para quienes la vida sea mala; por tanto, hacer que haya individuos no les supone beneficio alguno.

No estamos de acuerdo. Creemos que propiciar la existencia de personas puede beneficiarlas. Para entender esto, fijémonos primero en que propiciar la existencia de personas puede ser malo para ellas. Por ejemplo, supongamos que una mujer sabe que si durante los próximos meses concibe un niño, este sufrirá numerosas enfermedades dolorosas y morirá a una edad temprana. Como es lógico, para el niño sería malo que la madre decidiera quedarse embarazada en los próximos meses. Por lo general, da la sensación de que, si la vida de un niño va a ser breve y desdichada, su existencia es algo negativo.

Si coincides en que traer a alguien al mundo puede ser malo para esa persona, y si aceptas también el razonamiento de que traer a alguien al mundo no es bueno para esa persona, llegamos a una conclusión extraña: nacer podría perjudicarte pero no ayudarte. De ser eso cierto, por lo visto tener hijos sería algo malo, pues siempre habrá un riesgo de que sufran daño sin que haya un beneficio que contrarreste dicho peligro.

Algunos pesimistas, como el filósofo alemán del siglo XIX Arthur Schopenhauer o el filósofo sudafricano David Benatar, aceptan esta conclusión. No obstante, si los padres albergan unas expectativas razonables de que sus hijos disfrutarán de una vida feliz y gratificante, y de que tener hijos no perjudicará a otros, entonces tenerlos no es algo malo. En un sentido más general, si nuestros descendientes cuentan con bastantes probabilidades de vivir una existencia feliz y satisfactoria, para nosotros es bueno garantizar que nuestros descendientes existan, no lo contrario. En consecuencia, pensamos que facilitar la existencia de generaciones futuras puede ser algo bueno.

La extinción de nuestra especie –y muy posiblemente de toda vida, dependiendo de la causa de la extinción– sería el final de la extraordinaria historia de la evolución que ya ha dado lugar a vida (medianamente) inteligente y que nos ha procurado la capacidad de llevar a cabo aún más progresos. En los dos últimos siglos, hemos realizado grandes avances, tanto morales como intelectuales, y hay sobradas razones para esperar que, si sobrevivimos, este progreso continuará y se acelerará. Si no evitamos nuestra extinción, habremos desaprovechado la oportunidad de crear algo realmente fabuloso: una cantidad ingente de generaciones de seres humanos que disfrutarían de una vida plena y satisfactoria y alcanzarían unas cotas de civilización y conocimiento inimaginables para nosotros.

de www.effective-altruism.com/es/50/preventing_human_extintion, 19 de agosto de 2013

7
Felicidad

Felicidad, dinero, y darlo todo

Si fueras más rico, ¿serías más feliz? Muchos creen que sí. Sin embargo, según diversas investigaciones llevadas a cabo a lo largo de varios años, más riqueza supone más felicidad solo en el caso de ingresos bajos. Por ejemplo, los estadounidenses son, por término medio, más ricos que los neozelandeses, pero no más felices. Lo más curioso es que, al parecer, la gente de Austria, Francia, Japón o Alemania no es más feliz que la de países mucho más pobres como Brasil, Colombia o Filipinas.

Es difícil hacer comparaciones entre países con culturas diferentes, pero sucede lo mismo *dentro de* los países salvo en las rentas muy bajas, que en Estados Unidos serían las inferiores a 12.000 dólares. Más allá de este nivel, un aumento de los ingresos no influye mucho en la felicidad de los individuos. Los norteamericanos son más ricos que en la década de 1950, pero no más felices. En la actualidad, los estadounidenses con ingresos medios –es decir, cuya renta familiar oscila entre 50.000 y 90.000 dólares anuales– exhiben un grado de felicidad casi idéntico al de los ciudadanos pudientes, cuyos ingresos familiares superan los 90.000 dólares.

Daniel Kahneman, colega mío de la Universidad de Princeton, y otros investigadores intentaron evaluar el bienestar subjetivo de diversas personas preguntándoles sobre su estado de ánimo a intervalos regulares durante un día. En un artículo publicado en *Science* el 30 de junio, informaban de que, según sus datos, hay poca correlación entre la felicidad y los ingresos, más bien el contrario; Kahneman y sus colegas observaron que las personas que ganaban más dinero dedicaban más tiempo a actividades relacionadas con sentimientos negativos, como la angustia o el estrés. En vez de contar con más tiempo para el ocio, trabajaban más y consumían más horas en ir y volver del trabajo. Tenían más a menudo un estado de ánimo que describían como hostil, enojado, ansioso o tenso.

En la idea de que el dinero no da la felicidad no hay nada nuevo, desde luego. Muchas religiones nos enseñan que el apego a las posesiones materiales nos vuelve desgraciados. Los Beatles nos recordaban que el dinero no puede comprar el amor. Incluso Adam Smith, según el cual no cenamos gracias a la benevolencia del carnicero sino a su interés personal, describía los placeres imaginados de la riqueza como «un engaño» (aunque un engaño que «impulsa y mantiene en movimiento la actividad económica de la humanidad»).

Sin embargo, en esto hay algo paradójico. ¿Por qué todos los gobiernos ponen énfasis en incrementar la renta per cápita? ¿Por qué tantos de nosotros nos esforzamos por conseguir más dinero si no va a hacernos más felices?

Quizá la respuesta está en nuestra naturaleza de seres intencionales. Evolucionamos desde la condición de seres que debíamos aplicarnos a fondo para alimentarnos, encontrar pareja y criar hijos. En las sociedades nómadas, no tenía sentido poseer nada que no se pudiera transportar, pero en cuanto los seres humanos se asentaron y crearon un sistema de dinero, desapareció ese límite para la adquisición.

Acumular cierta cantidad de dinero procura una salvaguarda para las épocas de vacas flacas, pero hoy día ha llegado a ser un fin en sí mismo, una forma de medir la posición social o el éxito de alguien, además de una meta a la que recurrir cuando no se nos ocurre ninguna razón para hacer algo y a la vez nos aburriríamos si estuviéramos sin hacer nada. Al ganar dinero, hacemos algo que da la impresión de ser útil, siempre y cuando no reflexionemos demasiado sobre por qué estamos haciéndolo.

En este contexto, veamos la vida del inversor estadounidense Warren Buffett. Durante cincuenta años, Buffett, que ahora cuenta 75, ha estado acumulando una inmensa fortuna. Según la revista *Forbes*, es la segunda persona más rica del mundo después de Bill Gates, con bienes valorados en 42 mil millones de dólares. No obstante, su frugal estilo de vida pone de manifiesto que no se lo pasa especialmente bien desembolsando grandes sumas de dinero. Si tuviera gustos más caros, se vería en apuros para gastar apenas algo más que una pequeñísima proporción de su riqueza.

Partiendo de esta perspectiva, tan pronto Buffett hubo ganado sus primeros millones en la década de los sesenta, es lógico pensar que sus esfuerzos por acumular más dinero han sido completamente absurdos. ¿Es Buffett una víctima del «engaño» descrito por Adam Smith y estudiado más a fondo por Kahneman y sus colegas?

Casualmente, el artículo de Kahneman apareció la misma semana que Buffett anunció la donación filantrópica más elevada de la historia de Estados Unidos: 30 mil millones a la Fundación de Bill y Melinda Gates y siete mil millones más a otras instituciones benéficas. La donación de Buffett era superior a las de Andrew Carnegie y John Rockefeller incluso después de aplicar a estas el factor corrector de la inflación.

De un solo golpe, Buffett ha dado sentido a su vida. Como es agnóstico, su regalo no se basa en ninguna creencia de que esto le beneficiará en el más allá. Entonces, ¿qué nos dice la vida de Buffett sobre el carácter de su felicidad?

Tal como las investigaciones de Kahneman nos hacen suponer, quizá Buffett pasó menos tiempo de su vida con un ánimo positivo del que habría disfrutado si, en algún momento de la década de los sesenta, hubiera dejado de trabajar, vivido de sus rentas y jugado más al bridge. Sin embargo, en este caso, seguramente no habría experimentado la satisfacción que puede sentir ahora con razón al pensar que, gracias a su arduo esfuerzo y a sus notables destrezas inversoras, ayudará, a través de la Fundación Gates, a curar enfermedades culpables de la muerte y minusvalías de miles de millones de personas pobres en todo el mundo. Buffett nos recuerda que la felicidad es algo más que estar de buen humor.

de Project Syndicate, 12 de julio de 2006

¿Podemos incrementar la felicidad interior bruta?

El pequeño reino de Bután, en el Himalaya, es conocido internacionalmente por dos cosas: el elevado precio del visado, lo cual reduce la afluencia de turistas, y su política de promoción de la «felicidad interior bruta» en vez del crecimiento económico. Las dos están relacionadas: más turistas podrían impulsar la economía de Bután, pero dañarían su medio ambiente y su cultura, por lo que a la larga reducirían la felicidad.

Cuando me enteré del objetivo de Bután de maximizar la felicidad de sus habitantes, me pregunté si esto significaba realmente algo en la práctica o era solo otro eslogan político. El mes pasado, mientras me encontraba en la capital, Timbu, para dar una conferencia que llevaba por título «Desarrollo Económico y Felicidad», organizada por el primer ministro Jigme Y. Thinley y copatrocinada por Jeffrey Sachs, director del Instituto de la Tierra de la Universidad de Columbia y asesor especial del secretario general de las Naciones Unidas Ban Ki-Moon, comprendí que era mucho más que una consigna publicitaria.

Nunca antes había estado antes en una conferencia tomada tan en serio por un gobierno nacional. Creía que Thinley daría inicio al acto con una bienvenida formal y luego regresaría a su despacho. Sin embargo, su discurso fue un mesurado análisis de las cuestiones clave implicadas en el fomento de la felicidad como norma nacional. Luego se quedó en la conferencia durante los dos días y medio que duró, e hizo oportunas aportaciones a los debates. En la mayoría de las sesiones estuvieron también presentes varios ministros del gabinete.

Desde épocas antiguas, en todas partes se ha considerado que la felicidad era un bien. Los problemas surgen cuando intentamos ponernos de acuerdo en una definición de felicidad y evaluarla.

Una cuestión importante es si entendemos la felicidad como el superávit de placer a lo largo del tiempo con respecto al dolor, o como el grado de satisfacción con la vida. El primer enfoque intenta sumar los momentos positivos que tiene la gente y restar luego los negativos. Si el resultado es básicamente positivo, consideramos que la persona es feliz; si es negativo, infeliz. Por tanto, para medir la felicidad así definida, habría que tomar al azar muestras de momentos de la existencia de un individuo y tratar de averiguar si ha estado experimentando estados mentales positivos o negativos.

El segundo enfoque pregunta lo siguiente: «¿Hasta qué punto estás satisfecho con tu vida tal como te ha ido hasta ahora?». Si la respuesta es «satisfecho» o «muy satisfecho», es que el individuo es más feliz que desdichado. No obstante, la cuestión de cuál de estos métodos para entender la felicidad capta mejor lo que hemos de fomentar plantea problemas de enorme importancia.

Según diversos estudios donde se ha utilizado el primer enfoque, países como Nigeria, México, Brasil o Puerto Rico obtienen buenas puntuaciones, lo que da a entender que la respuesta quizá tenga más que ver con la cultura nacional que con indicadores objetivos como la salud, la educación o el nivel de vida. Si se adopta el segundo enfoque, los que ocupan los primeros puestos de la lista suelen ser los países más ricos, como Dinamarca o Suiza. Sin embargo, no está claro si las preguntas de encuesta formuladas en diferentes idiomas y culturas significan realmente lo mismo en todos los casos.

Tal vez estemos de acuerdo en que nuestro objetivo debe ser promover la felicidad más que los ingresos o el producto interior bruto, pero si no contamos con una medida objetiva de la felicidad, ¿tiene esto sentido? Nos hacemos eco de la frase de John Maynard Keynes: «Prefiero tener vagamente razón a estar equivocado con precisión». Keynes señalaba al respecto que, cuando nacen las ideas en el mundo, suelen ser confusas y hay que esforzarse por definirlas con nitidez. Quizá sea este el caso de la noción de felicidad como objetivo político nacional.

¿Podemos aprender a cuantificar la felicidad? En la actualidad, el Centro de Estudios de Bután, creado hace doce años por el gobierno butanés, está procesando los resultados de entrevistas realizadas a más de ocho mil personas. Estas entrevistas registran factores subjetivos, como el grado de satisfacción de los encuestados con cómo les van las cosas, y factores objetivos, como la calidad de vida, la sanidad y la educación, amén de la participación en la cultura, la vitalidad comunitaria, la salud ecológica o el equilibrio entre el trabajo y otras actividades. Queda por ver si estos factores tan diversos guardan una correlación clara entre sí. Para reducirlos a un número, harán falta algunos juicios de valor complicados.

Bután cuenta con una Comisión de la Felicidad Interior Bruta, presidida por el primer ministro, que criba todas las propuestas políticas nuevas presentadas por los ministros. Si se considera que un planteamiento se opone al objetivo de favorecer la felicidad interior bruta, se devuelve al ministerio correspondiente para su revisión. Si la Comisión no da el visto bueno, no sigue adelante.

Una controvertida ley que hace poco vio interrumpida su tramitación –señal reveladora de la disposición del gobierno a tomar medidas duras si a su juicio van a maximizar la felicidad general– fue la prohibición de la venta de tabaco. Los butaneses pueden introducir en el país pequeñas cantidades de cigarrillos o de tabaco desde la India para consumo propio, pero no con la intención de revenderlo, y cuando fuman en público han de llevar consigo el recibo del impuesto de importación.

En julio pasado, la Asamblea General de la ONU aprobó, a propuesta de Bután y sin ningún voto en contra, una resolución en la que se reconocía la búsqueda de la felicidad como derecho humano fundamental y se señalaba que este objetivo no aparece reflejado en el PIB. La resolución invitaba a los países miembros a adoptar medidas adicionales que permitieran alcanzar más fácilmente la meta de la felicidad. La Asamblea General también admitió a trámite una proposición butanesa para organizar una mesa redonda sobre el tema de la felicidad y el bienestar durante la 66.ª sesión, que se inaugura este mes.

Estas discusiones forman parte de un creciente movimiento internacional para reorientar las políticas gubernamentales sobre el bienestar y la felicidad. Hemos de celebrar este esfuerzo y esperar que, a la larga, el objetivo acabe siendo la felicidad global, no solo la nacional.

de Project Syndicate, 13 de septiembre de 2011

Posdata: En 2011, la Asamblea General de las Naciones Unidas aprobó una resolución en la que reconocía la felicidad como un «objetivo humano fundamental» e invitaba a los Estados miembros a calcular la felicidad de sus ciudadanos y a utilizar el resultado de esta evaluación como guía normativa –en otras palabras, dar pequeños pasos hacia lo que Bután ya estaba haciendo–. Si hay más científicos trabajando en la medición de la felicidad y el conocimiento de lo que la incrementa, la idea de la felicidad como finalidad de las políticas públicas va a tener cada vez más respaldo.

El elevado coste de la depresión

Según un estudio de la Organización Mundial de la Salud, la depresión es el cuarto problema sanitario más grave del mundo si tomamos como parámetro el número de años de buena salud perdidos por su causa. En 2020, probablemente ya será el segundo, tras las cardiopatías. Sin embargo, no se ha hecho ni mucho menos lo suficiente para tratarla ni prevenirla.

El estudio, dirigido por Saba Moussavi y publicado el mes pasado en *The Lancet*, revelaba asimismo que la depresión tiene más impacto en la salud *física* de los afectados que dolencias crónicas importantes como la angina de pecho, la diabetes, la artritis o el asma. No obstante, en el mismo número de *The Lancet*, Gavin Andrews y Nickolai Titov, investigadores de la Universidad de Nueva Gales del Sur, informaban de que los australianos con depresión tienen muchas menos posibilidades de recibir un nivel aceptable de asistencia que quienes padecen artritis o asma. Este patrón concuerda con diversos informes de otros países desarrollados.

Tratar la depresión es a menudo, si no siempre, efectivo, y sin tratamiento los que la sufren no viven una vida feliz ni satisfactoria. No obstante, tiene sentido gastar más en la depresión aunque nos limitemos a los estrictos términos de coste-beneficio.

En un estudio realizado en 28 países europeos se observó que la depresión costó, en 2004, 118 mil millones de euros, un 1 % del PIB conjunto. El coste del tratamiento de la depresión suponía solo el nueve por ciento de esta enorme suma. A la pérdida de productividad le correspondía una proporción mucho mayor. Según Richard Layard, del Centro de Rendimiento Económico de la London School of Economics, las enfermedades mentales constituyen el principal problema social de Gran Bretaña, costando el equivalente al 1,5 % del PIB. Layard calcula que, aunque el tratamiento acaso ascienda a 750 libras por paciente durante dos años, el resultado será probablemente un mes adicional de trabajo, que equivale a unas 1.880 libras. Lord Layard propugna más psicoterapia que fármacos.

En Estados Unidos, el mes pasado, un equipo de investigación dirigido por Philip Wang, del Instituto Nacional de Salud Mental de Rockville, Maryland, publicó resultados parecidos en la *Journal of the American Medical Association.* El grupo de Wang llevó a cabo un ensayo controlado aleatorio según el cual detectar y evaluar la depresión –para encontrar trabajadores que pudieran beneficiarse del tratamiento– era rentable: reducía los costes de los seguros médicos para los empresarios, disminuía el absentismo laboral y aumentaba la conservación del empleo y la productividad.

La depresión también sale cara en los países en desarrollo. En China, según un reciente artículo de Teh-wei Hu y colegas suyos en *Social Psychiatry and Psychiatric Epidemiology,* la depresión cuesta 51 mil millones de renminbis anuales, o sea más de seis mil millones de dólares, con arreglo a los precios de 2002. Hace unos años, un equipo investigador encabezado por Vikram Patel revelaba, en el *British Medical Journal,* que la depresión era común en Zimbabue, donde se la suele denominar con una palabra de la lengua shona que significa «pensar demasiado».

En todas partes del mundo, muchos médicos de atención primaria infravaloran la gravedad de la depresión. Bastantes de ellos carecen de la formación adecuada para identificar trastornos psicológicos y tal vez no estén al día en cuanto a opciones de tratamiento. También puede ser que los enfermos no piensen en curarse, pues las enfermedades mentales todavía acarrean un estigma debido al cual su detección es más difícil que en el caso de una afección física.

El problema se ve agravado, al menos en Estados Unidos, por el hecho de que muchas pólizas de seguro médico no incluyen el tratamiento de los trastornos mentales. Así pues, la reciente aprobación, en el Senado estadounidense, de la Ley de Paridad en la Salud Mental es un importante paso adelante. La norma, que aún ha de pasar por la Cámara de Representantes, exigirá planes de seguro médico procurados por los empresarios para cubrir el tratamiento de las enfermedades mentales a un nivel parecido al de la asistencia médica general. (Por desgracia, la legislación pasa por alto a los 47 millones de estadounidenses que no tienen ningún seguro de salud.)

La depresión es un drama individual que se multiplica por 100 millones a escala mundial. Así pues, aunque podemos y debemos hacer mucho más en el ámbito del tratamiento, quizá la cuestión más significativa es si somos capaces de aprender a prevenirla.

Por lo visto, ciertas depresiones son genéticas, en cuyo caso la terapia génica puede suponer una solución a la larga. No obstante, parece que buena parte de las enfermedades mentales dependen de factores medioambientales. Tal vez deberíamos poner el foco en aspectos de la vida que tienen un efecto positivo en la salud mental. Según numerosos estudios recientes, pasar tiempo tranquilamente con familiares y amigos tiene que ver con lo felices que se sienten las personas, mientras que trabajar muchas horas, y sobre todo dedicar mucho tiempo a ir y volver del trabajo, contribuye al estrés y a la infelicidad. Puede que muchos individuos tranquilos y satisfechos acaben también deprimidos, desde luego, o que los estresados e infelices no lo estén nunca, pero una hipótesis razonable es que las personas más felices son menos susceptibles de sufrir depresión.

En agosto, LaSalle Leffall, que había presidido el Panel del Cáncer del Presidente, escribió al presidente George W. Bush: «Podemos y debemos habilitar a los individuos para que tomen decisiones saludables mediante leyes y medidas políticas adecuadas». Si esto es válido para alentar las dietas sanas o para disuadir de fumar, no lo será menos para promover una mejor salud mental. Los gobiernos no pueden legislar sobre la felicidad ni prohibir la depresión, pero las políticas públicas sí pueden hacer mucho para garantizar que la gente tenga tiempo de relajarse con los amigos y cuente con lugares agradables donde hacerlo.

de Project Syndicate, 15 de octubre de 2007

Sonrisas sin límites

Si caminas por las calles de tu barrio con la cabeza alta y el semblante jovial, ¿cuántas de las personas con las que te cruzas te sonreirán o te saludarán de algún modo?

Sonreír es una práctica humana universal, si bien la disposición a sonreír a los desconocidos varía con arreglo a la cultura. En Australia, donde mostrarse abierto y amistoso ante los extraños es algo habitual, la ciudad de Port Phillip, área que abarca algunos de los barrios de la bahía de Melbourne, se valió de voluntarios para averiguar la frecuencia con la que las personas sonríen a aquellos con quienes se cruzan por la calle. A tal fin se instalaron señales parecidas a avisos de velocidad máxima, que en realidad decían a los transeúntes cosas como «Zona de 10 Sonrisas por Hora».

¿Frivolidad? ¿Derroche de dinero de los contribuyentes? Según la alcaldesa Janet Bolitho, las señales pretenden animar a las personas a sonreír o decir «Buenos días» –el saludo australiano estándar–, tanto a vecinos como a desconocidos, mientras pasean por la calle. Sonreír, añade, propicia que las personas se sientan más conectadas entre sí y más seguras, por lo que reduce el miedo al delito –importante elemento de la calidad de vida en muchos barrios–.

En un esfuerzo afín para que los residentes se conozcan, el ayuntamiento también organiza fiestas callejeras. Deja los detalles en manos de los vecinos, pero les ofrece asesoramiento técnico, presta barbacoas y sombrillas, y cubre el seguro de responsabilidad civil. Puede que muchas personas que llevan años viviendo en la misma calle se lleguen a conocer gracias a una de estas fiestas.

Todo esto forma parte de un programa más amplio concebido para evaluar cambios en la calidad de vida de la ciudad, a fin de que el ayuntamiento sepa si está conduciendo a los vecinos en la dirección deseada. El consistorio quiere que Port Phillip sea una comunidad sostenible, no solo en el aspecto medioambiental sino también en lo referente a igualdad social, viabilidad económica y vitalidad cultural.

En Port Phillip se toma en serio lo de ser un buen ciudadano global. En vez de considerar el coche privado como una señal de prosperidad, la ciudad aplaude la *disminución* del número de coches –amén del mayor uso del transporte público– como signo de avance para reducir las emisiones de gases de efecto invernadero, al tiempo que alienta un estilo de vida más sano en el que las personas sean más propensas a caminar o ir en bicicleta. También se están promoviendo diseños de edificios que sean más eficientes desde el punto de vista energético.

Algunos ayuntamientos consideran que es su cometido proporcionar servicios básicos como la recogida de basuras o el mantenimiento de las calles, y lógicamente la recaudación de impuestos para pagar todo eso. Otros fomentan la economía de la zona, alentando la llegada de industrias, lo que permite aumentar los puestos de trabajo y los ingresos fiscales locales. El consistorio de Port Phillip adopta una postura más amplia y a largo plazo: quiere que quienes vivan en la comunidad después de que la generación actual ya no esté tengan las mismas oportunidades de buena calidad de vida que los anteriores residentes. Para proteger esa calidad de vida, ha de ser capaz de evaluar la diversidad de aspectos que contribuyen a la misma... y la cordialidad es uno de ellos.

Para muchos gobiernos, tanto nacionales como municipales, la prevención del delito es mucho más importante que estimular la amabilidad y la cooperación. No obstante, tal como sostiene el profesor Richard Layard, de la London School of Economics, en su reciente libro titulado *La nueva felicidad: lecciones de una nueva ciencia*, promover la amistad suele ser fácil y barato, y aumentar la felicidad de la gente puede comportar grandes beneficios. Entonces, ¿por qué no constituye esto una prioridad de las políticas públicas?

Ciertas experiencias positivas de pequeño alcance son capaces de hacer no solo que las personas se sientan mejor consigo mismas, sino también que tengan más ganas de ayudar a los demás. En la década de los setenta, las psicólogas norteamericanas Alice Isen y Paula Levin llevaron a cabo un experimento en el cual unos individuos seleccionados al azar que hacían una llamada telefónica se encontraban con una moneda de diez centavos del anterior usuario del aparato, y otros no. A todos se les daba la oportunidad de ayudar a una mujer a recoger una carpeta de papeles que se le había caído delante de ellos.

Según Isen y Levin, de los 16 que encontraban la moneda, 14 ayudaban a la mujer, mientras que de los 25 que no encontraban moneda alguna, solo uno ayudaba a recoger los papeles. En un estudio posterior se observó una diferencia similar en la disposición a enviar una carta con las señas puestas olvidada en la cabina telefónica: los que se encontraban con la moneda mostraban mayor tendencia a mandar la carta.

Aunque diversas investigaciones posteriores han puesto en duda la existencia de estas espectaculares diferencias, parece claro que estar de buen humor hace que las personas se sientan mejor consigo mismas y sea más probable que ayuden a los demás. Los psicólogos lo denominan el «resplandor de la buena voluntad». ¿Por qué no va a ser cometido del gobierno la tarea de dar pequeños pasos que generen este resplandor?

He aquí una medida del éxito: durante el pasado año y medio, la proporción de personas de Port Phillip que sonrieron al cruzarse con otra subió del 8 % al 10 %.

de Project Syndicate, 16 de abril de 2007

Feliz, a pesar de todo

Harriet McBryde Johnson (1957-2008)

Conocí a Harriet McBryde Johnson en la primavera de 2001, cuando estaba pronunciando una conferencia en el College de Charleston. Su estilo sureño aconsejaba que, si no estabas preparado para disparar sin previo aviso, debías estar dispuesto a darle la mano, así que extendí la mía, y ella alzó el brazo desde su silla de ruedas eléctrica y la estrechó con los tres dedos útiles de la suya. Explicó que asistía a mi charla como simpatizante de Not Dead Yet [Todavía No Muertos], la organización de derechos de los discapacitados que un año y medio atrás habían ocupado el Nassau Hall de la Universidad de Princeton en protesta por mi nombramiento como profesor de bioética. Le dije que tenía muchas ganas de mantener con ella una conversación que por lo demás prometía ser interesante.

Mi conferencia, «Repensar la vida y la muerte», era una defensa de la postura que había suscitado una oposición tan encendida. Señalaba yo que los médicos retiran por rutina el soporte vital a los recién nacidos discapacitados, y sostenía que esto venía a ser lo mismo que permitir a los padres decidir, tras consulta con los facultativos, si lo mejor para el bebé y para toda la familia era poner punto final a su vida si presentaba minusvalías gravísimas.

Cuando hube terminado, Johnson, que había nacido con una enfermedad de desgaste muscular, tomó la palabra. Entonces –dijo– ¿yo estaba diciendo que a sus padres debería habérseles permitido matarla poco después de nacer? Sin embargo, ella ahora era abogada y disfrutaba de la vida tanto como cualquiera. Es un error, añadió, creer que, a causa de una discapacidad, vivir merece menos la pena.

Nuestro intercambio de opiniones duró unos minutos en el auditorio, y continuó después por correo electrónico. Años después, cuando leía su libro autobiográfico, *Too Late to Die Young*, no me sorprendió ver que uno los principales placeres de su vida era «discutir con vehemencia».

Al año siguiente la invité a Princeton a hablar en una de mis clases. Aceptó, pero con la condición de que, en público, evitásemos la informalidad de utilizar los nombres de pila que yo, siguiendo el estilo australiano, había adoptado en los *e-mails*. Tampoco estaba dispuesta a aceptar la desigualdad implícita en «profesor Singer» y «señora Johnson». Accedí a que se dirigiera a mí como «señor Singer».

Harriet describió la visita a Princeton en «Conversaciones Indescriptibles», su memorable artículo de portada de 2003 para el *New York Times Magazine*. Escribía de maravilla, tenía una memoria prodigiosa (no tomaba notas) y conmigo fue más benevolente de lo que yo tenía derecho a esperar de alguien cuya existencia había puesto en entredicho. Llegó a escribir que conmigo había estado muy bien acompañada, algo que sin lugar a dudas yo podría decir también de ella.

Después de que hubo hablado, organicé para Harriet una cena con un grupo de alumnos que se reunían habitualmente para debatir sobre cuestiones éticas. Me senté a su derecha. Ella me pedía de vez en cuando que le acercara alguna cosa para poder cogerla. En un momento dado, le resbaló el codo derecho, y al no poder volverlo a poner en su sitio, me pidió que le agarrara la muñeca y tirara hacia delante. Así lo hice, y entonces fue capaz de alcanzar de nuevo el tenedor. No di ninguna importancia al episodio, pero cuando ella se lo explicó a sus amigos del movimiento de los discapacitados, les pareció horroroso que me hubiera pedido ayuda a mí. Me alegra que para Harriet aquello no supusiera ningún apuro. Ello da a entender que no me consideraba simplemente «el enemigo» sino una persona con la que era posible mantener determinadas formas de interacción humana.

Si mis estudiantes estuvieron mucho tiempo hablando de la visita de Johnson, a mí tampoco se me olvidaron nuestras conversaciones. Harriet vivía una vida digna y agradable, sin duda, y no solo para ella, pues su labor jurídica y su activismo político en favor de los discapacitados eran valiosos también para otros. Según ciertos estudios, muchas personas con minusvalías exhiben un grado de satisfacción con su vida no muy distinto del de las personas no discapacitadas. ¿Las personas con discapacidades a largo plazo han ajustado sus expectativas a la baja para conformarse con menos? ¿O es que las minusvalías, incluso las graves, no influyen en la felicidad una vez nos hemos acostumbrado a ellas?

Durante los seis años siguientes nos mandamos *e-mails* de manera esporádica. Si yo escribía o hablaba de problemas relativos a las discapacidades, ella me enviaba sus comentarios, lo que originaba un frenesí de correos electrónicos que al menos clarificaban los aspectos sobre los que discrepábamos. Intenté convencerla de que su atribución de derechos a seres humanos con carencias intelectuales graves tenía consecuencias también en nuestro modo de pensar en los animales, pues estos probablemente disfrutaban de su vida tanto o más que las personas cuyo derecho a la vida estaba ella defendiendo. Harriet no ponía objeciones al razonamiento, pero sentía que ya tenía bastantes problemas que abordar como para encima meterse en una esfera totalmente distinta. Nos resultaba más fácil coincidir en temas de religión, pues ni ella ni yo profesábamos ninguna, o en nuestro rechazo al rumbo que estaba tomando el país bajo la presidencia de George W. Bush.

Según su hermana, Beth, lo que más preocupaba a Harriet sobre la muerte eran «las sandeces que la gente diría de ella». Y, como era de esperar, entre los homenajes que recibió hubo varios comentarios sobre la posibilidad que tendría ahora de correr y saltar por las praderas del cielo... doblemente ofensivo, primero porque Johnson no creía en la vida después de la muerte, y segundo, ¿por qué vamos a suponer que la dicha celestial requiere que uno sea capaz de correr y brincar?

de *The New York Times Magazine*, 28 de diciembre de 2008

8
Política

Falacias de Bentham, entonces y ahora

En 1809, Jeremy Bentham, el fundador del utilitarismo, se puso a trabajar en *The Book of Fallacies* [El libro de las falacias]. Su objetivo era sacar a la luz los argumentos falaces utilizados para bloquear reformas como la supresión de los «burgos podridos», circunscripciones electorales con tan poca población que un lord poderoso o un terrateniente podían seleccionar efectivamente al miembro del parlamento mientras ciudades más nuevas, como Manchester, quedaban sin representación.

Bentham reunió ejemplos de falacias, a menudo procedentes de debates parlamentarios. Hacia 1811, las había clasificado en casi cincuenta categorías diferentes, con títulos como la de «Nos atacan, tú atacas al gobierno», la del «Razonamiento sin precedentes» o la del «Bien en teoría, mal en la práctica». (Una cosa en la que coinciden Immanuel Kant y Bentham es que este último ejemplo es una falacia: si algo es malo en la práctica, debe de haber algún fallo en la teoría.)

Así pues, Bentham fue un pionero en un área científica que en los últimos años ha hecho progresos considerables. Le habría entusiasmado el trabajo de los psicólogos según los cuales tenemos un sesgo de confirmación (favorecemos y recordamos información que respalda, no contradice, nuestras creencias), sobrevaloramos de forma sistemática la precisión de nuestras convicciones (el efecto del exceso de confianza) y mostramos cierta tendencia a reaccionar ante la situación apurada de un solo individuo identificable más que ante la de un número elevado de personas de quienes solo tenemos datos estadísticos.

Bentham no se apresuró a publicar su obra. En 1816 apareció una versión resumida en francés, y en 1824 en inglés, pero el trabajo completo permaneció en forma manuscrita hasta su publicación este año como parte de un proyecto en curso –bajo la dirección de Philip Schofield, del University College, Londres– para editar sus obras completas.

Algunas de las falacias de Bentham identificadas todavía aparecen con cierta frecuencia, mientras otras son más irrelevantes. La falacia de «la sabiduría de nuestros antepasados» ha sido invocada a menudo en debates sobre el matrimonio entre personas del mismo sexo. Cualquiera que esté familiarizado con la discusión política en Estados Unidos reconocerá en el acto una versión más específica que podría denominarse «falacia de la sabiduría de los Padres Fundadores».

Otra falacia popular, tanto de la época de Bentham como de la nuestra, es la que él llamaba «¿Qué? ¿Más empleos?», en la que por «empleos» entendía el gasto gubernamental, algo que para él era una falacia porque la oposición frontal a más gasto público no tiene en cuenta los bienes que los trabajadores adicionales serían capaces de adquirir.

No obstante, las «falacias» que suponen un verdadero reto para el lector moderno son las relativas a razonamientos que en la actualidad son comúnmente aceptadas incluso en los círculos más cultos e ilustrados. Una de estas, dice Bentham en una discordante yuxtaposición, podría denominarse «falacia del predicador de la anarquía» o «falacia de *los derechos del hombre*».

Cuando la gente se opone a una medida propuesta porque viola «los derechos del hombre» –o, como diríamos hoy, los derechos humanos–, está utilizando, según Bentham, generalidades imprecisas que nos impiden evaluar la utilidad de la medida. Bentham acepta que acaso sea provechoso para la comunidad que la ley reconozca ciertos derechos a las personas. Lo que amenaza con acercarnos a la anarquía, sostiene, es la idea de que uno ya tiene determinados derechos, al margen de la ley. Mientras el principio de autoridad exige investigación y razonamiento, Bentham cree que quienes defienden derechos preexistentes desdeñan la una y el otro y son más susceptibles de fomentar entre la población el uso de la fuerza.

Se suele citar la objeción de Bentham a los «derechos naturales». Se discute con menos frecuencia lo que él llama «dispositivo encadenador de la posteridad». Un ejemplo es la Ley de Unión entre Inglaterra y Escocia, que requiere de los sucesivos soberanos del Reino Unido que juren preservar la Iglesia de Escocia y la Iglesia de Inglaterra. Si las generaciones futuras se sienten atadas por estas disposiciones, están, a juicio de Bentham, esclavizadas por tiranos muertos desde hace mucho tiempo.

La objeción de Bentham a estos intentos de amarrar la posteridad es aplicable no solo a la ley que creó el Reino Unido, sino también a la que permitió la formación de los Estados Unidos. ¿Por qué la generación actual debe sentirse encorsetada por lo decidido hace cientos de años? A diferencia de los autores de la Constitución estadounidense, hemos tenido siglos de experiencia para evaluar si «promueve o no el bienestar general».

En caso afirmativo, nos sobran motivos para conservarla; pero en caso contrario, ¿no tenemos tanto la capacidad como el derecho de cambiar las disposiciones establecidas por sus autores en virtud de las cuales somos gobernados? Si es así, ¿por qué los preceptos que dificultan tanto la modificación de la Constitución deben encadenar a una mayoría del electorado?

Si se trata de la unificación de dos o más estados previamente soberanos, Bentham se muestra favorable a establecer garantías de que los países más pequeños no serán dominados por los más grandes. Dada la imposibilidad, según él, de atar las manos de las generaciones futuras, confía en que, tarde o temprano, tras haber estado bajo un gobierno, «las dos comunidades se habrán fundido en una».

El respaldo popular a la independencia de Escocia y Cataluña pone de manifiesto que no siempre es este el caso. Como es lógico, Bentham habría aceptado su posible error. Al fin y al cabo, el «argumento del adorador de la autoridad» es otra de las falacias que rechazaba.

de Proyect Syndicate, 12 de agosto de 2015

La crisis fiscal de los Padres Fundadores

Los estadounidenses son aficionados a hablar con cierto tono reverencial de «la sabiduría de los Padres Fundadores», es decir, los hombres que redactaron la Constitución de Estados Unidos. No obstante, la forma en que la Cámara de Representantes ha sido capaz de paralizar al gobierno (al menos, sus servicios no esenciales) deja en evidencia a los Padres Fundadores.

La causa fundamental de la crisis fiscal reside en la creencia de los Padres Fundadores en la doctrina de la separación de poderes. Desde el punto de vista filosófico, esta doctrina siempre ha sido controvertida.

Durante la guerra civil inglesa, Thomas Hobbes manifestó su oposición a la separación de poderes, pues creía que solo un gobierno central fuerte y unificado podía garantizar la paz. Por su parte, John Locke estaba más preocupado por poner freno al poder monárquico y entendía que la separación de los poderes legislativo y ejecutivo constituía un medio para ello.

Tras haber combatido lo que para ellos era la tiranía de Jorge III, los revolucionarios americanos querían asegurarse de que no surgiría ningún despotismo así en la nueva nación que estaban creando. A tal fin, incluyeron en su Constitución el principio de la separación de poderes.

Como consecuencia, ni el presidente de Estados Unidos ni los funcionarios del gobierno son miembros de la Cámara o del Senado ni pueden ser apartados de su puesto por una mayoría legislativa. Al mismo tiempo, el poder legislativo controla el presupuesto y la capacidad gubernamental para endeudarse. El peligro de punto muerto es evidente.

Cabría pensar que a los Padres Fundadores hay que reconocerles el mérito de que el gobierno de Estados Unidos no haya sido nunca una tiranía. En todo caso, lo mismo podría decirse del gobierno de Gran Bretaña pese a la falta de separación constitucional entre los poderes legislativo y ejecutivo (de hecho, pese a la ausencia de constitución escrita alguna).

Tampoco ha llegado la tiranía a las antiguas colonias británicas, como Australia, Nueva Zelanda o Canadá. A diferencia de Estados Unidos, sin embargo, el primer ministro y los miembros del ejecutivo de estos países sí forman parte de las asambleas legislativas, y los gobiernos desarrollan sus funciones solo mientras cuenten con la confianza de la cámara baja del Parlamento (o, en Nueva Zelanda, la única cámara). Si la asamblea legislativa niega al poder ejecutivo el dinero que necesita para funcionar, el gobierno cae y es sustituido por otro, quizá de forma provisional a la espera de nuevas elecciones.

Habida cuenta del defecto fundamental de la Constitución de Estados Unidos, lo inverosímil no es la crisis actual, sino que estos bloqueos entre el poder legislativo y el ejecutivo no hayan provocado más líos con mayor frecuencia. Esto da fe del sentido común de la mayoría de legisladores norteamericanos y de su disposición a hacer concesiones para no perjudicar gravemente al país, a cuyo servicio están –al menos, hasta ahora–.

En Estados Unidos, las enmiendas constitucionales han de ser ratificadas por tres cuartas partes de los estados, lo cual significa que ahora mismo no hay ninguna posibilidad realista de modificar la Constitución en grado suficiente para subsanar el fallo que ha hecho posible la crisis actual. No obstante, sin tocar la Constitución se podría cambiar un factor que contribuye a la naturaleza excesivamente partidista de la política estadounidense actual. La mejor forma de abordar este problema es planteando por qué a muchos miembros del Partido Republicano que en la Cámara de Representantes han votado a favor de obligar al gobierno a bajar la persiana no les preocupa que su táctica –que sin duda perjudicará a muchos de sus votantes– les ocasione un revés electoral.

La respuesta es que los distritos donde son elegidos los miembros de la Cámara están manipulados hasta un punto que a los ciudadanos de prácticamente todas las demás democracias les parecería absurdo. Esto ocurre porque la responsabilidad de trazar las fronteras de los distritos suele recaer en las asambleas legislativas del estado, donde el partido en el poder tiene las manos libres para establecerlas en provecho propio. En la actualidad, los republicanos controlan casi todas las asambleas estatales, lo que les permite tener la mayoría de los escaños de la Cámara pese a no contar con el respaldo de la mayoría de los estadounidenses; en las elecciones de 2012 al Congreso, los candidatos del Partido Demócrata del conjunto del país recibieron un 1,4 % más de votos que los republicanos.

La alteración de los límites de los distritos electorales estadounidenses significa no solo que la Cámara de Representantes no es representativa del conjunto de la población, sino también que muchos titulares no corren peligro de perder el escaño en unas elecciones. El verdadero peligro –sobre todo en el Partido Republicano– deriva en gran medida de quienes están más a la derecha que el titular. Ser considerado moderado es arriesgarse a la derrota, no al exponerse al voto de los ciudadanos, sino en la lucha por la nominación dentro del Partido, en la que la alta participación de los miembros más fervientemente comprometidos otorga a estos una influencia desmedida en los resultados.

Cabe imaginar a gente serena de ambos partidos llegando a un acuerdo en torno al hecho de que sería interesante para Estados Unidos crear una comisión imparcial que fije fronteras justas en todos los distritos electorales de la Cámara. No hay barrera constitucional para un pacto de esta naturaleza. En el actual entorno de polarización política extrema que se da en Estados Unidos, no obstante, una solución así es casi tan improbable como una enmienda constitucional que impida a la Cámara de Representantes negar al gobierno los fondos necesarios para llevar a cabo sus funciones.

de Project Syndicate, 2 de octubre de 2013

¿Por qué votar?

Como ciudadano australiano, voté en las recientes elecciones federales celebradas en mi país, lo mismo que aproximadamente el 95 % de votantes registrados. Esta cifra contrasta marcadamente con las citas electorales en los Estados Unidos, donde la participación en las elecciones presidenciales de 2004 apenas superó el 60 %. En los comicios al Congreso, que tienen lugar en mitad del mandato presidencial, menos del 40 % de los estadounidenses se toman la molestia de ir a votar.

El hecho de que voten tantos australianos tiene una explicación. En la década de los veinte, cuando la participación electoral cayó por debajo del 60 %, el Parlamento instituyó el voto obligatorio. Desde entonces, pese a que ha habido gobiernos de diverso cariz político, no se ha producido ningún intento serio de revocar esa ley, que según las encuestas es respaldada aproximadamente por el 70 % de la población.

Los australianos que no votan reciben una carta en la que se les pregunta por qué. Quienes no cuentan con una excusa aceptable, como una enfermedad o un viaje al extranjero, deben pagar una pequeña multa, pero la cantidad de personas multadas no llega al uno por ciento de ciudadanos con derecho a voto.

En la práctica, lo obligatorio no es emitir un voto válido, sino acudir al colegio electoral, identificarse e introducir una papeleta en la urna. Dado el carácter secreto de la votación, es imposible evitar que la persona en cuestión escriba tonterías en el papel o lo deje en blanco. Aunque el porcentaje de papeletas no válidas es algo superior si el acto es obligatorio, dista muchísimo de compensar la diferencia en cuanto a participación.

El voto obligatorio no es exclusivo de Australia. Bélgica y Argentina lo habían implantado antes, y es norma en muchos otros países, sobre todo de Latinoamérica, si bien las sanciones y su aplicación varían.

Como en la fecha de las elecciones australianas yo me encontraba en los Estados Unidos, no estaba obligado a votar. Tenía buenas razones para suponer la derrota del gobierno conservador de John Howard, pero esto no explica por qué me tomé tantas molestias para ir, pues la probabilidad de que mi voto influyera algo era minúscula (y, como era de esperar, no influyó).

Cuando votar es voluntario, y la probabilidad de que el resultado esté determinado por el voto de una persona es insignificante, siquiera el coste más pequeño –por ejemplo, el tiempo consumido en andar hasta el colegio electoral, hacer cola y emitir el voto– basta para que la votación parezca algo irracional. No obstante, si muchas personas llevaran a cabo este razonamiento y no votaran, una parte minoritaria de la población determinaría el futuro del país, con lo que habría una mayoría descontenta.

La historia electoral reciente de Polonia brinda un ejemplo. En las elecciones generales de 2005, participaron apenas un 40 % de los ciudadanos con derecho a voto, la cifra más baja desde la instauración de las elecciones libres tras el período comunista. Como consecuencia de ello, Jaroslaw Kaczynski llegó a ser primer ministro gracias al respaldo de una coalición de partidos que obtuvo la mayoría de los escaños pese a recibir solo seis millones de votos de un total de 30 millones de votantes potenciales.

Cuando Kaczynski se vio obligado a convocar nuevas elecciones solo dos años después, quedó patente que a muchos de los que en 2005 no habían votado no les había gustado el resultado. La participación subió hasta casi el 54 %, con un incremento especialmente acusado entre los jóvenes y las personas de mayor nivel educativo. El gobierno de Kaczynski sufrió una dura derrota.

Si no queremos que una pequeña minoría sea determinante en la formación del gobierno, hemos de fomentar la participación. No obstante, como nuestro voto supone una aportación minúscula al resultado, cada uno de nosotros aún puede tener la tentación de desentenderse del asunto y no tomarse la molestia de votar mientras espera que un número suficiente de personas sí lo hagan para mantener la solidez de la democracia y escoger a un gobierno sensible a las opiniones de la mayoría de los ciudadanos.

En cualquier caso, hay muchas razones para votar. Unas personas lo hacen porque les gusta y además, si no lo hicieran, no tendrían nada mejor que hacer con el tiempo que se ahorrarían. Otras están motivadas por un sentido del deber cívico que no evalúa la racionalidad de votar en función del posible impacto de una papeleta individual.

Y aun otras acaso voten no porque crean que van a ser decisivas en el resultado de las elecciones, sino porque, como los aficionados al fútbol, quieren animar a su equipo. Tal vez acuden al colegio electoral porque, si no lo hicieran, no estarían en condiciones de quejarse si no les gustara el gobierno elegido. O quizá calculen que, aunque las posibilidades de influir decisivamente en el resultado son una entre varios millones, el desenlace es de tal importancia que, por ínfima que sea esa posibilidad, quedan sobradamente compensados los nimios inconvenientes de la acción de votar.

Sea lo que fuere, si estas reflexiones no consiguen llevar a la gente a las urnas, el voto obligatorio es una manera de superar el problema de los desentendidos. El pequeño coste impuesto a la abstención vuelve racional el que todo el mundo vote y al mismo tiempo establece la norma social de elegir a los representantes. Los australianos quieren que se les conmine a votar. Votan de buen grado sabiendo que los demás votan también. Los países preocupados por la baja participación electoral harían bien en plantearse el modelo obligatorio.

de Project Syndicate, 14 de diciembre de 2007

Libertad de expresión, Mahoma y el Holocausto

El momento de la condena y el encarcelamiento de David Irving por negar el Holocausto no habría podido ser peor. Tras la muerte de al menos 30 personas en Siria, Líbano, Afganistán, Libia, Nigeria y otros países islámicos durante diversas protestas por unas caricaturas que ridiculizaban a Mahoma, el veredicto de Irving convierte en una farsa la afirmación de que, en los países democráticos, la libertad de expresión es un derecho fundamental.

Si defendemos que los caricaturistas tienen derecho a burlarse de personajes religiosos pero en cambio es un delito penal negar la existencia del Holocausto, pecamos de incoherencia. Creo que debemos respaldar la libertad de expresión, lo cual significa que David Irving tendría que ser puesto en libertad.

Antes de que se me acuse de no captar la sensibilidad de las víctimas del Holocausto o de no conocer la naturaleza del antisemitismo, debo decir que soy hijo de judíos austríacos. Mis padres huyeron de Austria a tiempo; mis abuelos, no.

Mis cuatro abuelos fueron deportados a guetos de Polonia y Checoslovaquia. Dos de ellos acabaron en la ciudad polaca de Lodz, y luego seguramente murieron por inhalación de monóxido de carbono en el campo de exterminio de Chelmno. Uno cayó enfermo y murió en el campo de Theresienstadt. Sobrevivió solo la abuela materna.

De modo que no siento la menor simpatía por la absurda negación del Holocausto de David Irving –quien ahora afirma que fue un error–. Apoyo todo esfuerzo por evitar el regreso del nazismo a Austria y a cualquier otro sitio. Pero ¿cómo sirve a la causa de la verdad prohibir la negación del Holocausto? Si todavía hay personas lo bastante chifladas para negar que el Holocausto tuvo lugar, ¿encarcelándolas por expresar esta opinión las convenceremos de lo contrario? Al revés: pensarán muy probablemente que se condena a gente por manifestar ideas que no pueden ser refutadas mediante datos y pruebas.

En *Sobre la libertad,* John Stuart Mill hace una defensa clásica de la libertad de expresión diciendo que si una idea no «se discute de manera plena, audaz y frecuente», se convertirá en «un dogma muerto, no una verdad viva». La existencia del Holocausto debería quedar como una verdad viva, y quienes se muestran escépticos ante la enormidad de las atrocidades nazis deberían enfrentarse a las pruebas que hay de cómo se produjeron.

Después de la Segunda Guerra Mundial, cuando la república austríaca luchaba por consolidarse como una democracia, era razonable, como medida urgente provisional, que los demócratas austríacos reprimieran la propaganda y las ideas nazis. Pero este peligro pasó hace tiempo. Austria es una democracia y miembro de la Unión Europea. Pese al esporádico resurgimiento de ideas contra los inmigrantes e incluso racistas –algo que, por desgracia, no se limita a países con un pasado fascista–, en Austria ya no existe ninguna amenaza seria de retorno del nazismo.

Por otro lado, la libertad de expresión es imprescindible en los sistemas democráticos, y debe incluir el derecho a decir lo que todo el mundo considera falso, incluso lo que para muchos es ofensivo. Hemos de ser libres para negar la existencia de Dios así como para criticar las enseñanzas de Jesucristo, Moisés, Mahoma o Buda tal como aparecen en textos que para millones de personas son sagrados. Sin esta libertad, el progreso humano siempre tropezará con un obstáculo insalvable.

El artículo 10 del Convenio Europeo de los Derechos Humanos y las Libertades Fundamentales dice: «Toda persona tiene derecho a la libertad de expresión. Este derecho comprende la libertad de opinión y la libertad de recibir y comunicar información e ideas sin injerencia de autoridades públicas y sin consideración de fronteras».

Para ser coherente con esta clara declaración, Austria debe derogar su ley contra la negación del Holocausto. Otros países europeos con leyes similares –por ejemplo, Alemania, Francia, Italia y Polonia– tendrían que hacer lo mismo mientras mantienen o intensifican sus esfuerzos por informar a sus ciudadanos sobre la realidad del genocidio judío y por qué hemos de rechazar la ideología racista que lo provocó.

Las leyes contra la incitación al odio racial, religioso o étnico, en circunstancias en que se pretende –o se prevé de forma razonable– que dicha instigación provoque violencia u otros actos criminales, son diferentes amén de compatibles con el mantenimiento de la libertad para expresar cualquier opinión.

Solo cuando David Irving haya sido puesto en libertad será posible que los europeos se dirijan a los manifestantes islámicos y digan: «Nosotros aplicamos el principio de la libertad de expresión de manera equitativa, al margen de si ofende a musulmanes, cristianos, judíos o quien sea».

de Project Syndicate, 1 de marzo de 2006

Uso y abuso de la libertad religiosa

¿Cuáles son los límites apropiados de la libertad religiosa? Marianne Thieme, líder del Partido de los Animales de Holanda, propone la siguiente respuesta: «La libertad religiosa llega hasta donde empieza el sufrimiento humano o animal».

Este partido, la única formación política defensora de los derechos de los animales con representación en un parlamento nacional, ha propuesto una ley según la cual habría que aturdir a los animales antes de llevarlos al matadero. La idea ha unido a los dirigentes islámicos y judíos en defensa de lo que para ellos es una amenaza a su libertad religiosa, pues sus respectivas doctrinas prohíben comer carne de animales que no estén conscientes en el momento de matarlos.

El parlamento holandés ha dado a los líderes un año para que demuestren que sus preceptuados métodos de sacrificio no provocan más dolor que matar con aturdimiento previo. Si no son capaces de ello, se obligará a dejar sin sentido a los animales antes de sacrificarlos.

Entretanto, en Estados Unidos, los obispos católicos afirman que el presidente Obama está violando su libertad religiosa al exigir a todos los grandes empresarios, incluyendo las universidades y los hospitales católicos, que ofrezcan a sus trabajadores un seguro médico que cubra la anticoncepción. Por otro lado, en Israel, los ultraortodoxos, quienes interpretan que la ley judía prohíbe a los hombres tocar a las mujeres con las que no están casados ni tienen relaciones de parentesco, quieren asientos separados para hombres y mujeres en los autobuses y que el gobierno retire su proyecto de que los estudiantes religiosos a tiempo completo (63.000 en 2010) no queden eximidos del servicio militar.

Si a la gente se le prohíbe practicar su religión –por ejemplo, mediante leyes que impidan rezar de determinada manera–, no hay duda de que se vulnera su libertad religiosa. Siglos atrás, la persecución religiosa fue algo habitual, y hoy todavía es una realidad en algunos países.

Sin embargo, prohibir el sacrificio ritual de los animales no impide a los judíos o los musulmanes practicar su religión. Durante el debate sobre la propuesta del Partido de los Animales, Binyomin Jacobs, Gran Rabino de Holanda, dijo a los parlamentarios lo siguiente: «Si en Holanda no tenemos gente que haga el sacrificio ritual, dejaremos de comer carne». Como es lógico, esto es lo que debe hacer uno si abraza una religión según la cual los animales han de ser sacrificados de una forma menos humana que la factible mediante técnicas modernas.

Ni el islam ni el judaísmo incluyen el precepto de comer carne. Por otro lado, solo estoy sugiriendo a los judíos o a los musulmanes que hagan lo mismo que llevo haciendo yo por motivos éticos desde hace cuarenta años.

Limitar la legítima defensa de la libertad religiosa a rechazar propuestas que impidan a la gente practicar su religión permite resolver muchas otras disputas en las cuales se afirma que está en juego la libertad de religión. Por ejemplo, dejar que los hombres y las mujeres se sienten en cualquier parte de un autobús no quebranta la libertad religiosa de los judíos ortodoxos, pues la ley judía no obliga a nadie a utilizar el transporte público. Es solo una comodidad de la que uno puede prescindir –y los judíos ortodoxos difícilmente sostendrán que las leyes que acatan pretendían hacer la vida más cómoda–.

Del mismo modo, la exigencia de la administración Obama de procurar un seguro médico que incluya los anticonceptivos no impide a los católicos practicar su religión. El catolicismo no obliga a sus adeptos a dirigir hospitales o universidades. (El gobierno ya exime a parroquias y diócesis, con lo que establece una diferencia entre las instituciones esenciales para practicar libremente la religión propia y las secundarias.)

Como es natural, en este caso la Iglesia católica se mostraría claramente reacia a abandonar sus amplias redes de hospitales y universidades. Supongo que, antes de hacer eso, acabaría considerando que la disposición de que el seguro médico cubriera la anticoncepción es compatible con sus enseñanzas religiosas. No obstante, si la Iglesia tomara la decisión contraria y entregara las universidades y los hospitales a organismos dispuestos a proporcionar esa cobertura, los católicos seguirían siendo libres de rendir culto a su Dios y obedecer los preceptos de su religión.

La dispensa religiosa del servicio militar quizá sea más difícil de resolver, pues algunas religiones predican el pacifismo. Por lo general, este problema se soluciona proponiendo un servicio alternativo que no sea menos duro que el militar (para que las religiones no atraigan adeptos solo por este motivo), pero que no conlleve combatir ni matar.

Sin embargo, el judaísmo no es pacifista, de modo que, una vez más, no hay ningún ataque a la libertad religiosa en este punto. Los ultraortodoxos quieren la exención para quienes se dedican a estudiar la Torah basándose en que, para el bienestar de Israel, es tan importante como el servicio militar. Por tanto, la opción de un servicio nacional no combatiente no resolverá este conflicto a menos que consista en estudiar la Torah. En cualquier caso, no hay motivos por los que la mayoría laica de Israel deba compartir la idea de que contar con decenas de miles de estudiantes ultraortodoxos de la Torah suponga beneficio alguno para el país, aparte de que, desde luego, no es algo tan duro como la mili.

No todos los conflictos entre la religión y el Estado tienen una solución fácil. Sin embargo, el hecho de que estas tres cuestiones, que han originado polémica en sus respectivos países, no tengan que ver realmente con la libertad para practicar la propia religión da a entender que se está abusando del recurso a la libertad religiosa.

de Project Syndicate, 11 de junio de 2012

Posdata: Aunque la Cámara Baja del Parlamento holandés aprobó por amplia mayoría la prohibición del sacrificio ritual, la Cámara Alta la rechazó. El gobierno resolvió el problema promoviendo un típico acuerdo holandés: se mantiene el sacrificio ritual, pero con la presencia de un veterinario que deje sin sentido al animal si sigue consciente 40 segundos después de habérsele cortado la garganta.

En 2014, el Tribunal Supremo de los Estados Unidos dictaminó que el requisito de que la Ley de Cuidado de la Salud Asequible incluyera los anticonceptivos violaba la libertad religiosa de las sociedades «anónimas cerradas» con ánimo de lucro gestionadas sobre la base de principios religiosos. Esta decisión no era aplicable a los hospitales católicos, pero en noviembre de 2015 el Tribunal Supremo admitió a trámite una nueva impugnación del requisito de los anticonceptivos presentada por las Hermanitas de los Pobres, una orden de monjas. En el momento de escribir esto, todavía no se ha dictado sentencia.

En Israel, aunque el Tribunal Supremo ha dicho que obligar a las mujeres a sentarse en asientos separados en los autobuses es ilegal, muchos vehículos que cubren trayectos donde se incluyen zonas habitadas por judíos ortodoxos siguen teniendo asientos separados «voluntarios». No obstante, es discutible hasta qué punto es realmente voluntaria esta segregación, pues las mujeres que no se sientan en el área reservada para ellas han sido hostigadas, llegándose al extremo de que algunos hombres ortodoxos se han quedado parados en la puerta del autobús para impedirle arrancar.

¿Un hombre sincero?

En su efusiva descripción del presidente George W. Bush, el antiguo redactor de discursos presidenciales David Frum nos explica que su jefe «despreciaba las falsedades insignificantes del político». Nos enteramos, por ejemplo, de que cuando se le pedía que preparase una emisión de radio para el día siguiente, empezaba leyendo: «Hoy estoy en California...», y enseguida cortaba y decía irritado: «¡Pero no estoy en California!». Para Frum esto resultaba un tanto pedante, pero llegaba a la conclusión de que era representativo del carácter del presidente y que «el país podía confiar en que la administración Bush no engañaría ni mentiría».

Qué equivocado parece ahora Frum.

Bush acaso considere que es una mentira, y por tanto algo malo, decir que se encuentra en California cuando está grabando un discurso en Washington. Sin embargo, no le parece especialmente grave engañar a su país y al mundo entero con respecto a las armas de destrucción masiva de Irak. Como hemos visto, la Casa Blanca basó su postura favorable a la guerra en un dosier de pruebas muy selectivo; por otro lado, Bush realizó diversas declaraciones sobre ciertos intentos de Irak de comprar uranio en África, que tanto él como su personal sabían que eran muy dudosos, por no decir directamente falsos.

Cuando se planteó la cuestión de cómo se iba a incluir la declaración sobre el uranio en el discurso del Estado de la Unión de Bush, tanto la consejera de Seguridad Nacional Condoleeza Rice como el secretario de Defensa Donald Rumsfeld alegaron que no era ninguna mentira. Su razonamiento indica que ambos, igual que el presidente, tienen una noción puerilmente literal de lo que significa mentir.

Las verdaderas palabras de Bush fueron estas: «El gobierno británico se ha enterado de que Sadam Husein buscó recientemente cantidades considerables de uranio en África». La declaración de Bush adoptó esta forma porque la CIA puso objeciones a la versión original, que aseguraba con rotundidad que Sadam Husein había intentado comprar uranio en África. Entonces, el miembro del personal de la Casa Blanca que discutió el documento con la CIA propuso cambiar la frase para que esta dijera que los británicos informaban de que Sadam Husein había tratado de comprar uranio en cierto país africano.

Esto era literalmente cierto, pues los británicos habían emitido esa información. Sin embargo, también era engañoso, ya que la CIA había revelado a los británicos que su información no era fiable. Rice y Rumsfeld fundamentan su actitud en el hecho de que Bush hiciera referencia solo a una declaración británica. Según Rice, «la afirmación que [Bush] hizo era cierta. El gobierno británico dijo eso, en efecto». Rumsfeld manifestó que la declaración de Bush era «técnicamente rigurosa».

De hecho, incluso según la interpretación más literal, la exposición de Bush es inexacta. Bush no dijo simplemente que los británicos habían «informado» de que Irak había intentado comprar uranio en África, sino también que «se habían enterado» de eso. Decir que alguien se ha enterado de algo es refrendar la validez de ese algo. Imaginemos que los británicos hubieran dicho que Sadam Husein era un hombre amante de la paz dispuesto a llevar la democracia a su país. ¿Habría dicho Bush que los británicos se *habían enterado* de esto?

Además de estos débiles intentos por justificar la declaración de Bush como «técnicamente rigurosa», la acusación más grave es que, aunque lo dicho por Bush hubiera sido técnicamente riguroso, habría estado igualmente concebido para hacer creer al mundo que Irak había estado intentando comprar uranio en África. Bush y su personal tenían sobradas razones para saber que eso no era verdad.

La reacción de Bush ante el problema tras hacerse público pone de manifiesto que por un lado está centrado en lo trivial y por otro es moralmente irresponsable con respecto a lo esencial.

Una persona con sensibilidad moral ante la gravedad de iniciar una guerra basándose en información falaz tomaría las medidas apropiadas. Procuraría que la gente de su país supiera cómo se había producido el fallo, y que quienquiera que fuera el culpable sufriría las consecuencias habituales para los altos funcionarios que cometen lo que en este caso fue –por decirlo con la mejor interpretación posible– un grave «error de juicio».

Sin embargo, Bush no hizo nada de eso. Cuando se supo todo, su respuesta consistió en condenar a sus críticos calificándolos de «historiadores revisionistas» y en eludir preguntas sobre la credibilidad de la información que él había proporcionado afirmando que la eliminación de Sadam era un buen desenlace. A continuación, dijo que la CIA había dado el visto bueno a su discurso, como si esto le eximiera de toda culpa. Después de que el director de la CIA, George Tenet, asumiera la responsabilidad de haber incluido el material engañoso, Bush dijo que tenía confianza «total y absoluta» en Tenet y la CIA, y que para él era un tema cerrado.

Creer en la sinceridad de Bush llevó a muchos votantes a preferirlo a Albert Gore en las elecciones presidenciales de 2000. Entre los electores que consideraban la «sinceridad» un factor importante que influía en su decisión, el 80 % dijo haber votado por Bush. Estos votantes estaban indignados con Clinton, no solo por su relación sexual con la becaria de la Casa Blanca Monica Lewinsky, sino también por haber mentido al respecto.

Está claro que Clinton mintió sobre sus actividades sexuales, y que eso estuvo mal. Pero en todo caso, sus mentiras no condujeron a su país a una guerra que ha costado miles de vidas. La excesivamente literal interpretación de los requisitos de honestidad esconde una deshonestidad más profunda cuyas consecuencias han sido, desde el punto de vista moral, muchísimo más graves.

de Project Syndicate, 30 de julio de 2003

¿Es la ciudadanía un derecho?

¿Ha de ser capaz el gobierno de retirarte la ciudadanía?

En el Reino Unido, desde 1918 el gobierno ha tenido autoridad legal para quitar la ciudadanía a los británicos nacionalizados. No obstante, hasta los atentados terroristas del metro de Londres en 2005, este poder casi nunca se ejercía. Desde entonces, el gobierno ha retirado la ciudadanía a 42 personas, incluyendo 20 casos en 2013. Theresa May, ministra de Interior, ha dicho que la ciudadanía es «un privilegio, no un derecho».

La mayoría de los 42 tenían doble nacionalidad. Sin embargo, Mohamed Sakr, no. Sus padres llegaron a Gran Bretaña desde Egipto, pero él no era ciudadano egipcio. Por tanto, al quitarle la ciudadanía, el gobierno británico lo convertía en apátrida.

Sakr recurrió la decisión desde Somalia, donde estaba viviendo. Su alegato era sólido, pues posteriormente el Tribunal Supremo del Reino Unido, en un caso distinto, dictaminó que el gobierno no tiene capacidad para volver apátrida a una persona. No obstante, Sakr desistió del procedimiento porque al parecer le preocupaba que el uso de su móvil revelara su paradero a los servicios de inteligencia de Estados Unidos. Meses después, estando todavía en Somalia, murió en un ataque estadounidense con drones.

En parte como respuesta al temor de que ciertos británicos que fueron a luchar a Siria pudieran regresar con la idea de llevar a cabo atentados terroristas en el Reino Unido, el gobierno propuso una ley que le permitiera retirar la ciudadanía a británicos nacionalizados sospechosos de estar implicados en actividades terroristas... aunque esto los convirtiera en apátridas. (Desde principios de año, han sido detenidos más de cuarenta británicos bajo sospecha de haber participado en acciones militares en Siria.) La Cámara de los Comunes aprobó la ley en enero, pero en abril la Cámara de los Lores decidió remitirla a una comisión parlamentaria mixta para un examen adicional.

En Estados Unidos, la ciudadanía se puede revocar solo por razones muy concretas, como engañar en la solicitud de la misma o haber servido en el ejército de otro país. Posiblemente ingresar en una organización terrorista hostil a Estados Unidos es aún peor que incorporarse a un ejército extranjero, pues las organizaciones terroristas son más propensas a atacar a personas civiles.

No obstante, una diferencia importante es que, si los individuos que formaron parte de fuerzas militares de otros países pierden la ciudadanía estadounidense, seguramente acabarán siendo ciudadanos del país por el que están luchando. Las organizaciones terroristas no suelen tener este tipo de vínculos con ningún gobierno concreto.

La Convención de las Naciones Unidas de 1961 sobre la Reducción de los Casos de Apatridia, de la que Gran Bretaña es país signatario, permite efectivamente a los países declarar apátridas a sus ciudadanos si se demuestra que han hecho algo «perjudicial para los intereses vitales del país». En la actualidad, la ley presentada en el Parlamento británico no exige ninguna prueba pública ni judicial siquiera de la afirmación más endeble de que la presencia de alguien en el país no es propicia para el bien común.

Si la persona que ve retirada su ciudadanía presenta un recurso, el gobierno no tiene la obligación de revelar al recurrente las pruebas en las que fundamenta su decisión. Los gobiernos seguramente cometerán errores de vez en cuando en estos casos, y entonces los jueces y los tribunales serán incapaces de investigar las pruebas aportadas. Otra posibilidad, más siniestra, es el abuso deliberado de este poder para deshacerse de ciudadanos cuya presencia en el país es simplemente incómoda.

Hay razones sólidas para justificar la existencia de un sistema de recursos que permita una revisión plena y justa de las decisiones de supresión de la ciudadanía. Pero los gobiernos dirán que si una persona sospechosa de implicación en una organización terrorista tiene acceso a las pruebas, esto podría revelar métodos y fuentes de inteligencia, lo que pondría en peligro la seguridad nacional.

La capacidad para retirar la ciudadanía sin aportar pruebas públicamente es uno de los motivos por los que un gobierno acaso prefiera esta opción a detener y procesar a los sospechosos de terrorismo. Con todo, quitar sin más la ciudadanía no resuelve el problema de dejar suelto a un terrorista sospechoso que después quizá lleve a cabo un atentado en otra parte –a menos que, como pasó con Sakr, lo maten–.

La cuestión más importante planteada por la ley propuesta en el Reino Unido es el deseable equilibrio entre los derechos individuales, incluido el derecho a la ciudadanía, y el bien general. Supongamos que el gobierno acierta 19 veces de cada 20 cuando, para retirar la ciudadanía a alguien, se basa en la sospecha de implicación en actividades terroristas. Si este fuera el caso con respecto a las decisiones tomadas por el gobierno del Reino Unido en 2013, aún habría una elevada probabilidad de que un ciudadano inocente nacionalizado acabe siendo declarado apátrida. Es una grave injusticia.

Supongamos, sin embargo, que las 19 personas de quienes se sospechó acertadamente su vínculo con el terrorismo pudieran regresar al Reino Unido, y una cometiera un atentado terrorista parecido al del metro de Londres, en el que murieron 52 personas inocentes (los cuatro asesinos murieron también). Ante estas atrocidades, cuesta insistir en que los derechos individuales son algo absoluto. ¿Qué es mejor, declarar injustamente apátrida a un inocente, o cargar con 52 personas inocentes muertas y otras muchas heridas?

No podemos pasar por alto la magnitud del daño causado por un atentado terrorista; pero cuando un gobierno democrático empieza a revocar ciudadanías y a volver apátridas a algunas personas, sienta un precedente para regímenes autoritarios que desean quitarse de encima a disidentes mediante su expulsión, como hizo la antigua Unión Soviética con el poeta y luego premio

Nobel Joseph Brodsky, entre otros. A falta de una ciudadanía global, quizá sea preferible mantener el principio de que la ciudadanía no puede ser retirada si no media una decisión judicial.

de Project Syndicate, 6 de mayo de 2014

El juego de los espías

Gracias a Edward Snowden, ahora sé que la Agencia de Seguridad Nacional de Estados Unidos está espiándome. Se vale de Google, Facebook, Verizon y otras empresas de comunicaciones y de internet para recoger inmensas cantidades de información digital, en la que sin duda se incluyen datos sobre los correos electrónicos, las llamadas telefónicas y el uso de la tarjeta de crédito.

Como no soy ciudadano de los Estados Unidos, todo es perfectamente legal. Y, aunque sí fuera ciudadano estadounidense, es posible que igualmente se hubiera obtenido mucha información sobre mí aun sin ser el objetivo directo de las labores de vigilancia.

¿Debe indignarme esta intrusión en mi privacidad? ¿Ha llegado por fin el mundo de *1984* de George Orwell, tres décadas después? ¿Está el Gran Hermano observándome?

No me siento indignado. Partiendo de lo que sé ahora mismo, la verdad es que me da igual. No es probable que nadie esté leyendo mis correos electrónicos o escuchando mis llamadas por Skype. El volumen de información digital que la NSA recoge haría de esto una tarea imposible.

Lo que sí ocurre es que ciertos programas informáticos analizan datos en busca de patrones de actividad sospechosa que han de permitir a los agentes de inteligencia descubrir a terroristas. El proceso no difiere tanto del examen y la recopilación de datos que muchas empresas utilizan para dirigirnos sus anuncios con más eficacia, o para proporcionarnos los resultados de búsqueda *online* que tenemos más probabilidades de querer o necesitar.

La cuestión no es qué información consigue un gobierno o una empresa, sino qué se hace con ella. Yo estaría indignado si hubiera pruebas de que, por ejemplo, el gobierno estadounidense estuviera utilizando la información privada reunida para chantajear a políticos extranjeros en provecho de los intereses de Estados Unidos, o si esta información se filtrara a los periódicos con objeto de desprestigiar a los críticos de la política estadounidense. Esto sí sería un verdadero escándalo.

No obstante, si no es el caso, o hay salvaguardas efectivas para garantizar que no suceda nada parecido, entonces la cuestión pendiente es si este enorme esfuerzo de recogida de datos nos protege de veras contra el terrorismo, y si tiene una buena relación calidad-precio. Según la NSA, la vigilancia de las comunicaciones ha evitado más de 50 atentados terroristas desde 2001. No sé cómo calibrar esta afirmación ni si habríamos podido evitar estos ataques de otra manera.

La relación calidad-precio es aún más difícil de evaluar. En 2010, el *Washington Post* publicó un importante artículo titulado «América secreta». Tras una investigación de dos años en la que participaron más de una docena de periodistas, el *Post* llegó a la conclusión de que nadie sabe lo que cuestan las operaciones de inteligencia de Estados Unidos –ni siquiera cuántas personas tienen empleadas las agencias norteamericanas dedicadas a esa tarea–.

En su momento, el *Post* informó de que 854.000 personas disponían de habilitaciones de seguridad «secretas». Al parecer, ahora la cifra es 1,4 millones. (Ese ingente número de personas nos lleva a preguntarnos si el mal uso de datos personales para chantajes u otros fines particulares es inevitable.)

Con independencia de nuestra opinión sobre el programa de vigilancia de la NSA propiamente dicho, desde luego el gobierno estadounidense tuvo una reacción exagerada ante la publicación de esas informaciones. Retiró el pasaporte a Snowden y pidió a diversos gobiernos que denegaran cualquier petición de asilo que él pudiera hacer. Lo más insólito es que, por lo visto, los Estados Unidos estaban detrás de la aparente negativa de Francia, España, Italia y Portugal a permitir que el avión del presidente boliviano Evo Morales cruzara su espacio aéreo en su viaje a Moscú, debido a la posibilidad de que Snowden viajara a bordo. Morales tuvo que aterrizar en Viena, y los dirigentes latinoamericanos montaron en cólera ante lo que consideraron una afrenta a su dignidad.

Los defensores de la democracia deberían pensárselo dos veces antes de procesar a personas como Julian Assange, Bradley Manning o Edward Snowden. Si consideramos que la democracia es algo bueno, cabe suponer que la gente debería saber cuanto fuera posible sobre lo que está haciendo su gobierno elegido. Snowden ha dicho que hizo las revelaciones porque «la gente necesita decidir si estos programas y estas políticas están bien o mal».

En esto tiene razón. ¿Cómo va un sistema democrático a determinar si ha de haber vigilancia gubernamental como la que está llevando a cabo la NSA si nadie tiene ni idea de que estos programas existan? De hecho, las filtraciones de Snowden revelaban también que el director de Inteligencia Nacional, James Clapper, en su declaración en una sesión informativa organizada en marzo por la Comisión de Inteligencia del Senado, engañó al Congreso con respecto a las prácticas de vigilancia de la NSA.

Cuando el *Washington Post* (junto con *The Guardian*) publicó la información suministrada por Snowden, preguntó a los estadounidenses si apoyaban o rechazaban el programa de recogida de datos de la NSA: aproximadamente el 58 % de los encuestados decían apoyarlo. No obstante, en el mismo sondeo se observaba que solo el 43 % respaldaba el procesamiento de Snowden por divulgar el programa, mientras el 48 % se oponía.

La votación reflejaba asimismo un apoyo del 65 % a las sesiones públicas del Congreso de Estados Unidos sobre el programa de vigilancia de la NSA. Si se da el caso, estaremos mucho mejor informados gracias a las revelaciones de Snowden.

de Project Syndicate, 5 de julio de 2013

¿Una estatua en honor de Stalin?

Hitler y Stalin fueron dictadores despiadados que cometieron asesinatos a gran escala. Sin embargo, si nos resulta imposible imaginar una estatua de Hitler en Berlín o en cualquier otro sitio de Alemania, en cambio se han colocado nuevamente estatuas de Stalin en diversas ciudades de Georgia (su lugar de nacimiento) y se va a erigir otra en Moscú como parte de un conjunto monumental en memoria de todos los líderes soviéticos.

La diferencia de actitud se extiende más allá de las fronteras de los países gobernados por esos hombres. En Estados Unidos, hay un busto de Stalin en el National D-Day Memorial de Virginia. En Nueva York, cené hace poco en un restaurante ruso decorado con parafernalia soviética, donde las camareras lucían uniforme soviético y el comedor estaba presidido por un cuadro de dirigentes de la extinta URSS en el que destacaba Stalin. Nueva York también cuenta con un bar KGB. Que yo sepa, en la ciudad no hay ningún restaurante de temática nazi, ni bares que se llamen SS o Gestapo.

Así pues, ¿por qué se considera a Stalin relativamente más aceptable que Hitler?

En una conferencia de prensa celebrada el mes pasado, el presidente ruso Vladimir Putin intentó justificarlo. Cuando le preguntaron por los planes de levantar una estatua en honor de Stalin en Moscú, hizo referencia a Oliver Cromwell, dirigente del bando parlamentarista en la guerra civil inglesa del siglo XVII, y dijo: «¿Qué diferencia hay entre Cromwell y Stalin?». Acto seguido, él mismo contestó: «Ninguna en absoluto». Y luego pasó a describir a Cromwell como un «tipo astuto» que «desempeñó un papel ambiguo en la historia de Gran Bretaña». (En Londres hay una estatua de Cromwell frente a la Cámara de los Comunes.)

Si nos referimos a la moralidad de la conducta de Cromwell, «ambiguo» es un calificativo razonable. Aunque promovió el régimen parlamentario, puso fin a la guerra civil y permitió cierto grado de tolerancia religiosa, también respaldó el juicio y la ejecución del rey Carlos I y conquistó Irlanda con gran crueldad como respuesta a la supuesta amenaza de una alianza de los católicos irlandeses con los realistas ingleses.

Sin embargo, a diferencia de Cromwell, Stalin fue responsable de la muerte de un gran número de civiles al margen de cualquier guerra o campaña militar. Según Timothy Snyder, autor de *Tierras de sangre: Europa entre Hitler y Stalin*, entre dos y tres millones de personas murieron en los campos de trabajos forzados del Gulag y quizá un millón fueron fusiladas durante la Gran Purga de finales de la década de los treinta. Otros cinco millones fallecieron en la hambruna del período comprendido entre 1930 y 1933, de los cuales 3,3 millones eran ucranianos cuyo aciago destino fue consecuencia de una política premeditada ligada a su nacionalidad o la posición social de que disfrutaban como campesinos relativamente prósperos, a los que se conocía como «kulaks».

El cálculo aproximado de Snyder del número total de víctimas de Stalin no tiene en cuenta a los que lograron sobrevivir a los trabajos forzados o al exilio interior en condiciones duras. Si los incluimos, la cantidad de personas que sufrieron las atrocidades de la tiranía de Stalin podría ascender a 25 millones. La cifra total de muertes que Snyder atribuye a Stalin es inferior a la más comúnmente citada de 20 millones, estimada antes de que los historiadores tuvieran acceso a los archivos soviéticos. En cualquier caso, es un dato horripilante, de magnitud similar a la de las matanzas de los nazis (que se produjeron durante un período más breve).

Además, según revelan los archivos soviéticos, no cabe decir que los asesinatos de los nazis eran peores porque las víctimas fueran elegidas por la raza o el origen étnico. También Stalin seleccionó a algunas de sus víctimas con arreglo a ese criterio: no solo ucranianos, sino también individuos de minorías étnicas vinculadas a países fronterizos con la Unión Soviética. Además, las persecuciones de Stalin contabilizaron como víctimas a un número elevadísimo de judíos.

No había cámaras de gas, y posiblemente la motivación de Stalin para matar no era el genocidio sino más bien la intimidación y eliminación de la oposición real o imaginaria a su autoridad. En todo caso, esto no justifica en modo alguno la dimensión de los asesinatos y encarcelamientos que se produjeron durante su mandato.

Si hay alguna «ambigüedad» en el registro moral de Stalin, quizá se deba a que el comunismo toca la fibra sensible de algunos de nuestros impulsos más nobles, pues pretende alcanzar la igualdad social y acabar con la pobreza. Ninguna aspiración universal así existe en el nazismo, que ni siquiera en apariencia tenía interés en lo que pudiera ser bueno para todos sino en todo caso solo para un hipotético grupo racial, y estaba a todas luces imbuido de odio y desprecio hacia otras etnias.

No obstante, el comunismo en tiempos de Stalin no tenía nada de igualitario, pues daba el poder absoluto a unos cuantos y negaba todos los derechos a la mayoría. Quienes defienden el buen nombre de Stalin le atribuyen el mérito de haber sacado a millones de la pobreza; en todo caso, se habría podido hacer esto sin asesinar ni encarcelar a otros tantos millones.

Otros elogian la grandeza de Stalin basándose en su papel en la lucha contra la invasión nazi y la subsiguiente derrota de Hitler. Sin embargo, la depuración estaliniana de cargos militares durante la Gran Purga debilitó gravemente el Ejército Rojo, la firma del Pacto de No Agresión Germano-Soviético de 1939 sentó las bases para el comienzo de la Segunda Guerra Mundial, y su ceguera ante la amenaza nazi en 1941 hizo que el ataque de Hitler cogiera desprevenida a la URSS.

Es cierto que Stalin condujo a su país a la victoria en la guerra, así como a una posición de poder global que nunca había tenido antes y que ha perdido. En cambio, Hitler dejó a su país destrozado, ocupado y dividido.

Las personas se identifican con su país y admiran a quienes lo gobernaban cuando era más poderoso. Quizá esto explique por qué los moscovitas están más dispuestos a aceptar una estatua de Stalin de lo que lo estarían los berlineses a acoger una de Hitler.

En todo caso, esto explica solo en parte el distinto trato concedido a estos asesinos de masas. El restaurante de temática soviética y el bar KGB de Nueva York todavía me dejan perplejo.

de Project Syndicate, 9 de enero de 2014

¿Hemos de honrar a los racistas?

El mes pasado, en mitad de mi clase de ética práctica, varios alumnos se levantaron y se fueron. Se sumaban a varios centenares más en una protesta organizada por la Black Justice League (BJL, Liga de la Justicia Negra), uno de los muchos grupos estudiantiles surgidos en los Estados Unidos como respuesta a los disparos que abatieron a Michael Brown en Ferguson (Missouri) en agosto de 2014, y a varias muertes posteriores de afroamericanos desarmados a manos de la policía.

Ese mismo día, más tarde, diversos miembros de la BJL ocuparon el despacho de Christopher Eisgruber, rector de la Universidad de Princeton, y juraron no abandonarlo hasta que se vieran satisfechas sus reivindicaciones.

Entre esas reivindicaciones se incluía la «formación en competencia cultural» para el personal tanto académico como no académico, la exigencia de que los estudiantes recibieran clases sobre historia de las personas marginadas y la creación en el campus de un «espacio de afinidad cultural» dedicado expresamente a la cultura afroamericana.

Pero la demanda que recibió atención nacional fue que se cambiara el nombre de la Escuela Woodrow Wilson de Asuntos Públicos e Internacionales y del Wilson College, una de sus residencias universitarias, en cuyo comedor hay una gran fotografía de Wilson, que la BJL también quiere retirar. Según la Liga, para los estudiantes afroamericanos honrar a Wilson es ofensivo porque era un racista.

Wilson era un progresista en las cuestiones internas y un idealista en la política exterior. Durante su mandato se aprobaron leyes contra el trabajo infantil y se reconocieron nuevos derechos a los trabajadores, al tiempo que se reformaron leyes bancarias y se hizo frente a los monopolios. Después de la Primera Guerra Mundial, Wilson insistió en que las relaciones exteriores debían estar guiadas por valores morales, y propugnó la democracia y el derecho de autodeterminación nacional en Europa.

Sin embargo, sus medidas políticas para los afroamericanos fueron reaccionarias. En 1913, cuando fue elegido presidente de Estados Unidos, heredó un gobierno federal que empleaba a muchos afroamericanos, algunos de los cuales trabajaban con blancos en puestos directivos de nivel intermedio. Mientras gobernó, se reimplantaron los lugares de trabajo y los aseos segregados con criterios raciales, que habían sido suprimidos al final de la Guerra Civil. Los gerentes y directores negros fueron relegados a puestos de menor categoría. Cuando una delegación afroamericana protestó, Wilson dijo que debían entender la segregación como una ventaja.

En Princeton, el nombre de Wilson figura de forma destacada no solo por haber sido uno de sus exalumnos más famosos (y el único en haber recibido el premio Nobel de la Paz), sino también porque, antes de ser presidente de Estados Unidos, fue rector de la universidad y, en palabras de Anne-Marie Slaughter, antigua decana de la Escuela Woodrow Wilson, también la persona que «quizá hizo más que nadie para que [Princeton] pasara de ser un coto exclusivo de pijos a ser una gran universidad dedicada a la investigación».

Wilson es famoso en el mundo entero por los «Catorce Puntos» que propuso como base para el tratado de paz que puso fin a la Primera Guerra Mundial. Exigió asimismo autonomía para los pueblos de los imperios austro-húngaro y otomano, así como un Estado polaco independiente. Por tanto, no es de extrañar que en Varsovia haya una plaza Wilson, que la principal estación de ferrocarril de Praga lleve su nombre y que haya calles que se llamen así tanto en Praga como en Bratislava.

Entre los otros puntos hay llamamientos a acuerdos públicos –no tratados secretos para delimitar la división del territorio de otro país tras la guerra– y a una reducción de las barreras comerciales. Quizá la propuesta más trascendental fue la de formar «una asociación general de naciones... con la finalidad de proporcionar garantías mutuas de independencia política e integridad territorial tanto a los países grandes como a los pequeños».

Esta apelación desembocó en la creación de la Sociedad de Naciones, predecesora de las Naciones Unidas, que desde 1920 hasta 1936 tuvo su sede en el Palais Wilson de Ginebra. El edificio, que conserva el nombre, en la actualidad es la oficina central del Alto Comisionado de la ONU para los Derechos Humanos.

La historia está llena de personas imperfectas que hicieron grandes cosas. En los Estados Unidos, basta con ver que los Padres Fundadores y presidentes de la primera época, como George Washington, Thomas Jefferson o James Madison, tenían esclavos. Cabría alegar en su favor que, a diferencia de Wilson, al menos no iban más allá de los patrones predominantes por aquel entonces. En todo caso, ¿es esta una razón suficiente para seguir rindiéndoles homenaje público?

Una junta escolar de Nueva Orleans creyó que no. Tras aprobar una resolución según la cual ninguna escuela debería llevar el nombre de un esclavista, la Escuela Elemental George Washington pasó a llamarse como un cirujano afroamericano que había luchado por la eliminación de la segregación racial en las transfusiones de sangre. ¿Habría que replantearse también el nombre de la capital del país?

En su libro *Veil Politics in Liberal Democratic States*, Ajume Wingo explica cómo ciertos «velos políticos» disimulan detalles históricos de los sistemas, con lo que se crea un semblante idealizado. Pasa lo mismo con los grandes –o no tan grandes– estadistas, que acaban siendo instrumentos simbólicos para inculcar virtudes cívicas.

No obstante, a medida que cambian nuestros principios morales, adquieren más importancia diferentes características del personaje histórico, y el símbolo acaso llegue a tener otro significado. Cuando en 1948 se añadió el nombre de Wilson a la Escuela de Asuntos Públicos e Internacionales, aún faltaban siete años para el famoso episodio del autobús de Rosa Parks y la segregación en los estados del sur no suponía ningún problema serio. Ahora sería impensable. Así pues, el racismo de Wilson acaba siendo algo más notorio y deja de encarnar los valores que en la actualidad son importantes para la Universidad de Princeton.

Las contribuciones de Wilson a la universidad, a Estados Unidos y al mundo no se pueden ni deben borrar de la historia. En vez de ello, hay que ponderarlas de tal modo que se produzca a una conversación matizada sobre valores cambiantes, en la que se incluyan tanto sus logros positivos como sus aportaciones a las políticas y prácticas racistas de Estados Unidos.

En Princeton, un resultado de esta conversación debería ser la formación de estudiantes y docentes, que de lo contrario no serían conscientes de la complejidad de una figura tan importante en la historia de la universidad. (Yo desde luego he sacado provecho de ello: he dado clases en Princeton durante 16 años, y he admirado algunas de las posturas de Wilson en política exterior durante más tiempo aún; pero debo mi conocimiento del racismo de Wilson a la BJL.) El resultado final de los diálogos que deberíamos mantener podría ser muy bien el reconocimiento de que vincular el nombre de Wilson a una universidad o una escuela transmite un mensaje que tergiversa los valores representativos de la institución.

de Project Syndicate, 11 de diciembre de 2015

Posdata: Tras sondear las opiniones del campus, el Consejo de Administración de la Universidad de Princeton admitió el racismo de Wilson, pero resolvió preservar su nombre en el Wilson College y en la Escuela Woodrow Wilson de Asuntos Públicos e Internacionales. El director del Wilson College ha decidido retirar la foto de Wilson colgada en una de las paredes del comedor.

No, no vayas a vivir a Canadá... ni a Australia

Tras una campaña electoral encarnizada y a menudo agresiva, la victoria de Donald Trump da a entender que nos esperan cuatro años de política muy partidista. Pese al hecho de que 2,8 millones más de votantes prefirieron a Hillary Clinton, Trump ha nombrado para cargos de responsabilidad a extremistas que muy probablemente agravarán, en vez de cerrar, las heridas abiertas por las elecciones.

Cuando en 2000 George W. Bush fue elegido presidente gracias a la resolución del Tribunal Supremo de impedir un recuento total de los votos emitidos en Florida, también hubo debate sobre la legitimidad del proceso electoral. Entonces, igual que ahora, los liberales hablaban de irse a vivir a Canadá. Sobrevivimos al mandato de Bush y vivimos la victoria de Obama, si bien todavía estamos arrastrando el legado de la innecesaria y nefasta invasión de Irak.

Una diferencia entre Bush y Trump es que el primero hablaba mucho de ética, tanto que escribí un libro sobre sus opiniones éticas y por qué eran desacertadas. Sería difícil escribir un libro parecido acerca de Trump, que se ha centrado en los intereses particulares de los estadounidenses, en especial de quienes añoran la época en que su país era «grande». Al parecer, los intereses de los forasteros –con independencia de si buscan o trabajo o son personas cuya vida corre peligro debido al cambio climático– no tienen importancia. También es inquietante, desde el punto de vista ético, la insensatez de Trump con respecto a la necesidad de contar con pruebas antes de hacer ciertas afirmaciones, sea sobre el lugar de nacimiento de Obama o el cambio climático, o cuando asegura que la victoria de Clinton en el voto popular se debió a millones de votos ilegales.

Mis amigos me dicen que tengo suerte porque, como soy ciudadano australiano, siempre puedo irme allí a vivir. En todo caso, si Trump no cumple el compromiso de Norteamérica acerca de reducir las emisiones de gases de efecto invernadero, Australia sufrir al menos tanto como los Estados Unidos. Las personas horrorizadas por el resultado de las elecciones norteamericanas deberían estar implicadas en la política de los EE.UU. Pero, ¿qué tipo de implicación vamos a establecer con un gobierno que no parece tener demasiado interés en la ética ni en las pruebas?

A mi entender, tendríamos que comenzar con ganas de dialogar y cierta disposición a tratar a los miembros de la administración Trump como seres humanos que sin duda tienen opiniones distintas de las nuestras, pero probablemente también interés tanto por la ética como por la verdad. Al decir esto, sigo las enseñanzas de Henry Spira, difunto amigo y compañero activista en favor de los animales. Cuesta imaginar adversarios más polarizados que quienes defendían la experimentación con animales y quienes defendían sus derechos en los años setenta y ochenta del siglo pasado. No obstante, las campañas de Spira contra importantes empresas que hacían sufrir a los animales de experimentación tuvieron éxito donde otros, también contrarios a esos experimentos, no habían logrado ningún resultado. Mientras que muchos de quienes se oponían a los experimentos con animales definían a los experimentadores como sádicos torturadores, Spira comprendió que para conseguir que las grandes empresas cambiaran su proceder, no convenía decir: «Nosotros somos santos y vosotros sois pecadores, y vamos a daros una paliza con un garrote para que aprendáis». En vez de ello, Spira empezaba siempre suponiendo que las personas a quienes pretendía llegar harían, como la mayoría de los seres humanos, lo correcto si se les enseñaba un sistema mejor para alcanzar sus objetivos. Y así acabó convenciendo a empresas como Revlon, Avon, Bristol-Myers y otras importantes compañías de cosméticos de que financiasen el desarrollo de alternativas, lo que a la larga les permitió abandonar los ensayos con animales.

Creo, al igual que Spira, que de entrada deberíamos movernos siempre desde la disposición a dialogar. A veces, este gesto colaborador se ve rechazado. En otras ocasiones comienzan los contactos, pero pronto queda claro que no conducen a ninguna parte. Llega el momento de cambiar de táctica. Pero incluso entonces, gracias a esta actitud inicial favorable al diálogo, tenemos una base ética más sólida que la que tendríamos si hubiéramos comenzado presuponiendo que no hay nada que discutir.

Si el diálogo fracasa y no queda nada salvo posturas enquistadas, también debemos ceñirnos a criterios éticos. Siempre que sea posible, hemos de recordar que el objetivo primordial es convencer a la mayoría de que tenemos razón –y en unas elecciones injustas y manipuladas tendremos que convencer a la mayoría y a algunos más–. Como último recurso, cabrá acudir a los ejemplos de Gandhi y Martin Luther King Jr. La desobediencia civil puede ser una táctica política ética, pero para ser compatible con la democracia ha de ser no violenta. Quienes participan en acciones de desobediencia civil tienen que mostrar respeto por la ley y el compromiso con su causa mediante el consentimiento a ser detenidos y a aceptar la sanción legal por esas acciones.

Tras las recientes elecciones, algunos han dicho que, como los demócratas jugaron limpio y perdieron frente a los chanchullos de los republicanos, ahora deben tomar nota y hacer lo mismo. A corto plazo, esta tentadora estrategia acaso comporte algún beneficio. A largo plazo, sin embargo, hemos de seguir defendiendo el valor de los análisis razonados y basados en pruebas. Lamentablemente, ha quedado claro que no todo el mundo comparte esta idea. En cualquier caso, debemos apelar a quienes sí lo hacen y esforzarnos al máximo por asegurarnos de que constituyen la mayoría del electorado. Si no, la democracia no tiene futuro.

9
Gobernanza global

Eludir la crisis de los refugiados

En julio, llegaron a ser más de 100.000 los inmigrantes que alcanzaron las fronteras de la Unión Europea, el tercer mes consecutivo en que se establecía un nuevo récord. En una semana de agosto, llegaron 21.000 a Grecia. Los turistas se quejaban de que las vacaciones estivales que habían planeado en una isla griega las pasaban ahora en medio de un campo de refugiados.

La crisis de los refugiados tiene consecuencias mucho más serias, por supuesto. La semana pasada, las autoridades austríacas descubrieron los cadáveres en descomposición de 71 inmigrantes en un camión húngaro abandonado cerca de Viena. Y más de 2.500 personas a punto de convertirse en inmigrantes se han ahogado en el Mediterráneo en lo que va de año, la mayoría de ellas intentando cruzar desde el norte de África a Italia.

Los que han llegado a Francia están viviendo en tiendas cerca de Calais, esperado la oportunidad de pasar a Inglaterra saltando a un tren de carga que cruce el Eurotúnel. Algunos morirán al caerse o ser atropellados.

No obstante, el número de refugiados en Europa todavía es pequeño en comparación con otros lugares. Alemania ha recibido más solicitudes de asilo que ningún otro Estado europeo, pero sus seis refugiados por cada 1.000 habitantes es menos de una tercera parte de la proporción de Turquía, con 21 por cada 1.000, cifra que a su vez se ve eclipsada por los 232 del Líbano.

A finales de 2014, ACNUR, el organismo de las Naciones Unidas para los refugiados, calculó que en el mundo había aproximadamente 59,5 millones de personas desplazadas a la fuerza, el nivel más alto jamás alcanzado, de las cuales 1,8 millones están esperando la resolución de su petición de asilo, 19,5 millones son refugiadas y el resto desplazadas dentro de su propio país.

Siria, Afganistán y Somalia son las principales fuentes de refugiados, pero vienen muchos más de Libia, Eritrea, República

Centroafricana, Sudán del Sur, Nigeria y la República Democrática del Congo. En Asia, la persecución de la minoría musulmana rohinyá de Birmania ha contribuido a un incremento reciente del número de refugiados.

No podemos culpar a la gente de querer abandonar países empobrecidos, plagados de conflictos, y buscar una vida mejor en otra parte. En su situación, cualquiera haría lo mismo. De todos modos, ha de haber una forma mejor de atender sus necesidades.

Unos cuantos pensadores valientes propugnan un mundo de fronteras abiertas, alegando que esto elevaría muchísimo el PIB y la felicidad global promedio. (Véase, por ejemplo, http://openborders.info.) Este razonamiento pasa por alto las lamentables tendencias xenófobas de nuestra especie, puestas en evidencia con el aumento de popularidad de los partidos políticos de extrema derecha en Europa.

En un futuro inmediato, ningún gobierno abrirá sus fronteras a todos los que quieran entrar. De hecho, solo se aprecian movimientos en la dirección contraria: Serbia y Hungría están construyendo vallas para que los inmigrantes no puedan pasar, y ha habido conversaciones para reinstaurar controles fronterizos en el espacio Schengen, en el que actualmente está garantizada la libre circulación entre 26 países europeos.

En vez de acordonarse sin más, los países ricos deberían ayudar más a los menos ricos que están admitiendo a un gran número de refugiados: Líbano, Jordania, Etiopía o Pakistán son ejemplos claros. Si los refugiados viven seguros en países que lindan con el suyo, es menos probable que intenten peligrosos viajes a regiones remotas y más probable que regresen a casa tan pronto se haya resuelto el conflicto. El respaldo internacional a países que soportan la mayor carga de refugiados también tiene sentido desde el punto de vista económico: a Jordania le cuesta unos 3.000 euros (3.300 dólares) mantener a un refugiado durante un año; en Alemania, la cifra asciende al menos a 12.000 euros.

En última instancia, no obstante, deberemos replantearnos lo que para muchos es un texto sagrado e inmutable: Convención y Protocolo de la ONU para el Estatuto de los Refugiados. La Convención, firmada en 1951, al principio estaba limitada a personas de dentro de Europa que huían de sucesos anteriores a esa fecha. Exigía a los países signatarios que permitieran a los refugiados llegados a su territorio permanecer en el mismo, sin discriminaciones ni castigos por haber incumplido las leyes sobre inmigración. Se consideraba que los refugiados eran personas incapaces o reacias a volver a su país debido a un miedo justificado a ser perseguidas por razones de «raza, religión, nacionalidad, pertenencia a un grupo social concreto, u opinión política».

En 1967, se eliminaron las restricciones de tiempo y geografía, con lo que la Convención pasó a ser universal. Fue un gesto noble, pero nunca se formuló la pregunta clave: ¿por qué alguien capaz de trasladarse a otro país tiene prioridad sobre otros que están en campos de refugiados y son incapaces de viajar?

Los países ricos tienen la responsabilidad de aceptar refugiados, y muchos de ellos pueden y deben acoger a un número superior. Pero como ha aumentado el número de las personas que solicitan asilo, a los jueces y tribunales les resulta cada vez más difícil determinar quién es refugiado con arreglo a la definición de la Convención y quién es un inmigrante bien preparado que busca una vida mejor en un país más próspero.

La Convención también ha dado origen a una nueva actividad, a menudo carente de escrúpulos y a veces mortal: el tráfico de personas. Si los que reclaman asilo en un país cercano fueran enviados a un campo de refugiados, a salvo de persecuciones, y recibieran ayuda económica de los países ricos, se acabarían los traficantes de personas –y los muertos en el viaje–. Además, para los inmigrantes económicos menguaría el aliciente de solicitar asilo, y los países ricos podrían cumplir con su responsabilidad de aceptar más refugiados procedentes de los campos sin perder el control de las fronteras.

Quizá no sea la mejor solución, pero sí la más viable. Y da la impresión de ser muy preferible al caos y la tragedia que actualmente afrontan muchísimos refugiados.

Desde un punto de vista emocional, rechazar a quienes consiguen llegar a un país es difícil, aunque luego sean enviados a un refugio seguro. No obstante, deberíamos sentir compasión por los millones de personas que esperan en los campos de refugiados. También a ellos hemos de darles esperanzas.

de Project Syndicate, 1 de septiembre de 2015

¿Es posible la diplomacia abierta?

Woodrow Wilson está siempre muy presente en la Universidad de Princeton, de la que fue rector antes de llegar a presidente de los Estados Unidos. Su imponente imagen preside el refectorio del Wilson College, a cuyo cuerpo docente pertenezco; y Prospect House, el edificio destinado a cocina y comedor para el personal académico, fue su residencia familiar mientras dirigió la universidad.

Así pues, a raíz del escándalo provocado por la reciente divulgación de un cuarto de millón de cables diplomáticos a cargo de Wikileaks, me acordé del discurso de Wilson de 1918 en el que propuso «Catorce Puntos» para una paz justa que pusiera fin a la Primera Guerra Mundial. El primero de los puntos reza así: «Hay que llegar a acuerdos de paz públicos, tras los cuales no se pueden pactar acciones ni decisiones internacionales privadas de ninguna clase, sino que la diplomacia debe ser siempre transparente y estar a la vista del público».

¿Es un ideal que debemos tomar en serio? Julian Assange, fundador de Wikileaks, ¿es un verdadero seguidor de Woodrow Wilson?

Wilson fue incapaz de lograr que el Tratado de Versalles reflejara enteramente sus catorce puntos, aunque sí se incluyeron algunos, entre ellos la creación de una asociación de países que acabaría siendo precursora de las actuales Naciones Unidas. Sin embargo, Wilson no consiguió que el Senado de Estados Unidos ratificara el tratado, que contenía la cláusula de la Sociedad de Naciones.

A principios de este mes, en un artículo en el *New York Times,* Paul Schroeter, profesor emérito de historia, sostenía que la diplomacia abierta suele estar «fatalmente viciada», y ponía como ejemplo la necesidad de negociaciones secretas para acercar posiciones en el Tratado de Versalles. Como dicho tratado tiene una responsabilidad ineludible en el resurgimiento del nacionalismo alemán que provocó el ascenso de Hitler y la Segunda Guerra Mundial, cabe considerarlo el acuerdo de paz más desastroso de la historia humana.

Además, si las propuestas de Wilson hubieran constituido la base de la paz y hubieran sentado las pautas de todas las negociaciones futuras, seguramente la historia de Europa no habría sido peor de lo que fue en realidad. Por ello, el Tratado de Versalles es un mal ejemplo para demostrar la conveniencia del secreto en las negociaciones internacionales.

El gobierno abierto es, dentro de unos límites, un ideal compartido por todos. El presidente de Estados Unidos Barack Obama lo apoyó al asumir el cargo en enero de 2009. «Desde hoy mismo», dijo a sus secretarios del gabinete y al personal, «cada organismo y departamento debe saber que esta administración respaldará no a quienes quieran ocultar información sino a quienes quieran darla a conocer.» A continuación, señaló que, para proteger la seguridad nacional y privada, esta política tendría sus excepciones.

No obstante, incluso Robert Gates, el secretario de Defensa, ha admitido que, aunque las recientes filtraciones son embarazosas e incómodas para los Estados Unidos, sus consecuencias en la política exterior son discretas.

Algunos de los cables filtrados son solo opiniones, y sobre ciertos dirigentes nacionales no hay mucho más que chismes. Sin embargo, debido a la filtración, sabemos, por ejemplo, que cuando el gobierno británico puso en marcha su investigación supuestamente abierta sobre las causas de la guerra de Irak, también prometió al gobierno estadounidense que «adoptaría medidas para proteger sus intereses». Al parecer, el gobierno del Reino Unido ha estado engañando a la gente y a su propio parlamento.

Del mismo modo, los cables revelan que el presidente de Yemen, Ali Abdullah Saleh, mintió al pueblo y al parlamento sobre el origen de los ataques aéreos estadounidenses a al-Qaeda en el país al decirles que quienes habían llevado a cabo los bombardeos habían sido las fuerzas armadas yemeníes.

También hemos sabido algo más sobre el nivel de corrupción en algunos de los regímenes respaldados por Estados Unidos, como Afganistán o Pakistán, u otros con quienes mantiene buenas relaciones, en especial Rusia. Sabemos que la familia real saudí ha estado instando a Estados Unidos a lanzar un ataque militar contra Irán para impedir que dicho país sea capaz de fabricar armas nucleares. Quizás aquí nos hemos enterado de algo por lo que el gobierno de los Estados Unidos merece un reconocimiento: ha desestimado la sugerencia.

Por lo general, se considera que el conocimiento es algo bueno; así pues, cabe suponer que saber más sobre lo que piensan y cómo actúan los estadounidenses en el mundo es bueno también. En una democracia, los ciudadanos evalúan y juzgan al gobierno, y si este les oculta lo que hace, no están en buenas condiciones para tomar decisiones fundadas. Incluso en los países no democráticos, las personas tienen un interés legítimo en saber acerca de las acciones emprendidas por su gobierno.

De todos modos, no siempre se da el caso de que la transparencia sea mejor que el secreto. Supongamos que unos diplomáticos estadounidenses descubren que varios demócratas sometidos a una brutal dictadura militar han hablado con oficiales jóvenes para organizar un golpe de Estado que restablezca la democracia y el Estado de derecho. Preferiría que WikiLeaks no publicase ningún cable sobre la información que los diplomáticos hubieran podido dar acerca del complot a sus superiores.

En este sentido, la transparencia es como el pacifismo: igual que no podemos avalar el desarme total mientras otros están dispuestos a usar sus armas, la diplomacia abierta de Woodrow Wilson es un ideal noble que en el mundo en que vivimos no se puede hacer realidad en toda su dimensión.

No obstante, sí podemos acercarnos a dicho ideal. Si los gobiernos no engañaran a sus ciudadanos tan a menudo, habría menos necesidad de secretos; y si los líderes supieran que no pueden estar completamente seguros de que sus acciones van a pasar inadvertidas para la gente, tendrían un claro aliciente para portarse mejor.

Por tanto, es lamentable que el resultado más probable de las recientes revelaciones sea un número mayor de restricciones para evitar otras filtraciones. Esperemos que, en la nueva época de WikiLeaks, este objetivo siga siendo inalcanzable.

de Project Syndicate, 13 de diciembre de 2010

La ética de la gran industria alimentaria

El mes pasado, Oxfam, la organización de ayuda internacional, emprendió una campaña denominada «Tras la marca», cuyo objetivo era evaluar la transparencia de las diez empresas alimentarias y de bebidas más importantes del mundo en cuanto al modo de fabricar sus productos y artículos, así como calificar su desempeño en cuestiones delicadas, como el trato a los pequeños agricultores, el uso sostenible del agua y la tierra, el cambio climático o la explotación de las mujeres.

Los consumidores tienen la responsabilidad ética de ser conscientes de cómo se producen sus alimentos, y las grandes marcas tienen la obligación de ser más transparentes acerca de sus proveedores para que los clientes puedan tomar decisiones fundadas sobre lo que comen. En muchos casos, ni quiera las empresas alimentarias más importantes saben cómo actúan con respecto a estas cuestiones, lo que revela una grave falta de responsabilidad ética por su parte.

Nestlé sacó la puntuación más alta en transparencia, pues proporcionó información sobre al menos algunas de sus fuentes de materias primas y sus auditorías. De todos modos, incluso esta clasificación es solo «aceptable». General Mills figuraba en la cola de la lista.

Además de esta falta de transparencia, el informe de Oxfam identifica varias diferencias comunes a las diez principales empresas alimentarias: a los pequeños agricultores no les ofrecen las mismas oportunidades para vender en sus cadenas de suministros, y cuando aquellos sí tienen ocasión de comerciar con los proveedores de las grandes marcas, quizá no reciben un precio justo por sus productos.

Las diez empresas más importantes no están asumiendo suficiente responsabilidad para garantizar que sus proveedores agrícolas a gran escala paguen un salario digno a sus trabajadores.

En la agricultura mundial hay unos 450 millones de asalariados, y en muchos países suelen estar tan mal pagados que el 60 % viven en la pobreza.

Algunas de estas diez empresas están haciendo más que otras para poner en marcha medidas políticas éticas en estos ámbitos. Unilever se ha comprometido a obtener más materia prima de los granjeros pequeños, y ha asegurado que en 2020 el 100 % de sus principales productos derivará de fuentes sostenibles. Esta política da a Unilever la nota más alta en receptividad ante los pequeños agricultores, con una calificación de «aceptable». Danone, General Mills y Kellogg's ocupaban los puestos de cola con una nota de «muy deficiente».

Durante muchos años, Nestlé recibió críticas por comercializar preparados para lactantes en países en desarrollo, donde encima la lactancia materna era más sana que la alimentación con biberón. Ante esas críticas, revisó su *modus operandi,* pero recientemente ha vuelto a estar en el punto de mira por valerse de niños y mano de obra forzada en la producción de su cacao.

En 2011, la empresa utilizó la Asociación para el Trabajo Justo para evaluar su cadena de suministros. La operación confirmó que muchos proveedores de Nestlé estaban sirviéndose de trabajo infantil y forzado, por lo que la empresa ha empezado a abordar el problema. Como consecuencia de ello, Nestlé, junto con Unilever y Coca-Cola, obtuvieron una nota de «aceptable» en lo relativo a derechos de los trabajadores. Ninguna de las otras diez empresas principales sacó mejor puntuación. Kellog's fue la peor calificada en esta categoría.

La agricultura es una importante fuente de gases de efecto invernadero: contribuye más que todo el sector del transporte y al mismo tiempo es una de las que corre más peligro debido al cambio climático, como evidencian recientes cambios en los patrones pluviales. Si eliminamos bosques tropicales para dedicar el terreno a pasto o a producir aceite de palma, liberamos en la atmósfera grandes cantidades de carbono acumulado. Los rumiantes de pastoreo, como las reses y las ovejas, también influyen considerablemente en el cambio climático.

También en este caso las grandes marcas reciben calificaciones bajas de Oxfam, sobre todo porque ni siquiera controlan las emisiones de las que son directa o indirectamente responsables. Nestlé fue la única empresa que logró un «suficiente», siendo la última de la lista Associated British Foods, con un «muy deficiente».

Cualquiera con acceso a internet puede visitar la página web de Oxfam y ver la clasificación de las grandes marcas en siete indicadores significativos desde el punto de vista ético. En la actualidad, las puntuaciones más elevadas están en la categoría «suficiente», sin que ni una sola de las diez principales empresas reciba un «notable» en ninguna categoría.

Se anima a los consumidores individuales a establecer contacto directamente con las empresas y a exhortarlas a que muestren una mayor responsabilidad con respecto al modo en que obtienen los ingredientes para sus productos. Oxfam espera que, de este modo, su campaña «Tras la marca» provocará una «carrera hacia la cima» en las que las grandes empresas competirán por obtener la máxima puntuación posible y lograr que se las conozca como actores de veras transparentes que producen alimentos y bebidas con un alto grado de responsabilidad ética.

Los cambios ya producidos ponen de manifiesto que, si las grandes empresas saben que sus consumidores quieren de ellas un comportamiento más ético, este será inexcusable. Para que una campaña así sea efectiva, hace falta que los consumidores individuales asuman la responsabilidad de estar mejor informados sobre la comida y la bebida que consumen, hagan oír su voz, y tomen decisiones de compra influidas tanto por el gusto y el precio como por la ética.

de Project Syndicate, 12 de marzo de 2013

Equidad y cambio climático
(con Teng Fei)

Entre los seres humanos, es universal cierto sentido de la equidad, pero se suele diferir en cuanto a lo que esa equidad requiere en una situación determinada. Donde más se nota esto es en el debate sobre la necesidad de reducir las emisiones de gases de efecto invernadero (GEI) para evitar el peligroso cambio climático.

China y los Estados Unidos son los principales emisores de GEI, y es muy difícil que cualquier acuerdo global para disminuir las emisiones vaya a ser efectivo sin la participación de ambos. Pese a ello, en las negociaciones internacionales sobre el clima, parecen tener ideas muy enfrentadas sobre lo que cada país debe hacer. Como profesores interesados en la cuestión del cambio climático, pertenecientes a destacadas universidades, una china y otra norteamericana, creímos que sería interesante ver si éramos capaces de llegar a un acuerdo acerca de lo que sería un principio equitativo para regular las emisiones de GEI.

Decidimos servirnos del coeficiente Gini, una medida habitual de la desigualdad en la distribución de los ingresos, para evaluar la desigualdad en las emisiones de carbono. El coeficiente Gini es un número comprendido entre 0 y 1, donde 0 indica que todos tienen exactamente los mismos ingresos, y 1 que una sola persona tiene la totalidad de los ingresos y los demás nada. Como es lógico, todas las sociedades actuales se encuentran en algún punto situado entre estos dos extremos, habiendo países relativamente igualitarios como Dinamarca en torno al 0,25, y otros menos igualitarios, como los Estados Unidos o Turquía, ubicados más cerca del 0,4.

Diferentes principios de ecuanimidad generarán diferentes distribuciones de emisiones en la población y distintos «coeficientes Gini del carbono». Para calcular dicho coeficiente, utilizamos el período 1850-2050. Esto nos permite analizar el principio de responsabilidad histórica, defendido por países como China y

Brasil, que tiene en cuenta las emisiones pasadas que hayan tenido impacto en la atmósfera.

Hemos seleccionado tres estudiadísimos métodos para asignar cuotas de emisiones de GEI a diferentes países:

> *El enfoque de los derechos iguales de emisión per cápita* adjudica derechos de emisión a los países con arreglo a su población, pero solo en función de la porción restante del presupuesto global de carbono, es decir, de la cantidad que aún puede emitirse, entre ahora y 2050, evitando al mismo tiempo cambios peligrosos en el clima. (Por lo general, se dice que este límite evita más de 2 °C de calentamiento.)
> *El enfoque de las emisiones acumulativas iguales per cápita* busca la igualdad a lo largo del tiempo, no solo a partir de ahora. Por tanto, combina las dimensiones de responsabilidad por emisiones pasadas con derechos iguales per cápita. Asigna una parte igual de los presupuestos globales teniendo en cuenta la porción que ya se ha consumido.
>
> *El enfoque de la exención* basa los derechos de emisiones en patrones existentes. Este esquema de asignación ha acabado siendo el enfoque *de facto* aplicado en los países desarrollados del Protocolo de Kioto, según el cual han de alcanzar un objetivo de emisiones basado en una reducción porcentual de lo que emitían en 1990. En consecuencia, los países que emitieron más en 1990 tienen derecho a emitir más en el futuro que otros países que entonces emitieron menos.

Por definición, el enfoque de las emisiones acumulativas iguales per cápita es un sistema para generar una igualdad perfecta entre todos los países con respecto a su contribución, con el tiempo, al cambio climático; debido a ello, el coeficiente Gini del carbono es 0,0. En lo sucesivo, el principio de igualdad per cápita aplicado a la emisión anual se traduce en un coeficiente Gini del carbono de aproximadamente 0,4. La diferencia pone de manifiesto que la disputa entre países desarrollados y en desarrollo con respecto al principio de responsabilidad histórica equivale más o menos al 40 % de las emisiones de GEI que puedan haberse producido entre 1850 y 2050 sin provocar un calentamiento superior a 2 °C. El principio de exención da lugar al coeficiente Gini de carbono más elevado: en torno al 0,7.

Estos coeficientes Gini del carbono tan diferentes indican que en el mundo no existe una idea común sobre cuál podría ser una solución equitativa al cambio climático. El éxito en las negociaciones internacionales sobre el clima dependerá del modo en que las partes –y los ciudadanos a quienes representan– toman en consideración unos cuantos principios vitales de equidad, especialmente la responsabilidad histórica y los derechos iguales per cápita. Hasta ahora, en las negociaciones ya ha quedado claro que las preocupaciones por la equidad a largo plazo no se están abordando de forma adecuada. Cuando incluimos *de facto* el principio de exención, el coeficiente Gini del carbono revela que hasta un 70 % del presupuesto global del carbono sigue en disputa entre los países ricos y los países pobres.

Si resulta demasiado difícil llegar a un acuerdo sobre un principio fundamental de equidad, entonces un acuerdo sobre el hecho de que algunos coeficientes Gini del carbono son demasiado extremos para ser justos podría constituir la base de un consenso mínimo. Por ejemplo, el principio de exención tiene un elevadísimo coeficiente Gini de 0,7. Si lo comparamos con el coeficiente Gini de distribución de ingresos en los Estados Unidos, que en opinión de la mayoría son muy poco igualitarios, vemos que, con un 0,38, es muy inferior.

Por otro lado, las emisiones iguales anuales per cápita se basan en un principio que al menos cabe considerar equitativo y tienen un coeficiente Gini inferior a 0,4. Por tanto, proponemos que cualquier solución justa y equitativa debe estar en un «intervalo justo» de 0,0-0,4 del coeficiente Gini. Aunque cualquier decisión sobre el número exacto es en cierto modo arbitraria, acaso sirva como frontera de las propuestas que serán discutidas por grupos comprometidos con una solución equitativa para el cambio climático.

de Project Syndicate, 11 de abril de 2013

¿Pagarán los contaminadores el cambio climático?

Estoy escribiendo esto en Nueva York, a principios de agosto, cuando el alcalde ha decretado una «emergencia de calor» para evitar cortes generalizados de electricidad debido al uso excesivo del aire acondicionado. Los empleados del ayuntamiento se exponen a sanciones penales si regulan su termostato por debajo de los 78 grados Fahrenheit (25,5 grados Celsius). En cualquier caso, el consumo de electricidad ha alcanzado niveles de récord.

Por su parte, California ha superado su propia ola de calor sin precedentes. En el conjunto de Estados Unidos, los primeros seis meses de 2006 han sido los más calurosos de los últimos cien años. También Europa está sufriendo un verano atípicamente cálido. En julio se batieron récords en Inglaterra y Holanda, donde los datos meteorológicos se remontan a más de trescientos años.

El tórrido verano septentrional encaja bien con el estreno de *Una verdad incómoda*, documental de Al Gore, exvicepresidente de Estados Unidos. Valiéndose de gráficos, imágenes y otros datos dignos de mención, la película defiende de forma convincente la idea de que nuestras emisiones de dióxido de carbono están provocando el calentamiento global o, al menos, contribuyendo a él, y la necesidad de abordar el problema con urgencia.

Los estadounidenses suelen hablar mucho de moralidad y justicia. Sin embargo, la mayoría de ellos aún no se da cuenta de que la negativa de su país a firmar el protocolo de Kioto, así como su enfoque de las emisiones de las emisiones de gases de efecto invernadero como si aquí no pasara nada, es un desastre moral de la peor especie. Esto ya está teniendo consecuencias nocivas para otros, y la mayor injusticia es que los ricos están consumiendo la mayor parte de la energía que provoca las emisiones causantes del cambio climático, mientras los pobres son quienes cargan con casi todo el coste. (Para ver lo que se puede hacer a fin de reducir la propia contribución, véase www.climate-crisis.net.)

Si quiero ver la injusticia, solo tengo que alzar la vista al aparato de aire acondicionado que mantiene mi oficina en estado soportable. Aunque no me he limitado a hacer caso al alcalde y lo he puesto a 82 °F (27 °C), todavía formo parte de un bucle de retroalimentación. Abordo el problema del calor consumiendo más energía, lo que conduce a quemar más combustible fósil, lo cual envía a la atmósfera más gases de efecto invernadero y calienta más el planeta. Esto sucedió incluso cuando vi *Una verdad incómoda*: era una noche calurosa, y en el cine hacía tanto fresco que lamenté no haber traído una chaqueta.

El calor mata. En 2003, según estimaciones oficiales, una ola de calor provocó en Europa aproximadamente unas 35.000 muertes en Francia y más de 2.000 en Gran Bretaña. Aunque no cabe atribuir ninguna ola de calor concreta directamente al calentamiento global, este aumenta la frecuencia de dichos episodios. Además, si seguimos sin poner coto al calentamiento, el número de muertos debido al carácter más errático de las lluvias, que provocarán tanto sequías prolongadas como inundaciones graves, eclipsará la cifra de víctimas causadas por el tiempo caluroso en Europa. Huracanes fuertes más frecuentes matarán a más personas. La fusión del hielo polar hará que el aumento del nivel del mar inunde deltas fértiles de los que millones de personas obtienen su alimento. Las enfermedades tropicales se propagarán y ocasionarán la muerte de aún más personas.

Una mayoría aplastante de los muertos se contarán entre los que carecen de recursos para adaptarse, para encontrar fuentes alimentarias alternativas, y los que no tienen acceso a la asistencia médica. También en los países ricos, quienes mueren en los desastres naturales no suelen ser las personas acomodadas. Cuando el huracán Katrina asoló Nueva Orleans, los muertos fueron los pobres que vivían en zonas bajas y no tenían vehículos para huir. Si esto es así en un país como los Estados Unidos, con unas infraestructuras razonablemente eficientes y los recursos necesarios para ayudar a sus ciudadanos en momentos de crisis, más notorio será si los desastres afectan a países en desarrollo, pues sus gobiernos no cuentan con los medios precisos y, cuando se trata de ayuda exterior, para los países ricos no todas las vidas humanas valen igual.

Según cifras de Estados Unidos, en 2002 sus emisiones de gases de efecto invernadero fueron 16 veces mayores que las de la India, 60 veces superiores a las de Bangladés y 200 veces más elevadas que las de Etiopía, Malí o Chad. Otros países desarrollados con emisiones parecidas a las de Estados Unidos son Australia, Canadá o Luxemburgo. Rusia, Alemania, Gran Bretaña, Italia, Francia y España tienen niveles que oscilan entre la mitad y la cuarta parte de los de Norteamérica. Esta magnitud aún está bastante por encima del promedio mundial, y es más de 50 veces superior a la de los países más pobres en los que la gente morirá a causa del calentamiento global.

Si un contaminador perjudica a otros, los damnificados suelen contar con algún remedio legal. Por ejemplo, si de una fábrica se escapan sustancias químicas tóxicas a un río cuya agua yo utilizo para regar en mi granja, lo cual acaba con mis cultivos, puedo demandar al propietario de la fábrica. Si los países ricos contaminan la atmósfera con dióxido de carbono y provocan pérdidas en mis cosechas debido a cambios en los patrones pluviales, o mis campos acaban inundados por culpa de una subida del nivel del mar, ¿no debería ser yo capaz también de ponerles una demanda?

Camilla Toulmin, directora del Instituto Internacional para el Medio Ambiente y el Desarrollo, ONG con sede en Londres, estaba presente en una conferencia sobre el cambio climático que Al Gore pronunció en junio. Toulmin preguntó a Gore qué opinaba sobre la compensación a quienes se ven más afectados por el cambio climático pero al mismo tiempo son quienes menos han hecho para provocarlo. Al parecer, la pregunta, informa ella en www.opendemocracy.net, cogió por sorpresa al conferenciante, quien respondió que la idea no le parecía bien. Me pregunto, igual que Youlmin, si esto es una verdad demasiado incómoda incluso para Al Gore.

de Project Syndicate, 5 de agosto de 2006

¿Por qué sirven carne en una conferencia sobre el cambio climático?

(Con Frances Kissling)

Más de 50.000 funcionarios de la ONU, científicos, defensores del medio ambiente y unos cuantos jefes de Estado asistirán la semana que viene en Río de Janeiro a una conferencia sobre desarrollo sostenible. Se reúnen veinte años después de la primera Cumbre de la Tierra celebrada en la misma ciudad, y el objetivo ahora, igual que entonces, es determinar el modo de reducir las emisiones de los peligrosos gases de efecto invernadero y ayudar a los 1.300 millones de personas que viven en la extrema pobreza. O, para ser más claros, el modo en que podemos vivir éticamente sin amenazar la capacidad de las generaciones futuras de llegar siquiera a vivir.

Esto es lo que está en la agenda.

Pero lo que queremos saber es lo siguiente: ¿qué hay en el menú? En concreto, ¿en esta importante reunión sobre el clima se servirá carne, teniendo en cuenta lo mucho que su producción y consumo contribuyen al cambio climático?

Intentamos averiguarlo.

La primera respuesta a nuestra solicitud de información por correo electrónico pasó por alto la pregunta y puntualizó con orgullo los esfuerzos de la organización para que el acontecimiento fuera «verde». Un portavoz de la ONU dijo: «Tanto el gobierno brasileño como el secretariado de la ONU han adoptado varias medidas para "verdear" la conferencia de Río. De entrada, habrá una "utilización inteligente del papel", es decir, se publicarán pocos documentos a menos que se haga alguna solicitud especial de impresión según demanda. Sé también que el gobierno brasileño ha estado ocupándose del problema de los plásticos».

Tras presionar un poco más, gracias a otro portavoz de la ONU nos enteramos de que «en los servicios de cáterin se daba prioridad a los alimentos orgánicos», lo cual suena muy bien, solo que normalmente el ganado «orgánico» genera aún más metano por kilo de carne que sus peor tratados hermanos.

Las Naciones Unidas llevan celebrando conferencias sobre el medio ambiente desde 1972. Al principio, estos encuentros se centraban en la industrialización y el crecimiento económico, así como en el impacto de ambos en el entorno. En la década de los noventa, empezó a ponerse el foco en los efectos del calentamiento global. En la primera reunión de Río, en 1992, 189 países, entre ellos los Estados Unidos, prometieron estabilizar el nivel de los gases de efecto invernadero y evitar cambios peligrosos en el clima.

El fracaso ha sido estrepitoso. Desde entonces, la concentración de gases de efecto invernadero en la atmósfera ha alcanzado un nivel que para muchos científicos ya es peligroso. Numerosos expertos climáticos creen que en menos de dos décadas habremos llegado a un punto de no retorno, tras el cual no podremos hacer nada para impedir que los cambios climáticos aumenten vertiginosamente hasta conducirnos al desastre.

Nadie cree de veras que la reunión Río+20 se traduzca en un nuevo acuerdo para limitar las emisiones de gases de efecto invernadero. En tal caso, lo mejor que la conferencia podría hacer por el clima es eliminar la carne del menú –y tomarse esto realmente en serio–. Todos los asistentes deberían saber que la carne contribuye enormemente al cambio climático. También es un problema que se puede solucionar con más rapidez que otros. Suprimir la carne ayudaría más a combatir el cambio climático que ninguna otra acción que fuera factible llevar a cabo en los próximos veinte años.

Un informe de 2006 de la Organización de las Naciones Unidas para la Alimentación y la Agricultura, «La larga sombra del ganado», decía que la cría de animales con fines alimentarios es «uno de los dos o tres agentes que contribuyen de forma más significativa a los problemas medioambientales más graves, en cualquier escala, de la local a la global». Desde entonces, los investigadores climáticos Robert Goodland y Jeff Anhang han llegado a la conclusión de que el ganado y sus productos secundarios ricos en metano dan cuentas de más emisiones de gases de efecto invernadero que las reflejadas en el informe anterior: un impresionante 51 %.

Si las Naciones Unidas y todas las delegaciones nacionales y grupos activistas de Río+20 insistieran en eliminar la carne de todos los bufés, cenas privadas, recepciones en embajadas, almuerzos y desayunos de trabajo, la gente acaso empezaría a pensar que las Naciones Unidas se toma en serio el daño que la actividad humana está provocando en el planeta. Sin embargo, en una reunión que alardea de ser «verde», y donde los defensores del medio ambiente dan el callo para sacar adelante sus propuestas, hablar de carne parece algo extemporáneo, quizá incluso tabú.

Mientras los grupos ecologistas hacen campaña sobre los peligros del calentamiento global, no es habitual oír a figuras importantes proponer que hay que dejar de comer carne –siquiera reducir su consumo de forma considerable–. En un reciente encuentro en la ONU al que asistió uno de nosotros, un miembro de una importante organización ecologista habló con vehemencia sobre la necesidad de reducir el crecimiento demográfico. Después, en la comida que siguió a la charla, dio buena cuenta de varias raciones de osobuco. Cuando se le preguntó acerca de los aspectos insostenibles de una dieta rica en carne, contestó sin inmutarse que «jamás renunciaría a la carne».

Y esto es parte del problema. En el mundo desarrollado, comer carne es señal de buena vida. Se trata asimismo de una dieta a la que aspiran los países en desarrollo, si bien debilita los esfuerzos por reducir la pobreza. A medida que vaya aumentando el número de ricos en países como China o la India, aumentará también la demanda de carne.

Para satisfacer esta demanda, la FAO pronostica que, en 2050, el número de animales de granja criados anualmente se habrá duplicado; los 60 mil millones actuales serán 120 mil. Aparte de las repercusiones en el calentamiento global, este incremento supondrá una mayor presión sobre los cereales, pues habrá que producir una cantidad muchísimo mayor para alimentar a los animales. El especialista Vaclav Smil, autor de *Alimentar al mundo; un reto del siglo XXI*, ha calculado que es imposible que toda la población del planeta coma igual que las personas ricas en la actualidad. Haría falta un 67 % más de terreno agrícola del que posee ahora mismo la Tierra.

Un informe de 2007 del Panel Intergubernamental sobre el Cambio Climático explicaba con todo detalle algunas probables consecuencias del mantenimiento de niveles elevados de gases de efecto invernadero durante las próximas décadas: en Latinoamérica, 70 millones de personas carecerán de agua suficiente, y muchos agricultores deberán abandonar los cultivos tradicionales, pues el suelo será más salino; en África, 240 millones correrán el riesgo de desabastecimiento de agua, y dejará de haber trigales; en Asia, 100 millones padecerán inundaciones debido al aumento del nivel del mar, y menos lluvia significará menos arrozales en China y Bangladés. Se supone que, a finales de siglo, el nivel del mar habrá subido entre 17,5 cm y 57,5 cm. Puede que las islas y los países de costas bajas desaparezcan sin más. Maldivas ya está ahorrando dinero con la esperanza de comprar un país nuevo cuando el actual quede sumergido bajo las aguas.

Hay pruebas claras de que una disminución en la producción y el consumo de carne limitaría las emisiones de gases de efecto invernadero y tal vez evitaría estas tragedias. Sin embargo, tras múltiples modificaciones y semanas de negociaciones, la palabra «carne» no aparece en el borrador de la conferencia de Río. En cambio, el escrito analiza la necesidad de disminuir la producción y el consumo de otros productos causantes del calentamiento global sin señalar a ese culpable fundamental.

Los líderes climáticos globales tendrán sobre la mesa de la conferencia Río+20 un montón de desafíos apremiantes. Ya es hora de sacar la carne de los platos.

de *The Washington Post*, 15 de junio de 2012

Destronamiento del Rey Carbón

A principios de año, la concentración de dióxido de carbono en la atmósfera alcanzó las 400 partes por millón (ppm). La última vez que hubo tanto CO_2 en el aire fue hace tres millones de años, cuando el nivel del mar estaba 24 metros más alto que hoy. En la actualidad, este nivel está volviendo a subir. En septiembre pasado, el hielo del Ártico cubría la porción más pequeña jamás consignada. Desde 1880, cuando se comenzaron a tener registros globales, los diez años históricamente más calurosos (salvo uno) han correspondido al presente siglo.

Según algunos climatólogos, 400 ppm de CO_2 en la atmósfera es ya suficiente para superar el punto crítico a partir del cual corremos el riesgo de sufrir una catástrofe que convertirá a miles de millones de personas en refugiados climáticos. En su opinión, hemos de hacer bajar la cantidad de CO_2 atmosférico hasta 350 ppm. Esta cifra está detrás del nombre adoptado por 350.org, un movimiento de base con voluntarios de 188 países dispuestos a resolver el problema del cambio climático.

Otros científicos del clima son más optimistas: sostienen que, si dejamos que el CO_2 atmosférico suba hasta 450 ppm, nivel ligado a un aumento de la temperatura de dos grados Celsius, tenemos un 66,6 % de posibilidades de evitar la catástrofe, con lo que aún queda ese tercio aciago –peores posibilidades que en la ruleta rusa–. Y está previsto que sobrepasemos los 450 ppm en 2038.

Una cosa está clara: si nos queda algún grado de cordura con respecto al clima del planeta, no podemos quemar todo el carbón, el petróleo y el gas natural que ya hemos localizado. Aproximadamente el 80 % de ese combustible –sobre todo el carbón, el que más CO_2 emite al quemarse– ha de permanecer bajo tierra.

En junio, el presidente Obama dijo a unos estudiantes de la Universidad de Georgetown que se negaba a condenarles, a ellos, a sus hijos y sus nietos, a «un planeta que no tenga arreglo». Tras afirmar que el cambio climático no puede esperar a que el Congreso supere su «estancamiento partidista», anunció que se valdría de su poder ejecutivo para tomar medidas con la finalidad de limitar las emisiones de CO_2, primero en las centrales eléctricas nuevas de combustibles fósiles y después en las otras.

Obama también hizo un llamamiento para poner fin a la financiación pública de nuevas centrales de carbón en el extranjero, a menos que se implanten tecnologías de captura de carbono (que todavía no son viables desde el punto de vista económico) o que «los países más pobres no cuenten con otro sistema factible para generar electricidad».

Según Daniel Schrag, director del Centro del Medio Ambiente de la Universidad de Harvard y miembro de un panel científico presidencial que ha asesorado a Obama sobre el cambio climático, «desde el punto de vista político, la Casa Blanca no se decide a declarar la guerra al carbón, cuando es precisamente una guerra contra el carbón lo que hace falta».

Schrag tiene razón. Su universidad, como la mía y muchas otras, tiene un plan para reducir sus emisiones de gases de efecto invernadero. No obstante, la mayoría, incluidas la de Schrag y la mía, siguen invirtiendo parte de sus dotaciones milmillonarias en empresas que extraen y venden carbón.

En todo caso, la presión sobre las instituciones educativas para que dejen de invertir en combustibles fósiles está empezando a crecer. En muchos campus se han constituido grupos de alumnos, y unas cuantas escuelas y universidades ya han prometido dejar de invertir en combustibles fósiles. Varias ciudades estadounidenses, entre ellas San Francisco y Seattle, han accedido a hacer lo mismo.

En la actualidad, diversas instituciones financieras también han recibido críticas por su implicación en los combustibles fósiles. En junio, formé parte de un grupo de australianos destacados que firmaron una carta abierta a los directores de los principales bancos del país en la que se les pedía que dejaran de conceder préstamos para nuevos proyectos de extracción de combustibles fósiles, y que vendieran sus participaciones en empresas dedicadas a esas actividades.

A principios de año, en una conferencia en Harvard, el exvicepresidente de Estados Unidos. Al Gore elogió a un grupo de estudiantes que estaba presionando para que la universidad se deshiciera de sus inversiones en empresas ligadas a los combustibles fósiles, y comparó sus actividades con la campaña de desinversiones que, en la década de los ochenta, contribuyó a acabar con la política racista del *apartheid* en Sudáfrica.

¿Hasta qué punto es justa la equiparación? Las líneas divisorias acaso sean menos nítidas que en el caso del *apartheid*, pero nuestro persistente nivel elevado de emisiones de gases de efecto invernadero ampara los intereses de un grupo de seres humanos –sobre todo personas acaudaladas que hoy están vivas– a costa de los demás. (En comparación con la mayor parte de la población mundial, incluso los mineros norteamericanos y australianos que perderían el empleo si las empresas cerraran son ricos.) Nuestra conducta no tiene en cuenta a la mayoría de los pobres del mundo ni a los que vivirán en el planeta en los siglos venideros.

A nivel mundial, los pobres dejan una huella de carbono muy pequeña y en cambio son quienes más sufrirán las consecuencias del cambio climático. Muchos viven en sitios calurosos donde cada vez hace incluso más calor, y cientos de millones practican una agricultura de subsistencia que depende de la lluvia. Los patrones pluviales variarán, y los monzones asiáticos serán menos fiables. Los que vivan en este planeta en los próximos siglos estarán en un mundo más cálido, con un nivel del mar más elevado, menos tierra cultivable, y huracanes, sequías e inundaciones de un carácter más extremo.

En tales circunstancias, elaborar proyectos nuevos para el carbón no es ético, e invertir en ellos es ser cómplice de esta actividad desprovista de ética. Aunque en cierto modo esto es aplicable a todos los combustibles fósiles, la mejor manera de empezar a cambiar nuestro comportamiento es reduciendo el consumo de carbón. La sustitución del carbón por el gas natural reduce efectivamente las emisiones de gases de efecto invernadero, si bien el gas como tal no es sostenible a largo plazo. Ahora mismo, lo correcto es poner fin a las inversiones en la industria carbonífera.

de Project Syndicate, 6 de agosto de 2013

París y el destino de la Tierra

La vida de miles de millones de personas de los próximos siglos estará en juego cuando los líderes mundiales y los negociadores gubernamentales se reúnan en París, a finales de mes, con motivo de la Conferencia de las Naciones Unidas sobre el Cambio Climático. También pende de un hilo el destino de un número desconocido de especies de plantas y animales en peligro de extinción.

En la «Cumbre de la Tierra» de Río de Janeiro, celebrada en 1992, 189 países, entre ellos Estados Unidos, China, la India y todos los europeos, firmaron la Convención Marco de las Naciones Unidas sobre el Cambio Climático (CMNUCC) y acordaron estabilizar las emisiones de gases de efecto invernadero «en un nivel bajo para evitar peligrosas interferencias antropogénicas en el sistema climático».

No obstante, hasta ahora no ha tenido lugar ninguna estabilización, y sin ella los bucles de retroalimentación climáticos pueden elevar la temperatura todavía más. Si hay menos hielo ártico que refleje la luz solar, los mares absorberán más calor. Si se derrite el permafrost siberiano, se liberarán enormes cantidades de metano. Como consecuencia de ello, extensas áreas del planeta, actualmente hogar de miles de millones de personas, podrían volverse inhabitables.

En otras conferencias de los firmantes de la CMNUCC, se intentó llegar a acuerdos legalmente vinculantes sobre reducciones de emisiones, al menos para los países industrializados que han generado casi todos los gases de efecto invernadero de la atmósfera. Esta estrategia falló –debido en parte a la intransigencia mostrada por Estados Unidos bajo el mandato del presidente George W. Bush– y fue abandonada cuando en la conferencia de Copenhague de 2009 no se consiguió elaborar un tratado que sustituyera al Protocolo de Kioto (que Estados Unidos no llegaron a firmar), próximo a prescribir. En vez de ello, el Acuerdo de Copenhague se limitó a pedir a los países que se comprometieran voluntariamente a recortar sus emisiones en cantidades determinadas.

Ahora mismo son 154 los países comprometidos, incluidos los principales emisores, pero el resultado queda muy por debajo de lo requerido. Para entender la brecha entre lo que lograrían las promesas y lo que es necesario, hemos de remontarnos al lenguaje que todos aceptaron en Río.

La redacción era imprecisa en dos aspectos clave. Primero, ¿qué es eso de «peligrosas interferencias antropogénicas en el sistema climático»? Y segundo, ¿qué grado de seguridad conlleva el término «evitar»?

La primera ambigüedad ha sido resuelta por la decisión de aspirar a un nivel de emisiones que limitaría el incremento de la temperatura media de la superficie a 2 °C por encima del nivel preindustrial. Para muchos científicos, es peligroso un aumento incluso inferior. Pensemos que con un incremento de solo 0,8 °C hasta ahora, el planeta ha batido récords de temperaturas máximas, ha sufrido más episodios de tiempo extremo y ha experimentado una fusión sustancial de la capa de hielo de Groenlandia, que contiene agua suficiente para provocar un aumento de siete metros en el nivel del mar. En Copenhague, la petición de representantes de estados isleños pequeños (algunos de los cuales dejarán de existir si el nivel del mar sigue subiendo) de que se fijara un objetivo de 1,5 °C fueron desatendidas, básicamente porque, a juicio de los dirigentes mundiales, las medidas necesarias para alcanzar dicho objetivo eran poco realistas desde el punto de vista político.

La segunda ambigüedad sigue pendiente de solución. El Instituto de Investigación Grantham de la London School of Economics ha analizado las propuestas de 154 países y ha llegado a la conclusión de que, aunque se pusieran todas en práctica, las emisiones globales de carbono aumentarían desde el actual nivel de 50 mil millones de toneladas anuales a 55-60 mil millones hacia 2030. Y para tener un 50 % de posibilidades de ceñirnos al límite de 2 °C, las emisiones anuales de carbono han de bajar a 26 mil millones de toneladas.

Un informe del Centro Nacional de Australia para la Recuperación del Clima no es menos inquietante. El nivel actual de emisiones en la atmósfera nos dice que ya tenemos un 10 % de posibilidades de sobrepasar los 2 °C aunque ahora mismo dejáramos de añadir nuevas emisiones (algo que no va a pasar).

Imaginemos que una compañía aérea redujera sus procedimientos de mantenimiento a un nivel en el que hubiera un 10 % de posibilidades de que los aviones no completaran sus vuelos sin percances. La empresa no podría afirmar que ha impedido volar a los aparatos peligrosos, y por tanto tendría pocos clientes aunque los billetes fueran mucho más baratos que los de las demás. Del mismo modo, dado el nivel de las «peligrosas interferencias antropogénicas en el sistema climático», no debemos aceptar una probabilidad del 10 % –o incluso mucho más– de superar los 2 °C.

¿Cuál es la alternativa? Los países en vías de desarrollo alegarán que su necesidad de energía barata para sacar a sus ciudadanos de la pobreza es mayor que la necesidad de los países ricos de mantener sus niveles habitualmente derrochadores de consumo energético... y tendrán razón. Es por eso por lo que los países prósperos deberían intentar descarburar sus economías lo antes posible, a más tardar en 2050. De entrada podrían clausurar la forma más sucia de producción de energía, las centrales térmicas de carbón, así como denegar permisos para la explotación de nuevas minas carboníferas.

Se podría conseguir otro beneficio rápido si se animara a la gente a comer más alimentos basados en plantas, quizá gravando la carne y utilizando los ingresos para subvencionar alternativas más sostenibles. Según la Organización de las Naciones Unidas para la Alimentación y la Agricultura, el sector ganadero es la segunda causa más importante de emisiones de gases de efecto invernadero, por delante de todo el transporte. Esto nos ofrece un ámbito amplísimo para la reducción de las emisiones, y mediante opciones que tendrían, en nuestra vida, un impacto menor que el de poner punto final a todo el consumo de combustibles fósiles. De hecho, según un reciente informe de la Organización Mundial de la Salud, un menor consumo de carne roja y procesada tendría el beneficio adicional de disminuir las muertes por cáncer.

Estas propuestas acaso parezcan poco realistas. Sin embargo, todo lo que esté por debajo será un crimen contra miles de millones de personas, vivas o aún por nacer, y contra el conjunto del medio ambiente natural del planeta.

de Project Syndicate, 11 de noviembre de 2015

Posdata: La conferencia de París produjo un resultado más alentador del que yo me había atrevido a esperar mientras escribía el artículo anterior. Ante la insistencia de algunos de los países más en peligro debido al cambio climático, el texto del acuerdo compromete a los signatarios a mantener el incremento de la temperatura global «muy por debajo» de los 2 °C e incluso a «seguir esforzándose por limitar el aumento de temperatura a 1,5 °C». Algo más importante fue el consenso acerca de que todos los países, desarrollados y en desarrollo, debían participar en la reducción de las emisiones de gases de efecto invernadero. Como se ha señalado antes, las promesas de todas las partes con respecto al acuerdo son insuficientes para alcanzar el objetivo. No obstante, el acuerdo de París sí exige a los firmantes renovar cada cinco años sus objetivos de disminución de emisiones, así como propiciar «balances globales» que revelarán si el mundo va camino de cumplir los objetivos acordados en la conferencia. Inevitablemente, el primer balance indicará que el calentamiento global es susceptible de superar los 2 °C. En ese punto, la cuestión clave será si los firmantes se comprometen acto seguido a reducir sus emisiones más allá de sus propios objetivos para 2015.

10
Ciencia y tecnología

A favor del arroz dorado

Por lo general, Greenpeace, la oenegé ecologista global, encabeza protestas. El mes pasado, fue ella el blanco de las críticas.

Patrick Moore, portavoz de los disidentes –y también miembro de Greenpeace desde sus inicios–, acusó a la organización de complicidad en la muerte de dos millones de niños al año. Hacía referencia a los fallecimientos debidos a deficiencia en vitamina A, algo frecuente entre los niños cuyo alimento básico es el arroz.

Según Moore, estas muertes se habrían podido evitar con el consumo de «arroz dorado», un tipo de cereal que se ha modificado genéticamente para conseguir un contenido de betacarotenos superior al del arroz corriente. Greenpeace, junto con otras organizaciones contrarias al uso de organismos genéticamente modificados (OGM), ha hecho campaña contra la introducción de los betacarotenos, que en el cuerpo humano se transforman en vitamina A.

Aunque las cifras de mortalidad de Moore parecen algo hinchadas, a nadie se les escapa la gravedad de la deficiencia en vitamina A entre los niños, sobre todo en ciertas partes de África y del sudeste de Asia. Según la Organización Mundial de la Salud, cada año provoca ceguera en unos 250.000-500.000 niños de preescolar, de los cuales aproximadamente la mitad mueren en el espacio de 12 meses.

Esta deficiencia también incrementa la propensión a enfermedades como el sarampión, todavía una causa significativa de muerte en los niños pequeños, aunque gracias a las vacunaciones está experimentando un retroceso. En algunos países, la falta de vitamina A también influye en los elevados índices de mortalidad materna durante el embarazo y en el parto.

Creado 15 años atrás por científicos suizos, el arroz dorado aborda en concreto la deficiencia de vitamina A. Los primeros ensayos de campo se llevaron a cabo hace una década; sin embargo, aún no está disponible para los agricultores. Al principio, fue preciso desarrollar variedades mejoradas que crecieran bien donde más falta hicieran. Hubo que hacer más ensayos para cumplir las estrictas regulaciones relativas a la comercialización de OGM. Este inconveniente se complicó aún más cuando, en las Filipinas, varios activistas destruyeron campos donde estaban llevándose a cabo diversas pruebas.

Algunos críticos han sugerido que el arroz dorado forma parte de los planes de la industria biotecnológica para dominar la agricultura mundial. No obstante, aunque el gigante de los agronegocios Syngenta sí ayudó a crear el arroz modificado genéticamente, ha declarado que no tiene intención de comercializarlo. Los campesinos de bajos ingresos serán dueños de sus semillas y podrán conservar las de sus cosechas.

En efecto, Syngenta ha reconocido el derecho a sublicenciar –conceder licencias a terceros– el arroz a una organización sin ánimo de lucro llamada Golden Rice Humanitarian Board, que, con los dos coinventores formando parte de la misma, está legitimada para suministrar el arroz a instituciones públicas de investigación y a agricultores de pocos recursos de países en desarrollo para su uso humanitario, siempre y cuando no lo cobre a un precio superior al de las semillas de arroz corrientes.

Cuando en la década de los ochenta se crearon los primeros cultivos modificados genéticamente, la cautela estaba justificada. ¿Estos cultivos se podían consumir sin peligro? ¿Podría haber una polinización cruzada con plantas silvestres, a las que serían transmitidas las características especiales de los OGM, como la resistencia a las plagas, creando así nuevas «supersemillas»? En la década de los noventa, como candidato al Senado por los Verdes australianos, fui de los que propugnaban una regulación estricta para evitar que las empresas biotecnológicas, movidas por su afán de beneficio, pusieran en peligro nuestra salud o la del medio ambiente.

En la actualidad, los cultivos modificados genéticamente ya ocupan aproximadamente una décima parte de la tierra agrícola mundial, y no se ha producido ninguna de las desastrosas consecuencias que temían los Verdes. No hay pruebas científicas fiables de que los alimentos GM, o transgénicos, provoquen enfermedades, pese a estar sometidos a una supervisión mucho mayor que los alimentos más «naturales». (Los alimentos naturales también pueden comportar riesgos para la salud, como se ha visto recientemente en varios estudios según los cuales un tipo de canela muy común es perjudicial para el hígado.)

Aunque puede producirse la polinización cruzada entre cultivos GM y plantas silvestres, de momento no han surgido supersemillas nuevas. Deberíamos alegrarnos de eso –por otro lado, quizás hayan tenido algo que ver con este resultado las regulaciones implantadas en respuesta a las preocupaciones manifestadas por las organizaciones ecologistas–.

Hay que mantener las regulaciones para proteger el medio ambiente y la salud de los consumidores. Es razonable ser precavidos. En todo caso, lo que se debe reconsiderar es la oposición frontal a la mera idea de los OGM.

En cualquier innovación hay que sopesar los riesgos y los posibles beneficios. Si los beneficios son menores, quizá no esté justificado siquiera un riesgo pequeño; si los beneficios son claros, tal vez valga la pena correr algún riesgo más significativo.

Por ejemplo, las regulaciones deben ser sensibles a la diferencia entre comercializar un cultivo GM resistente al herbicida glifosato (que ayuda a los agricultores a controlar las malas hierbas) y comercializar cultivos GM que resistan a las sequías y sean adecuados para regiones áridas de países de rentas bajas. Del mismo modo, valdría la pena probar un cultivo transgénico capaz de evitar la ceguera de medio millón de niños aunque conlleve algunos riesgos. Lo curioso del caso es que las plantas resistentes al glifosato se cultivan comercialmente en millones de hectáreas, mientras que el arroz dorado (del que no se ha demostrado que sea una amenaza para la salud humana ni el medio ambiente) aún no se ha comenzado a explotar.

En ciertos círculos ecologistas, la oposición frontal a los OGM es como un juramento de lealtad: a los discrepantes se les considera traidores confabulados con la malvada industria biotecnológica. Ya va siendo hora de superar esta postura inflexiblemente ideologizada. Quizás algunos OGM puedan desempeñar un papel útil en la salud pública y otros en la compleja tarea de producir alimentos en una época de cambio climático. Hemos de tener en cuenta caso a caso las ventajas de cada planta sometida a modificación genética.

de Project Syndicate, 17 de febrero de 2014

Vida por encargo

En el siglo XVI, el alquimista Paracelso propuso un medio para crear un ser vivo que inicialmente consistía en poner esperma en *venter equinus* putrefacto. Por lo general esto se traduce como 'estiércol de caballo', pero la palabra latina *venter* significa 'abdomen' o 'útero'.

Así pues, a los ocultistas actuales les alegrará sin duda que Craig Venter sea la fuerza impulsora del equipo de científicos que el mes pasado anunció la creación de una forma de vida sintética: una bacteria con un genoma diseñado y confeccionado en el laboratorio a partir de sustancias químicas.

La nueva bacteria, apodada «Synthia», replica y fabrica proteínas. Según cualquier definición razonable, está viva. Aunque se parece mucho a una bacteria natural de la que es en buena parte una copia, los creadores colocaron en el genoma hebras de ADN distintivas para demostrar que no es un objeto natural. Estas hebras deletrean, en clave, una dirección de página web, los nombres de los investigadores y citas oportunas, como una de Richard Feynman: «Lo que no puedo crear no lo entiendo».

La biología sintética lleva ya unos años perfilándose como el siguiente gran problema de la bioética. Los científicos del Instituto J. Craig Venter suponían que se les acusaría de «jugar a ser Dios», y no quedaron decepcionados. En efecto, si uno cree que la vida fue creada por Dios, hasta ahora esto es lo más cerca de «jugar a ser Dios» que han estado los seres humanos.

Según Art Caplan, conocido bioético de la Universidad de Pensilvania, el logro puede considerarse de importancia histórica, pues «parece acabar con el razonamiento de que, para existir, la vida requiere una fuerza o un poder especial». Cuando le preguntaron por la relevancia de lo conseguido por su equipo, Venter habló de «haber originado un gigantesco cambio filosófico sobre el modo de entender la vida».

A juicio de otros, aunque el equipo fabricó un genoma sintético, lo colocaron en una célula de otra bacteria sustituyendo su ADN. Como aún no hemos creado un organismo vivo exclusivamente a partir de frascos de sustancias químicas, quien crea en una «fuerza viva» que solo un ser divino es capaz de impregnar en la materia inerte seguirá creyendo en ello, sin duda.

En un nivel más práctico, decía Venter, el trabajo del equipo ha generado «una serie de instrumentos muy potentes» para rediseñar la vida. Se le ha criticado por el hecho de que las investigaciones fueran financiadas por Synthetic Economics, empresa en cuya fundación participó y que tendrá los derechos de propiedad intelectual derivados del estudio –y que ya ha solicitado 12 patentes conexas–. De todos modos, para ese trabajo han hecho falta veinte científicos y diez años, con un coste estimado de 40 millones de dólares, y los inversores comerciales son una fuente obvia para fondos así.

Otros se oponen diciendo que no se deberían patentar seres vivos. Esta batalla se perdió en 1980, cuando el Tribunal Supremo de Estados Unidos decidió que era posible patentar un microorganismo genéticamente modificado para limpiar vertidos de petróleo. (Está claro que, en vista del daño provocado por la marea negra de BP en el golfo de México, aún queda mucho por hacer con este organismo concreto.)

Las patentes de formas de vida dieron otro paso adelante en 1984, cuando la Universidad de Harvard solicitó una patente de su «oncorratón», un ratón de laboratorio diseñado específicamente para padecer cáncer con facilidad y, de este modo, ser más útil como herramienta de investigación. Sobran razones para oponerse a convertir a un ser sensible en un instrumento de laboratorio, pero no es tan fácil ver por qué la ley de las patentes no debe abarcar a bacterias o algas recién creadas, que no sienten nada y pueden ser tan útiles como cualquier otra invención.

De hecho, la mera existencia de Synthia pone en tela de juicio la distinción entre vivo y artificial en la que se basan muchos de los argumentos contrarios a las «patentes de formas de vida». Ahora bien, señalar esto no equivale tampoco a aprobar la concesión de patentes de gran alcance que impidan a otros científicos hacer sus propios descubrimientos en este importante y nuevo campo.

En cuanto a la probable utilidad de las bacterias sintéticas, el hecho de que el nacimiento de Synthia se disputara los titulares con la noticia del peor vertido de petróleo de la historia dejó el asunto claro con más eficacia que cualquier esfuerzo de relaciones públicas que hubiera podido hacerse. Quizás algún día seamos capaces de diseñar bacterias capaces de limpiar vertidos de crudo con rapidez, seguridad y efectividad. Por otro lado, según Venter, si la nueva tecnología de su equipo hubiera estado disponible el año pasado, en 24 horas, no varias semanas, habría sido posible fabricar una vacuna para protegernos contra la gripe H1N1.

En todo caso, la perspectiva más interesante planteada por Venter es una forma de alga capaz de absorber el dióxido de carbono de la atmósfera y utilizarlo para fabricar combustible diésel o gasolina. Synthetic Genomics ha llegado a un acuerdo de 600 millones de dólares con ExxonMobil para obtener combustible a partir de algas.

Como es lógico, la comercialización de un ente sintético ha de estar muy bien regulada, igual que la de un organismo genéticamente modificado. En todo caso, cualquier riesgo debe ser comparado con otras amenazas graves a las que hacemos frente. Por ejemplo, al parecer las negociaciones internacionales sobre el cambio climático han llegado a un callejón sin salida y está aumentando el escepticismo de la gente con respecto al calentamiento global, pese a las pruebas científicas de que este es real y pondrá en peligro la vida de miles de millones de personas.

En tales circunstancias, los indudables riesgos de la biología sintética parecen pesar mucho menos que la esperanza de que esta ciencia nos permita evitar una catástrofe medioambiental inminente.

de Project Syndicate, 11 de junio de 2010

¿Derechos para los robots?

(con Agata Sagan)

El mes pasado, Gecko Systems anunció que había estado llevando a cabo ensayos con su «robot de tareas domésticas y compañero personal plenamente autónomo», también conocido como «cuidabot», concebido para ayudar a ancianos o discapacitados a vivir de forma independiente. A una mujer con una pérdida de memoria a corto plazo se le dibujó una gran sonrisa en la cara, explicó la empresa, cuando el robot le preguntó: «¿Le apetece un tazón de helado?». «Sí», respondió ella, y es de suponer que el robot se encargó del resto.

Los robots realizan ya muchas funciones, desde fabricar coches a desactivar bombas –o, por poner un ejemplo más amenazador, disparar misiles–. Los niños y los adultos juegan con robots de juguete, mientras cada vez es más frecuente que robots aspiradora quiten el polvo en las viviendas –como se pone de manifiesto en vídeos de YouTube– y sirven de entretenimiento a los gatos. Hay incluso un Mundial de Robots, aunque a juzgar por el nivel del campeonato celebrado en Graz (Austria) el pasado verano, los futbolistas aún no tienen por qué sentirse amenazados. (El ajedrez es otro cantar, desde luego.)

La mayoría de los robots creados para su uso en el hogar tienen un diseño funcional, aunque hay uno de Gecko System que parece más bien el R2-D2 de *La guerra de las galaxias*. Honda y Sony están diseñando robots más parecidos al «androide» C-3PO de la misma película. No obstante, ya hay algunos con el cuerpo blando y flexible y la cara y la expresión similares a las de los seres humanos, amén de un amplio repertorio de movimientos. Hanson Robotics cuenta con un modelo de muestra llamado Albert, cuyo rostro guarda un sorprendente parecido con el de Albert Einstein.

¿Estaremos pronto acostumbrados a tener en casa robots humanoides? Noel Sharkey, profesor de robótica e inteligencia artificial en la Universidad de Sheffield, ha pronosticado que muchos padres atareados empezarán a contratar a robots como niñeras.

¿Qué supondrá para un niño, dice Sharkey, pasar un montón de tiempo con una máquina incapaz de expresar empatía, comprensión o compasión de verdad? También cabría preguntarse por qué hemos de crear robots de alto consumo energético en uno de los pocos sectores –el cuidado de niños o ancianos– donde personas con poca formación pueden encontrar empleo.

En su libro *Amor y sexo con robots: la evolución de las relaciones entre los humanos y las máquinas*, David Levy va más lejos al sugerir que nos enamoraremos de robots afectuosos y adorables e incluso tendremos relaciones sexuales con ellos. (Si el robot tiene muchas parejas sexuales, se trata simplemente de quitarle las partes pertinentes, desinfectarlas, *et voilà*, ¡se acabó el riesgo de enfermedades de transmisión sexual! Pero ¿qué supondrá la presencia de un «sexbot» en el hogar conyugal? ¿Cómo nos sentiremos si nuestro cónyuge empieza a pasar demasiado tiempo con el incansable amante robótico?)

En numerosas novelas y películas se plantea una pregunta más inquietante: ¿deberemos defender la civilización contra máquinas inteligentes creadas por nosotros mismos? Algunos consideran inevitable el desarrollo de una inteligencia artificial sobrehumana, que al parecer será un hecho antes de 2070. Y entienden que ese acontecimiento trascendental, denominado «la singularidad tecnológica», cambiará el mundo.

Eliezer Yudkowsky, uno de los fundadores del Instituto de la Singularidad para la Inteligencia Artificial, cree que esa singularidad provocará una «explosión de inteligencia» a medida que máquinas superinteligentes vayan diseñando máquinas cada vez más capaces, proceso que se irá repitiendo una generación tras otra. La Asociación para el Avance de la Inteligencia Artificial, con un punto de vista más prudente, ha creado un panel especial para estudiar lo que denomina «la posibilidad de que el ser humano pierda el control de las inteligencias de base informática».

Si pasa esto, para el futuro de la civilización la pregunta crucial es: ¿los ordenadores superinteligentes serán amables y agradables?

¿Conviene empezar a pensar ya en qué medidas podemos tomar para evitar que nuestras propias creaciones se vuelvan hostiles?

De momento, la preocupación más realista no es si los robots nos van a hacer daño, sino si nosotros se lo vamos a hacer a ellos. En la actualidad, los robots son simples pertenencias. Pero ¿y si llegan a ser lo bastante complejos como para tener sentimientos? Al fin y al cabo, ¿no es el cerebro humano precisamente una máquina muy compleja?

Si las máquinas pueden ser conscientes y acaban siéndolo, ¿tendremos en cuenta sus sentimientos? La historia de nuestras relaciones con los únicos seres sensibles no humanos que nos hemos encontrado hasta la fecha, los animales, no nos da muchos motivos para confiar en que consideraremos a los robots sensibles no pertenencias sino seres con un carácter moral y unos intereses que merecen ser tomados en consideración.

El científico cognitivo Steve Torrance ha señalado que ciertas tecnologías nuevas y de gran calado, como los coches, los ordenadores o los teléfonos, suelen difundirse con rapidez, de una manera incontrolada. Por tanto, el desarrollo de un robot consciente que no fuera ampliamente percibido como un miembro más de nuestra comunidad moral podría originar un maltrato a gran escala.

La pregunta peliaguda, naturalmente, es cómo podemos saber si un robot es realmente consciente o ha sido diseñado solo para imitar la conciencia. Entender cómo ha sido programado nos dará una pista: ¿los diseñadores escribieron el código que proporcionara solo apariencia de conciencia? En tal caso, no habrá justificación alguna para creer que el robot es consciente.

Sin embargo, si el robot ha sido diseñado para contar con capacidades semejantes a las humanas que episódicamente pudieran dar lugar a conciencia, tendríamos buenas razones para pensar que es de veras consciente. Llegados a este punto, inicia su andadura el movimiento por los derechos de los robots.

de Project Syndicate, 14 de diciembre de 2009

Un sueño para la era digital

Hace cincuenta años, Martin Luther King soñó con una América que un día cumpliría su promesa de igualdad entre todos sus ciudadanos, negros y blancos. En la actualidad, Mark Zuckerberg, fundador de Facebook, tiene también un sueño: quiere proporcionar acceso a internet a los cinco mil millones de personas del mundo que carecen del mismo.

La visión de Zuckerberg acaso suene a interés personal por conseguir más usuarios de Facebook. En cualquier caso, actualmente el mundo afronta una creciente brecha tecnológica, con repercusiones para la igualdad, la libertad y el derecho a la felicidad, no menos trascendental que la brecha racial denunciada por King.

En el mundo hay más de dos mil millones de personas viviendo en la era digital, que tienen la posibilidad de acceder a un inmenso universo de información, comunicarse con sus amigos y familiares por poco dinero o gratis, y conectarse con otros con quienes pueden cooperar de diversas maneras. Los otros cinco mil millones están atascados en la era del papel, en la que creció mi generación.

En aquella época, si querías saber algo pero no poseías una enciclopedia cara (o tu enciclopedia ya no estaba lo bastante actualizada para decirte lo que querías saber), tenías que ir a la biblioteca y pasarte horas buscando el objeto de tus pesquisas. Para establecer contacto con amigos o colegas del extranjero, había que escribir una carta y esperar al menos dos semanas la llegada de una respuesta. Las llamadas telefónicas internacionales eran carísimas, y la idea de ver a la persona con quien estuvieras hablando era producto de la ciencia ficción.

Internet.org, una sociedad creada el mes pasado por Zuckerberg, tiene como finalidad llevar a la era digital a las dos terceras partes de la población mundial que actualmente carece de acceso a internet. Internet.org consta de siete importantes empresas de tecnología de la información, así como de organizaciones sin ánimo de lucro y comunidades locales. Dado que no puedes pedir a la gente que elija entre comprar comida o comprar datos, la sociedad buscará medios nuevos y más baratos para conectar ordenadores, *software* eficiente en la transferencia de datos y modelos de negocio alternativos.

Bill Gates, fundador de Microsoft, ha sugerido que el acceso a internet no ha de ser una prioridad para los países más pobres. Es más importante, dice, abordar problemas como la diarrea y la malaria. No puedo menos que elogiar los esfuerzos de Gates por reducir el número de víctimas debidas a estas enfermedades, que afectan sobre todo a los más necesitados del planeta. No obstante, en su postura se aprecia una falta de perspectiva general sobre cómo internet podría transformar la vida de los pobres. Por ejemplo, si los agricultores pudieran servirse de internet a fin de tener predicciones más precisas de las condiciones más favorables para sembrar, o de conseguir precios más elevados por su cosecha, serían más capaces de permitirse mejores condiciones de salubridad para que sus hijos no padecieran diarreas, amén de mosquiteras que protegieran a la familia contra la malaria.

Hace poco, una amiga que asesora sobre planificación familiar a familias pobres de Kenia me dijo que acudían a la clínica tantas mujeres que podía pasar solo unos cinco minutos con cada una. Estas mujeres cuentan solo con una fuente de asesoramiento, así como una oportunidad puntual para conseguirlo, pero si tuvieran acceso a internet, ahí estaría la información deseada cada vez que la necesitaran.

Además, serían posibles las consultas *online*, lo que les ahorraría el desplazamiento a la clínica. El acceso a internet también sortearía el problema del analfabetismo, pues se cimentaría en las tradiciones orales todavía fuertes en muchas culturas rurales y permitiría a las comunidades crear grupos de autoayuda y compartir sus problemas con gente parecida de otros lugares.

Lo que vale para la planificación familiar vale asimismo para una amplia variedad de temas, en especial aquellos de los que cuesta hablar, como la homosexualidad o la violencia doméstica. Internet está ayudando a las personas a comprender que no están solas y que pueden aprender de las experiencias de otros.

Ampliando nuestro enfoque, cabe esperar que si los pobres tienen acceso a internet, se producirán contactos entre ellos y personas más pudientes, lo que redundará en más asistencia. Según diversas investigaciones, las personas tienen más probabilidades de donar a una organización caritativa dedicada a los hambrientos si ven una foto y saben el nombre y la edad de una niña como las que reciben ayuda de dicha entidad. Si una simple fotografía y unos cuantos detalles identificativos pueden hacer esto, una conversación por Skype va a ser mucho más provechosa, sin duda.

Proporcionar acceso universal a internet es un proyecto a una escala similar a la de la secuenciación del genoma humano, y, como el Proyecto del Genoma Humano, planteará nuevos riesgos y problemas éticos delicados. En la red, los estafadores podrán acceder a una audiencia nueva y tal vez más crédula. Las violaciones de los derechos de autor serán más generalizadas que en la actualidad (aunque costarán muy poco al titular de esos derechos, pues es muy improbable que los pobres puedan comprar libros u otros materiales protegidos por *copyright*).

Por otra parte, quizá se erosionen las peculiaridades de las culturas locales, lo cual tiene un aspecto positivo y otro negativo, pues tales culturas acaso restrinjan la libertad y nieguen la igualdad de oportunidades. De todos modos, en conjunto es razonable suponer que el acceso de los pobres al conocimiento y la posibilidad de conectarse con personas de cualquier parte del mundo será socialmente transformador en un sentido muy positivo.

de Project Syndicate, 9 de septiembre de 2013

Una biblioteca universal

Los sabios llevan tiempo soñando con una biblioteca universal que contenga todo lo que se ha llegado a escribir a lo largo de la historia. En 2004, Google anunció que comenzaría a escanear los libros atesorados por cinco importantes bibliotecas de investigación. De repente, la biblioteca utópica parecía estar a nuestro alcance.

De hecho, una biblioteca universal digital sería incluso mejor de lo que cualquier pensador de otra época hubiera podido imaginar, pues cada obra estaría disponible para todo el mundo, en cualquier parte, en todo momento. Además, la biblioteca incluiría no solo libros y artículos, sino también cuadros, música, películas y cualquier forma de expresión creativa susceptible de ser capturada en formato digital.

Sin embargo, el plan de Google tenía una pega. La mayoría de las obras de esas bibliotecas de investigación todavía tienen *copyright*. Google dijo que escanearía los libros enteros, con independencia de su situación en cuanto a derechos de autor, pero a los usuarios que buscaran algo en libros protegidos por esos derechos solo se les proporcionaría un fragmento. Esto es, sostenía, un «uso justo» y, por tanto, permitido por las leyes del *copyright*, de la misma manera que uno puede citar una o dos frases de un libro para un análisis o una discusión.

Los editores y autores no estuvieron de acuerdo, y algunos demandaron a Google por violación de derechos de autor, aunque a la larga accedieron a retirar la reclamación a cambio de una parte de los ingresos. El mes pasado, en un tribunal de Manhattan, el juez Denny Chin desestimó el acuerdo solicitado, en parte porque esto habría concedido a Google un monopolio *de facto* sobre las versiones digitales de los denominados «libros huérfanos», es decir, los que todavía están protegidos por los derechos de autor, aunque ya descatalogados, y cuya propiedad intelectual es difícil de determinar.

Según Chin, era el Congreso de Estados Unidos, no un tribunal, el organismo adecuado para decidir a quién se debía confiar la custodia de los libros huérfanos y en qué condiciones. Seguramente tenía razón, al menos en la medida en que estamos analizando la cuestión en el marco de la jurisdicción estadounidense. Se trata de asuntos importantes y complejos que afectan no solo a los autores, los editores y Google, sino a cualquiera que tenga interés en la difusión y la disponibilidad de conocimiento y cultura. Así pues, aunque la decisión de Chin es un contratiempo pasajero en el camino hacia una biblioteca universal, supone una oportunidad para replantearnos cuál es la mejor manera de hacer realidad ese sueño.

El problema fundamental es el siguiente: ¿cómo podemos conseguir que los libros y artículos –enteros, no solo fragmentos– estén a disposición de todo el mundo al tiempo que protegemos los derechos de los creadores? Para responder a esto, hemos de establecer cuáles son estos derechos, como es lógico. Igual que a los inventores se les conceden patentes para poder sacar provecho de sus obras durante un período limitado, también a los autores se les concede inicialmente un *copyright* por un tiempo relativamente corto –en Estados Unidos, al principio eran solo catorce años desde la primera edición de la obra–.

Para casi todos los autores, esto sería tiempo suficiente para ganar la mayor parte de lo que recibirán jamás por su trabajo; después, las obras pasan a ser de dominio público. No obstante, las empresas amasan fortunas gracias al *copyright,* y presionan una y otra vez al Congreso para que lo amplíe, hasta el punto de que en Estados Unidos actualmente dura setenta años a contar desde la muerte del creador. (La legislación de 1998 responsable de la última ampliación fue conocida como «Ley de Protección de Mickey Mouse» porque permitía a Walt Disney Company conservar los derechos de autor de su famoso personaje de dibujos animados.)

Como el *copyright* dura tanto, acaban siendo «huérfanos» hasta tres cuartas partes de todos los libros de las bibliotecas, un inmenso conjunto de conocimientos, cultura y logros literarios que es inaccesible para la mayoría de las personas. Su digitalización lo pondría a disposición de todo aquel que contara con una conexión a internet. Así lo ha expresado Peter Brantley, director de Tecnología de la Biblioteca Digital de California: «Tenemos la obligación moral de ir a los estantes de las bibliotecas, coger el material huérfano y colocarlo encima de los escáneres».

Robert Darnton, director de la Biblioteca de la Universidad de Harvard, ha propuesto una alternativa a los planes de Google: una biblioteca pública digital financiada por una alianza de fundaciones que funcione conjuntamente con una alianza de bibliotecas de investigación. El plan de Darnton se queda corto con respecto a la idea de biblioteca universal, pues quedarían excluidas las obras en catálogo o con *copyright*; sin embargo, a su juicio el Congreso podría conceder a una biblioteca pública sin fines comerciales el derecho a digitalizar libros huérfanos.

Esto sería un gran paso en la buena dirección, si bien no debemos renunciar al sueño de una biblioteca pública digital universal. Después de todo, los libros todavía en catálogo seguramente son los que contienen el grueso de la información actualizada y los que la gente tiene más ganas de leer.

Muchos países europeos, así como Australia, Canadá, Israel y Nueva Zelanda, han aprobado leyes que crean un «derecho de préstamo público»: es decir, el gobierno reconoce que permitir a centenares de personas leer un solo ejemplar de un libro supone un bien público, pero que probablemente esto también reducirá las ventas del libro. Se podría autorizar a la biblioteca pública universal a digitalizar incluso obras que están a la venta y con *copyright* a cambio de unas cantidades para el editor y el autor basadas en el número de veces que se ha leído la versión digital.

Si hemos sido capaces de llevar a un hombre a la luna y de secuenciar el genoma humano, deberíamos ser capaces también de idear algo parecido a una biblioteca pública digital. Una vez llegados a este punto, afrontaremos otro imperativo moral que será aún más difícil de hacer realidad: que internet no llegue a menos del 30 % de la población mundial, como pasa ahora, sino a muchísima más gente.

de Project Syndicate, 13 de abril de 2011

El trágico coste de no tener rigor científico

Durante su mandato como presidente de Sudáfrica, Thabo Mbeki rechazó el consenso científico de que el sida es provocado por un virus, el VIH, y que ciertos fármacos retrovirales pueden salvar la vida de la gente que da positivo en el test. En vez de ello, hizo suyas las ideas de un reducido grupo de científicos discrepantes que sugerían otras causas de la enfermedad.

Mbeki siguió aferrado obstinadamente a esta postura pese a las abrumadoras pruebas en contra. Si alguien –incluso Nelson Mandela, el heroico luchador contra el *apartheid* que llegó a ser el primer presidente negro de Sudáfrica– ponía públicamente en entredicho las ideas de Mbeki, los partidarios de este lo censuraban con dureza.

Mientras las vecinas Botsuana y Namibia suministraban antirretrovirales a la mayoría de sus ciudadanos infectados por VIH, la Sudáfrica regida por Mbeki no hacía nada de eso. Un equipo de investigadores de la Universidad de Harvard ha investigado las consecuencias de esta política. Partiendo de supuestos conservadores, ha calculado que, si el gobierno sudafricano hubiera proporcionado los fármacos adecuados tanto a los enfermos de sida como a las mujeres embarazadas que corrían peligro de contagiar a sus bebés, se habrían evitado 365.000 muertes prematuras.

Esta cifra es una indicación reveladora de los extraordinarios costes que pueden resultar del rechazo o la desatención a la ciencia: equivalen más o menos a las vidas perdidas a raíz del genocidio de Darfur, o casi a la mitad de las víctimas de la masacre de Ruanda acaecida en 1994.

Uno de los incidentes clave para poner a la opinión mundial en contra del régimen del *apartheid* fue la masacre de Sharperville de 1961, cuando la policía disparó sobre una multitud de manifestantes negros con el resultado de 69 muertos y muchísimos heridos.

Mbeki, como Mandela, participó activamente en la lucha contra el *apartheid*. No obstante, el estudio de Harvard demuestra que es responsable de un número de muertes de sudafricanos negros 5.000 veces superior al de las víctimas de Shaperville a manos de la policía blanca.

¿Cómo vamos a evaluar a un hombre así?

En defensa de Mbeki, cabe decir que no pretendía matar a nadie. Por lo visto, creía de veras –y quizá todavía cree– que los antirretrovirales son tóxicos.

También podemos admitir que Mbeki no tenía animosidad alguna contra los afectados por el sida. No quería hacerles ningún daño, razón por la cual no pondríamos su personalidad al mismo nivel que la de quienes sí se proponen lastimar a otros, movidos por el odio o por sus intereses personales.

Sin embargo, las buenas intenciones no bastan, sobre todo cuando es tanto lo que hay en juego. Mbeki es culpable no por haber asumido una idea propugnada por una exigua minoría de científicos, sino por haberse aferrado a dicha idea sin dejar que se revisara en un debate abierto e imparcial entre expertos. Cuando el profesor Malegapuru Makgoba, destacado inmunólogo negro sudafricano, avisó de que las medidas políticas del presidente pondrían a Sudáfrica en ridículo en el mundo de la ciencia, el portavoz de Mbeki le acusó de defender ideas occidentales racistas.

Desde la dimisión de Mbeki, en septiembre, el nuevo gobierno sudafricano de Kgalema Motlanthe ha actuado con rapidez para poner en práctica medidas efectivas contra el sida. El ministro de Salud de Mbeki, de infame recuerdo por haber sugerido que el sida se podía curar con ajo, zumo de limón y remolacha, fue cesado de inmediato. Lástima que Mbeki controlaba tanto el Congreso Nacional Africano, partido político dominante en Sudáfrica, que no pudo ser destituido mucho antes.

Las lecciones de esta historia son aplicables siempre que se pasa por alto la ciencia en la elaboración de las políticas públicas.

Esto no significa que una mayoría de científicos tenga siempre razón. La historia de la ciencia demuestra claramente lo contrario. Los científicos son seres humanos y se equivocan. Al igual que las otras personas, pueden verse influidos por una mentalidad de rebaño y el temor a quedar marginados. El error culposo, sobre todo cuando hay vidas en juego, no es discrepar de los científicos, sino rechazar la ciencia como método de investigación.

Mbeki debía haber sabido que, si sus poco ortodoxas ideas sobre la causa del sida y la eficacia de los antirretrovirales eran erróneas, sus decisiones políticas provocarían un gran número de muertes innecesarias. Ese conocimiento le obligaba inequívocamente a permitir que se presentaran y analizaran todas las pruebas de forma equitativa, sin miedos ni favoritismos. Como no lo hizo, no puede eludir la responsabilidad de centenares de miles de muertes.

Con independencia de si somos individuos, gerentes empresariales o dirigentes políticos, hay muchas áreas en las que no podemos saber qué hemos de hacer sin evaluar una serie de pruebas científicas. Cuantas más responsabilidades tengamos, más trágicas serán probablemente las consecuencias de la toma de decisiones equivocadas. De hecho, si reflexionamos sobre las posibles consecuencias del cambio climático provocado por actividades humanas, el número de vidas que podrían perderse debido a decisiones erróneas minimiza la cifra de víctimas en Sudáfrica.

de Project Syndicate, 15 de diciembre de 2008

11
Vivir, jugar, trabajar

Cómo cumplir los propósitos para el nuevo año

¿Declaraste algún buen propósito para el nuevo año? Quizá decidiste ponerte en forma, adelgazar, ahorrar más o beber menos. Tal vez tu resolución fue más altruista: ayudar a los necesitados o reducir tu huella de carbono. En todo caso, ¿estás cumpliendo tu propósito?

Apenas hemos entrado en 2010, pero, según varios estudios, menos de la mitad de quienes tomaron resoluciones para el nuevo año las cumplen durante más de un mes. ¿Qué nos revela esto sobre la naturaleza humana y nuestra capacidad para vivir con arreglo o bien a la prudencia, o bien a la ética?

Parte del problema, desde luego, es que tomamos la resolución de hacer solo cosas que, si no, será improbable que hagamos. Solo una anoréxica decidiría comer helado al menos una vez a la semana, y solo un adicto al trabajo se propondría pasar más tiempo frente a la televisión. Así pues, aprovechamos la ocasión del Año Nuevo para intentar cambiar las conductas que acaso sean las más resistentes al cambio. Con lo cual el fracaso es una posibilidad manifiesta.

No obstante, es de suponer que declaramos buenos propósitos porque hemos decidido que lo mejor sería hacer eso que nos proponemos. Pero si ya hemos tomado esta decisión, ¿por qué no la llevamos a la práctica sin más? Esta pregunta ha confundido a los filósofos desde Sócrates. En el *Protágoras*, uno de los diálogos de Platón, Sócrates dice que nadie escoge lo que sabe que es malo. De ahí que elegir lo malo sea un tipo de error: las personas decidirán tal o cual cosa solo si la consideran buena. Al parecer, Sócrates y Platón creen que, si somos capaces de explicar qué es lo mejor, la gente optará por eso. No obstante, estos son unos principios difíciles de tragar (al menos más que otro pedazo de pastel, aun a sabiendas de que no es bueno para ti).

Aristóteles adoptó un punto de vista diferente, que encaja mejor con nuestra experiencia cotidiana de no hacer lo que sabemos que es mejor. Nuestra razón acaso nos diga qué es mejor hacer, pensaba él, pero en un momento concreto la razón puede verse abrumada por la emoción o el deseo. Así pues, el problema no es la falta de conocimiento sino la incapacidad de la razón para dominar otros aspectos, no racionales, de nuestra naturaleza.

Esta idea está respaldada por trabajos científicos recientes según los cuales gran parte de nuestra conducta se basa en respuestas muy rápidas, instintivas, de raíz emocional. Aunque somos capaces de decidir qué hacer partiendo de procesos de pensamiento racional, estas decisiones, a la hora de pasar a la acción, suelen tener menos peso que los sentimientos instintivos.

¿Qué tiene que ver esto con cumplir propósitos? Richard Holton, profesor de filosofía del MIT y autor de *Willing, Wanting, Waiting*, señala que un propósito es un intento de superar el problema de persistir en una intención cuando suponemos que, en algún momento futuro, nos asaltarán inclinaciones contrarias a esa intención. Ahora mismo, queremos adelgazar y estamos racionalmente convencidos de que eso es más importante que el placer proporcionado por este trozo adicional de pastel. Sin embargo, prevemos que mañana, frente al pastel, el deseo de sabrosa textura de chocolate desvirtuará nuestro razonamiento de tal modo que podemos llegar a convencernos de que aumentar de peso solo un poco no es tan importante.

Para evitar esto, hemos de apuntalar la presente intención de perder peso. Si declaramos un propósito solemne y hablamos de ello a la familia y los amigos, inclinamos la balanza en contra de sucumbir a la tentación. Si no cumplimos el propósito, deberemos admitir que no controlamos nuestro comportamiento tanto como hubiéramos deseado, con lo que quedamos mal ante nosotros mismos y ante otros que nos importan.

Esto concuerda bien con lo descubierto por los psicólogos sobre cómo podemos aumentar las posibilidades de llevar a la práctica nuestros planes. Richard Wiseman, profesor de psicología de la Universidad de Hertfordshire, ha hecho el seguimiento de

5.000 personas que declararon buenos propósitos para el nuevo año. Solo uno de cada diez consiguió atenerse a lo decidido. En su reciente libro *59 segundos: piensa un poco para cambiar mucho,* Wiseman expone las cosas que puedes hacer para aumentar tus posibilidades de éxito:

> Descompón el propósito en una serie de pasos pequeños.
> Explica el propósito a la familia y los amigos; eso te procura respaldo e incrementa el coste personal del incumplimiento.
> Recuérdate a menudo los beneficios de alcanzar el objetivo.
> Concédete una pequeña recompensa cada vez que consigas dar un nuevo paso hacia la meta.
> Haz un seguimiento de tus progresos, por ejemplo, lleva un diario o coloca un gráfico en la puerta de la nevera.

Por separado, cada uno de estos factores parece baladí. Conjuntamente, son maneras de ejercer el autocontrol no solo ahora, sino también en el futuro. Si lo logramos, la conducta que consideramos mejor llegará a ser habitual y, por tanto, ya no hará falta ningún acto consciente de voluntad para seguir obrando así.

Estas técnicas para cumplir nuestros propósitos para el nuevo año pueden ayudarnos a hacer progresos, no solo cuando la meta es adelgazar o no endeudarnos, sino también en lo relativo a vivir de forma más ética. Quizá incluso descubramos que este es el mejor propósito que podemos plantearnos, por nuestro propio bien y por el de los demás.

de Project Syndicate, 4 de enero de 2010

¿Por qué pagar más?

Cuando el mes pasado el ministro polaco de Asuntos Exteriores, Radoslaw Sikorski, acudió a unas conversaciones en Ucrania, sus homólogos ucranianos al parecer se rieron de él porque lucía un reloj japonés de cuarzo que solo costaba 165 dólares. Un periódico ucraniano había publicado las preferencias de los ministros del país. Varios de ellos llevaban relojes que valían más de 30.000 dólares. Incluso aparecía un diputado comunista con un reloj por el que había pagado 6.000 dólares.

Las risas deberían haber ido en la dirección contraria. ¿No te reirías (quizá en privado, para no ser descortés) de alguien que paga 200 veces más que tú por un producto que acaba siendo de inferior calidad? Esto es lo que han hecho los ucranianos. Habrían podido comprar un reloj de cuarzo ligero, que no precisara mantenimiento, les durase cinco años y les diera la hora prácticamente exacta, sin tener que moverlo ni darle cuerda. En cambio, pagaron mucho más por unos relojes anticuados que se atrasan varios minutos al mes o se paran si te olvidas de darles cuerda durante uno o dos días (en caso de contar con un mecanismo automático, se paran si no los mueves). Además, los relojes de cuarzo llevan incorporadas las funciones de despertador, cronómetro y temporizador que los otros o bien no las tienen, o bien las tienen solo como un intento incomprensible de seguir los pasos de la competencia echando a perder el diseño.

¿Cómo es que un comprador sensato hace un negocio tan rematadamente malo? ¿Quizá por nostalgia? En un anuncio a toda página de Patek Philippe, aparece Thierry Stern, presidente de la empresa, diciendo que escucha el sonido de cada reloj con un repetidor de minutos de fabricación propia, como hicieran antes que él su padre y su abuelo. Todo muy bonito, pero desde la época del abuelo del señor Stern se han hecho muchos avances en materia de cronometraje. ¿Por qué rechazar las mejoras debidas al ingenio humano? Yo tengo una vieja pluma estilográfica que perteneció a mi abuela, un bonito recuerdo, pero ni se me pasaría por la cabeza usarla para escribir este artículo.

Thorstein Veblen conocía la respuesta. En su genial *Teoría de la clase ociosa*, publicado en 1899, sostenía que, en cuanto la base del estatus social llegaba a ser la riqueza propiamente dicha –y no, pongamos, la sabiduría, el conocimiento, la integridad moral o las destrezas en combate–, los ricos necesitaban encontrar maneras de gastar dinero cuyo único objetivo fuera la exhibición de la riqueza misma; esto recibió el nombre de «consumo conspicuo». Veblen escribía en calidad de científico social, se abstenía de hacer juicios morales, si bien, en una época en la que muchos vivían en la pobreza, dejaba en el lector pocas dudas sobre su actitud ante tales gastos.

Lucir un reloj ridículamente caro para proclamar que uno ha alcanzado una posición social elevada parece más grave si cabe en alguien que ocupa un cargo público, pagado por los contribuyentes, en un país en que una parte significativa de la población es pobre. Estos funcionarios están llevando en la muñeca el equivalente a cuatro o cinco años de salario ucraniano promedio, lo cual da a entender que o bien «vosotros, pobres e ignorantes contribuyentes estáis pagando demasiado», o bien «mi salario oficial no me permitiría comprarme este reloj caro, pero tengo otras formas de conseguir algo así».

El gobierno chino sabe cuáles podrían ser esas «otras formas». Tal como informa el *International Herald Tribune*, un aspecto de la campaña de Pekín contra la corrupción es un conjunto de medidas drásticas para limitar los regalos caros. Como consecuencia de ello, según Jon Cox, analista de Kepler Capital Markets, «ya no es aceptable llevar un gran reloj macizo en la muñeca». El mercado chino de relojes caros está en franco declive. Tomad nota, ucranianos.

Llevar un reloj que cuesta doscientas veces más que otro que realiza mejor la función de dar la hora nos dice algo más, incluso cuando ese reloj lo lucen personas que no están gobernando un país relativamente pobre. Andrew Carnegie, el hombre más rico de la época de Veblen, era categórico en sus juicios morales. Se suele citar una frase suya: «El hombre que muere rico muere desgraciado». Podemos adaptar esta opinión al hombre o la mujer que lucen un reloj de 30.000 dólares o compran artículos de lujo similares, como un bolso de 12.000 dólares. En esencia, esta persona está diciendo lo siguiente: «Soy o bien extraordinariamente ignorante, o bien pura y simplemente egoísta. Si no fuera ignorante, sabría que mueren niños por diarrea o malaria porque no disponen de agua potable o de mosquitera, y evidentemente lo que me he gastado en el reloj o el bolso habría bastado para ayudar a varios de ellos a sobrevivir; pero me importan tan poco que prefiero gastar mi dinero en algo que llevaré solo por ostentación».

Todos tenemos nuestras pequeñas indulgencias, desde luego. No digo que el lujo en sí esté mal. Sin embargo, reírse de alguien por tener un reloj discreto de precio moderado se traduce en una presión para incorporarse a la carrera por una extravagancia cada vez mayor. Esta presión tendría que ir en la dirección opuesta, con lo que deberíamos elogiar a quienes exhiben gustos modestos y no caen en el consumo conspicuo al tener otras prioridades.

de Project Syndicate, 8 de mayo de 2013

Posdata: La corrupción simbolizada por los relojes caros en la muñeca de los ministros ucranianos fue un factor clave de las protestas que desembocaron en la destitución del presidente Viktor Yanukovych y sus compinches. Sikorski fue el último en reír.

¿Madres tigre o madres elefante?

Hace algunos años, mi esposa y yo íbamos a algún sitio en coche con nuestras tres hijas pequeñas en el asiento trasero, cuando de pronto uno de ellas preguntó: «¿Qué preferiríais que fuésemos, inteligentes o felices?».

Recordé ese instante el mes pasado, mientras leía en el *Wall Street Journal* un artículo de Amy Chua titulado «Por qué las madres chinas son superiores», que suscitó más de 4.000 comentarios en wsj.com y más de 100.000 en Facebook. El escrito era un fragmento promocional de *Madre tigre, hijos leones*, libro de Chua que enseguida se ha convertido en un superventas.

La tesis de Chua es que si los comparamos con los estadounidenses, los niños chinos suelen ser competentes porque tienen «madres tigre», mientras las madres occidentales son gatitas en el mejor de los casos. Las hijas de Chua, Sophia y Louise, *jamás* tuvieron permiso para ver la televisión, entretenerse con juegos de ordenador, dormir en casa de una amiga o participar en una función escolar. Cada día tenían que pasar horas practicando el piano o el violín. De ellas se esperaba que fueran las mejores en todas las asignaturas menos en gimnasia y teatro.

Según Chua, las madres chinas creen que deben señalar a sus hijos de manera categórica cuándo no alcanzan el nivel que se espera de ellos, siempre que los niños ya tengan edad suficiente para saber andar. (Chua dice conocer a madres coreanas, indias, jamaicanas, irlandesas y ghanesas que son «chinas» en cuanto al enfoque de su función, así como madres étnicamente chinas que no lo son.) El ego del pequeño ha de ser lo bastante fuerte para aguantar eso.

Sin embargo, Chua, profesora de la Facultad de Derecho de Yale (como su esposo), vive en una cultura en la que la autoestima de un niño se considera tan frágil que los equipos deportivos infantiles dan el premio de «Jugador Más Valioso» a todos sus integrantes.

En consecuencia, no es de extrañar que muchos estadounidenses reaccionen horrorizados ante el estilo de crianza de Chua.

Un problema en la evaluación del enfoque de la madre tigre es que no podemos separar su efecto del de los genes que los padres transmiten a sus hijos. Si quieres que tu hijo sea el primero de la clase, será de utilidad que tú y tu cónyuge tengáis la inteligencia suficiente para llegar a ser profesores en una universidad de élite. Con independencia de lo mucho que empuje mamá tigre, no todos los alumnos pueden ser el más destacado (a menos, claro, que hagamos que cada uno sea «el primero de la clase»).

El estilo parental tigre se propone lograr que los niños aprovechen al máximo sus capacidades, por lo que ante la opción «inteligente o feliz» parece preferir el lado «inteligente». Esta es también la opinión de Betty Ming Liu, que en respuesta al artículo de Chua escribió esto en su blog: «Los padres como Amy Chua son la razón por la que los asiático-americanos como yo vamos a terapia».

Stanley Sue, profesor de psicología en la Universidad de California-Davis, ha estudiado el suicidio, especialmente común entre las mujeres asiático-americanas (en otros grupos étnicos, se suicidan más los hombres que las mujeres). A su entender, la presión familiar es un factor significativo.

Chua contestó que un nivel elevado de logro procura una gran satisfacción, y que solo es posible alcanzarlo con esfuerzo y dedicación. Quizá, pero ¿no podríamos animar a los niños a hacer las cosas por su valor intrínseco, más que por miedo a la desaprobación parental?

Coincido con Chua en cierta medida: la reticencia a decirle a un niño lo que debe hacer puede llegar demasiado lejos. Una de mis hijas, que ahora ya tiene hijos, me cuenta historias asombrosas sobre los estilos parentales de sus amigos. Uno de ellos dejó que su pequeña se saliera de tres guarderías distintas simplemente porque no quería ir. Otra pareja cree en el «aprendizaje autodirigido» hasta tal punto que una noche se acostaron a las once mientras dejaban que su hija de cinco años se quedara levantada viendo durante nueve horas seguidas sus vídeos Barbie.

Las madres tigre podrían parecer un contrapeso útil para esa permisividad, aunque ambos extremos omiten algo. Chua se centra implacablemente en las tareas solitarias en casa, sin estímulos para actividades grupales ni preocupación alguna por los demás, sea en la escuela o en la comunidad en general. Así pues, por lo visto considera que las funciones escolares son una pérdida de tiempo y que es mejor dedicarse al estudio o la práctica musical.

Sin embargo, participar en una obra escolar es contribuir a un bien comunitario. Si los niños dotados se mantienen al margen, la calidad de la producción se resentirá en perjuicio de los que sí participan (y del público que asistirá a la representación). Y los niños a quienes los padres prohíben esas actividades perderán la oportunidad de desarrollar destrezas sociales tan importantes y provechosas –y difíciles de dominar– como las que monopolizan la atención de Chua.

Deberíamos aspirar a que nuestros hijos fueran buenas personas y vivieran una vida ética en la que manifestaran tanta preocupación por los demás como por sí mismos. Este enfoque parental no es ajeno a la felicidad: contamos con abundantes pruebas de que quienes son generosos y amables están más satisfechos con su vida que quienes no lo son. En todo caso, es un objetivo importante por derecho propio.

El tigre lleva una vida solitaria, no así la madre tigre con sus cachorros. Nosotros, en cambio, somos animales sociales. Como los elefantes, y las madres elefante no se centran solo en el bienestar de su prole. Juntas, protegen y cuidan de todas las crías de la manada, gestionando una especie de centro de día.

Si solo pensamos en nuestros intereses, nos encaminamos hacia un desastre colectivo, solo hay que ver por ejemplo lo que estamos haciéndole al clima del planeta. Si se trata de la crianza de los hijos, necesitamos menos tigres y más elefantes.

de Project Syndicate, 11 de febrero de 2011

Volkswagen y el futuro de la honradez

Si en la década de los setenta utilizaste el término «ética de los negocios» cuando la disciplina empezaba justo a desarrollarse, un comentario habitual era: «¿No es esto un oxímoron?». Esta broma solía ir seguida de un recitado de la famosa máxima de Milton Friedman según la cual la única responsabilidad social de los ejecutivos empresariales era ganar para los accionistas todo el dinero que fuera legalmente posible.

A lo largo de los siguientes cuarenta años, sin embargo, muchas personas de negocios dejaron de citar a Friedman y se pusieron a hablar de sus responsabilidades para con las *partes interesadas* de sus empresas, grupo en el que se incluyen no solo los accionistas sino también los clientes, los empleados o lo miembros de las comunidades donde aquellas operan.

En el año 2009, en el seno de la primera clase de la Escuela de Negocios de Harvard que iba a graduarse después de la crisis financiera global circulaba un juramento. Los implicados –una minoría, ciertamente– juraban realizar su trabajo «de una manera ética» y gestionar sus negocios «de buena fe, procurando evitar decisiones y conductas que favorezcan mis ambiciones privadas pero perjudiquen a la empresa y las sociedades a cuyo servicio está».

Desde entonces, la idea se ha extendido, de tal modo que estudiantes de 250 escuelas de negocios han prestado un juramento similar. Este año, todos los banqueros holandeses, 90.000, han jurado que actuarán con integridad, colocando los intereses de los clientes por delante de otros (incluidos los de los accionistas), y se comportarán de forma abierta, transparente y con arreglo a sus responsabilidades ante la sociedad. Australia cuenta con un juramento bancario y financiero voluntario, que obliga a quienes lo prestan (hasta ahora, más de trescientas personas), entre otras cosas, a denunciar las irregularidades y animar a los demás a hacer lo propio.

En agosto, una ejecutiva, Véronique Laury, dijo que su ambición profesional era causar «un impacto positivo en el mundo en general». Cabría pensar que dirige una entidad benéfica en vez de Kingfisher, minorista de mejoras para el hogar con unas 1.200 tiendas en Europa y Asia. En septiembre, McDonald's, el principal comprador de huevos en EE.UU., demostró que también quiere contribuir al progreso al anunciar que en sus actividades estadounidenses y canadienses se eliminaría gradualmente el uso de huevos procedentes de gallinas enjauladas. Según Paul Shapiro, vicepresidente de la Sociedad Humana de Estados Unidos para la protección de los animales de cría, esta decisión señala el principio del fin de las crueles jaulas en batería, que hasta la fecha han sido predominantes en en la producción de huevos en EE.UU.

Luego nos llegaron las revelaciones de que Volkswagen había instalado, en 11 millones de coches con motor diésel, un *software* que reducía las emisiones de óxido de nitrógeno solo cuando los vehículos se sometían a cierto test, con lo cual lo superaban, aunque en su uso normal las emisiones excedían en mucho los niveles permitidos. A raíz del consiguiente escándalo, el *New York Times* invitó a varios expertos a opinar sobre si «la generalización del engaño» había convertido la conducta moral en algo pasado de moda. El periódico publicó las respuestas bajo el titular «¿La honradez es para los tontos?».

Los escépticos dirán que en los últimos cuarenta años no ha cambiado nada, y que nada va a cambiar, pues en los negocios toda conversación sobre ética solo pretende camuflar el objetivo fundamental: la maximización del beneficio. No obstante, el engaño de Volkswagen es extraño porque, incluso –o especialmente– según el criterio de maximización de beneficios, fue una apuesta de lo más temeraria. En Volkswagen, quienes sabían lo que estaba haciendo el *software* deberían haber sido capaces de predecir que la empresa tenía todas las de perder.

De hecho, para perder la apuesta lo único que hacía falta era intentar confirmar que los resultados obtenidos en las pruebas federales de emisiones eran parecidos a los derivados de la conducción normal. Ese estudio es justo lo que el Consejo Internacional sobre el Transporte Limpio encargó al Centro de Combustibles Alternativos, Motores y Emisiones de la Universidad de West Virginia en 2014. La artimaña del *software* se puso de manifiesto enseguida.

Desde que estalló el escándalo, las acciones de Volkswagen han perdido más de un tercio de su valor. La empresa deberá retirar del mercado 11 millones de coches, y las multas que tendrá que pagar podrían ascender a 18 mil millones de dólares solo en Estados Unidos. De todos modos, quizá las peores consecuencias sean para la reputación de la compañía.

A la pregunta «¿la honradez es para los tontos?», el mercado da su propia respuesta: «No, la honradez es para quienes quieren maximizar valor a largo plazo». Algunas empresas tramposas se salen con la suya, desde luego. Pero siempre existe la posibilidad de que las pillen. Y a menudo –sobre todo si se trata de corporaciones en las que el prestigio de la marca es un activo importante– realmente no merece la pena correr el riesgo.

La honradez maximiza valor a largo plazo, aunque por «valor» entendamos solo el rendimiento monetario para los accionistas. Como es lógico, esto es aún más cierto si el valor incluye la sensación de satisfacción que todos los implicados obtienen de su trabajo. Según diversos estudios, los miembros de la generación que ha llegado a la mayoría de edad en el nuevo milenio están más interesados en causar un impacto en el mundo que en ganar dinero sin más. Es la generación creadora del «altruismo efectivo», que anima a regalar dinero siempre y cuando se haga de manera eficiente.

Así pues, tenemos motivos para esperar que, a medida que los *millennials* vayan superando en número a los que todavía dirigen Volkswagen y otras empresas importantes, la ética se afianzará con mayor firmeza como un componente esencial para potenciar al máximo los tipos de valores que son importantes de verdad. Al menos entre las principales corporaciones, los escándalos como el de Volkswagen serán cada vez más excepcionales.

de Project Syndicate, 7 de octubre de 2015

¿Es malo el dopaje?

Como cada año, llega el momento idóneo para hablar de dopaje en el deporte: el Tour de Francia. Esta vez, el líder de la general, otros dos corredores y dos equipos fueron expulsados o se retiraron de la carrera por dar positivo en el control antidopaje o eludirlo. Al parecer, el vencedor final, Alberto Contador, también había dado positivo en un test el año pasado. Se ha pillado a muchos ciclistas importantes, o ellos mismos, desde la seguridad del retiro, han reconocido haber tomado sustancias, lo cual nos lleva lógicamente a dudar de si para ser competitivo en esta actividad hay que drogarse.

En los Estados Unidos, el debate ha sido propiciado por el jugador de béisbol Barry Bonds y su andadura hacia el récord histórico de *home runs* en toda una carrera. Mucha gente cree que Bonds ha echado mano de drogas y hormonas sintéticas. Numerosos aficionados suelen abuchearle y burlarse de él, y consideran que el comisionado del béisbol, Bob Selig, no debería asistir a partidos en los que Bonds pudiera igualar o batir el récord.

En el nivel de la élite, la diferencia entre ser un campeón o alguien del montón es minúscula, y aun así importa tanto que los deportistas se ven presionados a hacer todo lo posible para conseguir siquiera la mínima ventaja sobre sus competidores. Es lógico sospechar que actualmente las medallas de oro no son para quienes no se dopan, sino para quienes de forma más satisfactoria perfeccionan su consumo de sustancias con el fin de lograr una mejora máxima sin ser detectados.

A medida que ciertos acontecimientos como el Tour de Francia se van convirtiendo en una farsa, el profesor de bioética Julian Savulescu ha propuesto una solución radical. Savulescu, que dirige el Centro Uehiro de Ética Práctica de la Universidad de Oxford y es licenciado en medicina y bioética, dice que deberíamos levantar la prohibición de las drogas potenciadoras del rendimiento y permitir a los deportistas que tomaran lo que quisieran siempre y cuando eso no supusiera para ellos ningún riesgo.

Savulescu propone que, en lugar de intentar averiguar si un deportista ha tomado drogas, deberíamos centrarnos en indicaciones mensurables de si aquel está poniendo en peligro su salud. Así pues, si un atleta presenta un nivel preocupantemente alto de glóbulos rojos por haber tomado eritropoyetina (EPO), no debería tener autorización para competir. El problema es el número de glóbulos rojos, no los medios utilizados para aumentarlo.

A quienes dicen que esto concedería a los consumidores de sustancias una ventaja injusta, Sevulescu les contesta que actualmente, sin drogas, los que tienen una ventaja injusta son quienes cuentan con los mejores genes. Han de entrenarse, desde luego, pero si sus genes fabrican más EPO que los nuestros, en el Tour de Francia van a superarnos con independencia de lo duro que nos entrenemos. O sea, es inútil tomar EPO para compensar nuestra deficiencia genética. La instauración de un nivel máximo de glóbulos rojos igualaría las posibilidades al reducir el impacto de la lotería genética. Entonces sería más importante el esfuerzo que tener los genes idóneos.

Según algunos, doparse va «en contra del espíritu del deporte». Sin embargo, es difícil defender la frontera actual entre lo que los deportistas pueden o no pueden hacer para mejorar su rendimiento.

En el Tour de Francia, los ciclistas recurren incluso a nutrición intravenosa e hidratación por la noche para recuperarse. Está permitido entrenarse en altitud, aunque entonces eso da a los deportistas una ventaja con respecto a los que deben hacerlo al nivel del mar. El Código Mundial Antidopaje ya no prohíbe la cafeína. En cualquier caso, la mejora del rendimiento es, según Sevulescu, el verdadero espíritu del deporte. Hemos de dejar que los atletas lo busquen por cualquier medio seguro.

Además, yo alegaría que el deporte no tiene solo un «espíritu». Las personas practican deportes para socializarse, hacer ejercicio, ponerse en forma, ganar dinero, hacerse famosas, evitar el aburrimiento, encontrar el amor o simplemente porque se lo pasan bien. Quizá se esfuercen por aumentar su rendimiento, pero suelen hacerlo porque sí, por la sensación de logro.

Habría que estimular la participación popular en el deporte. El ejercicio físico hace que la gente no solo esté más sana, sino que sea más feliz. Tomar sustancias suele ser contraproducente. Yo nado para hacer ejercicio, y me cronometro durante una distancia dada para establecer un objetivo y animarme a aumentar el esfuerzo. Cuando voy más deprisa estoy contento, pero si la mejora proviniera de una botella, no tendría ninguna sensación de logro.

Sin embargo, el deporte de élite, visto por millones pero protagonizado por muy pocos, es muy diferente. Por conseguir fama y gloria ahora, los atletas tendrán la tentación de poner en peligro su salud a largo plazo. Así pues, aunque la atrevida sugerencia de Savulescu quizá disminuya el consumo de drogas ilegales, no acabará con él.

El problema no lo tienen los deportistas sino nosotros. Los vitoreamos. Los aclamamos cuando ganan. Y por muy descarado que pueda ser el dopaje, no dejamos de ver el Tour de Francia. Tal vez deberíamos apagar la televisión y coger la bici.

de Project Syndicate, 14 de agosto de 2007

¿Está bien hacer trampa en el fútbol?

Poco antes del descanso del partido del Mundial entre Inglaterra y Alemania celebrado el 27 de junio, el centrocampista inglés Frank Lampard disparó a puerta, y el balón dio en el larguero y botó claramente dentro de la portería. El portero, Manuel Neuer, lo cogió y lo puso otra vez en juego. Ni el árbitro ni los auxiliares, que aún se acercaban corriendo –y por tanto estaban mal colocados para decidir sobre lo sucedido–, señalaron el gol y el juego prosiguió.

Tras el partido, Neuer explicó así su acción: «Intenté no reaccionar ante el árbitro y concentrarme solo en lo que estaba pasando. Me di cuenta de que había traspasado la línea, y me parece que al actuar tan deprisa hice creer al árbitro lo contrario».

Hablando en plata: Neuer engañó y luego presumió de ello.

Desde el punto de vista ético, lo que hizo Neuer está mal se mire como se mire. No obstante, ¿el hecho de que estuviera jugando a fútbol supone aceptar que la única norma ética es «ganar a toda costa»?

Por lo visto, en el fútbol esta es la ética predominante. El más famoso de estos incidentes fue el gol de Diego Armando Maradona a Inglaterra en el Mundial de 1986 de México, que, según dijo él mismo, había sido marcado «un poco con la cabeza de Maradona y un poco con la mano de Dios». Las repeticiones son muy claras: el gol lo mete la mano de Maradona. Al cabo de 20 años, en una entrevista con la BBC admitió haber actuado como si fuera gol para engañar al árbitro.

El pasado noviembre sucedió algo parecido en un partido entre Francia e Irlanda, en el que se decidía cuál de las dos selecciones se clasificaba para la fase final del Campeonato del Mundo. El delantero francés Thierry Henry se valió de la mano para controlar la pelota y pasarla a un compañero, que marcó el tanto decisivo. Al preguntársele por ese lance, Henry dijo: «Seré sincero, fue mano. Pero yo no soy el árbitro. Yo jugué, el árbitro dejó seguir. Es una pregunta que hay que hacerle a él».

¿Es así? ¿El hecho de que te salgas con la tuya significa que no eres culpable? Los jugadores no deberían estar eximidos de críticas por su comportamiento en el campo, como tampoco los están de recibir críticas éticas por engañar fuera del campo, por ejemplo, si toman fármacos para mejorar el rendimiento.

En la actualidad, los deportes son muy competitivos y hay en juego grandes cantidades de dinero, pero no por eso va a ser imposible la honradez. En el críquet, si un bateador golpea la pelota y uno de los defensas la coge, el primero se va fuera. A veces, cuando se agarra la pelota, el árbitro no está seguro de si esta ha tocado el borde del bate. Si sabe que está fuera, por lo general el bateador, por tradición, «camina», es decir, abandona el terreno de juego.

Algunos todavía lo hacen. El bateador australiano Adam Gilchrist «caminó» en la semifinal de la copa del Mundo de 2003 contra Sri Lanka, aunque el árbitro ya había declarado que no debía irse. Su decisión sorprendió a algunos de sus compañeros de equipo, pero se ganó los aplausos de muchos aficionados al críquet.

Una búsqueda en internet me permitió conocer un caso claro de un futbolista que hizo algo equivalente al abandono del terreno por parte de un bateador. En 1996, el árbitro señaló penalti por una falta del portero del Arsenal al delantero del Liverpool Robbie Fowler. Este dijo que no había sido falta, pero el colegiado insistió en que tirase el penalti. Fowler así lo hizo, pero tan mal que el portero pudo parar la pelota.

¿Cómo es que hay tan pocos ejemplos de conductas así entre los futbolistas profesionales? Tal vez una cultura de fanatismo excesivo ha eclipsado los valores éticos. Al parecer, a los aficionados les da igual que los jugadores de su equipo hagan trampas con éxito; solo ponen objeciones cuando las hacen los otros. No es una actitud ética. (De todos modos, hay que reconocer que muchos aficionados franceses al fútbol, desde el presidente Sarkozy hacia abajo, manifestaron su solidaridad con Irlanda tras la mano de Henry.)

En efecto, podemos afrontar el problema en cierta medida utilizando tecnología moderna o imágenes de vídeo para revisar decisiones arbitrales polémicas. No obstante, aunque esto reducirá las posibilidades de engañar, no las eliminará del todo, y tampoco se trata realmente de esto. No debemos justificar el engaño intencionado en el deporte. En un aspecto importante, es mucho peor que hacer trampas en la vida privada de uno. Cuando lo que haces lo ven millones de personas, se vuelve a ver en innumerables repeticiones de vídeo y se analiza con todo detalle en programas deportivos, es especialmente importante actuar como es debido.

¿Cómo habrían reaccionado los aficionados si Neuer hubiera detenido el juego y hubiera dicho al árbitro que la pelota había entrado? Dada la singularidad de un comportamiento así en el fútbol, la reacción inicial sería indudablemente de sorpresa. Algunos seguidores alemanes se habrían sentido decepcionados. Pero el mundo en su conjunto, y también todos los aficionados alemanes imparciales, habrían tenido que admitir que el portero había hecho lo correcto.

Neuer perdió una oportunidad excepcional para hacer algo noble frente a millones de personas. Habría podido servir de ejemplo ético positivo ante personas del mundo entero que estaban viéndole, entre ellas muchos millones de jóvenes influenciables. A saber qué efecto puede haber tenido este efecto en la vida de muchos de los espectadores. Neuer habría podido ser un héroe en defensa de lo justo. En cambio, es solo otro futbolista diestro en artimañas.

de Project Syndicate, 28 de junio de 2010

Una reflexión sobre el surf

Para mí, como para la mayoría de los australianos, las vacaciones estivales siempre han sido sinónimo de playa. Crecí nadando y jugando entre las olas; con el tiempo acabé entreteniéndome con un *body board,* pero por alguna razón no aprendí a montarme en una tabla de surf.

Por fin compensé esta laguna ya con cincuenta y tantos años: demasiado viejo para que se me diera bien, pero aún lo bastante joven para que el surf me haya proporcionado una década de diversión y una sensación de logro. Este verano austral he vuelto a mi país y a sus olas.

En la playa donde he surfeado hoy, he oído hablar de una ceremonia que tuvo lugar al principio de la temporada: una despedida a un surfista del lugar fallecido a una edad avanzada. Sus compañeros se adentraron en el mar y formaron un círculo, sentados en las tablas, mientras las cenizas del difunto eran esparcidas por la superficie. Otros amigos y familiares miraban desde la playa y desde lo alto del acantilado. Me dijeron que había sido uno de los mejores surfistas de la zona, pero en una época en la que eso no era un buen negocio.

Pensé que a lo mejor el hombre había tenido la mala suerte de nacer demasiado pronto para participar en el lucrativo circuito profesional de surf de la actualidad. Aunque quizá su suerte había sido buena precisamente por haber podido dedicarse al surf en una época menos vinculada al estrellato y más al disfrute de las olas.

Esto no es una diatriba general contra la corruptora influencia del dinero. El dinero ofrece oportunidades que, si se aprovechan, pueden ser muy positivas. Los surfistas han creado organizaciones ecologistas como la Surfrider Foundation, que se preocupa especialmente por los mares, y SurfAid, que se propone repartir algunos de los beneficios del turismo surfista en países en desarrollo entre los vecinos más pobres. Aun así, el espíritu de la primera época del surf (recordemos la armonía de la ola y la acción humana representada en la película de 1971 *Morning of the Earth*) contrasta marcadamente con la bulla del circuito profesional de hoy día.

Algunos deportes son competitivos por naturaleza. Los aficionados al tenis quizás admiren un revés bien ejecutado; pero ver a los jugadores haciendo calentamiento en la pista pronto acabaría siendo aburrido si después no se celebrara un partido. Lo mismo vale para el fútbol: ¿qué sentido tendría ver a un grupo de personas pateando un balón si no fuera para ganar el partido? Quienes practican estos deportes no exhiben el repertorio completo de sus habilidades si no son presionados por un rival con el que competir.

El surf es diferente. Ofrece oportunidades para afrontar desafíos que requieren una gran variedad de destrezas, tanto físicas como mentales; sin embargo, estos desafíos son inherentes a la actividad, por lo que no implican la victoria sobre un adversario. En este aspecto, el surf está más cerca del senderismo, el alpinismo o el esquí que del tenis o el fútbol: la experiencia estética de estar en un paraje natural hermoso es una parte importante del atractivo de la actividad; hay satisfacción en la sensación de logro; y hay un ejercicio físico vigoroso que no adolece de la monotonía de correr por la cinta o hacer largos de piscina.

Si se trata de que el surf sea competitivo, hace falta inventar algún método para evaluar la actuación. La solución es valorar determinadas habilidades al cabalgar una ola. No tiene nada de malo que los surfistas compitan para ver quién realiza las maniobras más difíciles sobre una ola –igual que no tiene nada de malo ver quién lleva a cabo el salto más difícil desde una plataforma de diez metros–.

No obstante, si volvemos competitivo el surf, un entretenimiento en el que pueden participar alegremente millones de personas se convierte en un deporte para espectadores, la mayoría de los cuales lo verán en una pantalla. Sería una verdadera lástima que el deporte competitivo, centrado en la evolución del marcador, limitara nuestro disfrute de la belleza y la armonía que podemos experimentar al cabalgar una ola sin efectuar el mayor número de giros en el tiempo disponible.

Muchos de los momentos culminantes de mi actividad surfista tienen más que ver con la experiencia del esplendor y el poder de las olas que con mis aptitudes para cabalgarlas. De hecho, en mi instante más mágico no me encontraba siquiera sobre una ola. Fue en Byron Bay, el punto más oriental de Australia, mientras me adentraba en el agua, hacia donde rompía el oleaje. Brillaba el sol, el mar estaba azul, y yo era consciente de que el océano Pacífico se extendía a lo largo de miles de kilómetros, ininterrumpidamente hasta alcanzar la costa de Chile.

Una corriente de energía generada en esa inmensa extensión de agua se acercó a una línea de rocas sumergidas y se irguió frente a mí como una pared verde. Cuando la ola comenzó a romper, un delfín saltó por encima de la espuma, con todo su cuerpo fuera del agua.

Fue un momento sublime, pero no tan excepcional. Como bien saben muchos de mis colegas cabalgadores de olas, somos el único animal que juega al fútbol o practica el tenis, pero no el único que disfruta haciendo surf.

de Project Syndicate, 15 de enero de 2015

Índice analítico